中国渔文化教育功能的价值研究与传承探索

刘洪涛　著

中国海洋大学出版社

·青岛·

图书在版编目（CIP）数据

中国渔文化教育功能的价值研究与传承探索 / 刘洪涛著.—青岛：中国海洋大学出版社，2022.6

ISBN 978-7-5670-3190-6

Ⅰ.①中… Ⅱ.①刘… Ⅲ.①渔业—文化—教育研究—中国 Ⅳ.①F326.4

中国版本图书馆CIP数据核字（2022）第105393号

出版发行	中国海洋大学出版社
社　　址	青岛市香港东路23号　　邮政编码　266071
网　　址	http://pub.ouc.edu.cn
出 版 人	杨立敏
责任编辑	孟显丽
电　　话	0532-85901092
电子信箱	1079285664@qq.com
印　　制	青岛国彩印刷股份有限公司
版　　次	2022年6月第1版
印　　次	2022年6月第1次印刷
成品尺寸	170 mm × 240 mm
印　　张	15.75
字　　数	247 千
印　　数	1—1600
定　　价	55.00 元
订购电话	0532-82032573（传真）

发现印装质量问题，请致电0532-58700166，由印刷厂负责调换。

弘扬渔文化　创建特色校

（代序）

　　我国是一个幅员辽阔的国家，陆地面积约960万平方千米，主张管辖的海域面积约300万平方千米；陆地上江河纵横、湖泊棋布，海域中碧波万顷、风光无限。

　　我国的渔业资源十分丰富，海洋渔业和淡水渔业都很发达且具有悠久的历史；伴随着渔业生产活动和渔民生活而形成的中国渔文化，则是中华优秀传统文化宝库中一颗耀眼的明珠。中国渔文化"天人合一"的生态理念、"鱼戏莲叶"的幸福追求、"鲤鱼跳龙门"的进取精神、"互助友爱"的团结美德、"海纳百川"的包容境界、"敢为人先"的创新意识等人文精神具有强烈的时代价值，"授之以鱼，不如授之以渔"的教育主张和"熏陶，濡染，启迪，激励"的教化方式与现代教育教学方式在实质上完全一致。

　　中国渔文化的人文精神值得弘扬，中国渔文化的教育功能值得传承。对于广大中小学尤其是地处渔区的学校来说，弘扬和传承中国渔文化，有利于落实"立德树人"教育根本任务，培养高素质的人才。

　　青岛市崂山区沙子口小学（以下简称沙子口小学）位于黄海之滨、崂山南麓，三面环山，一面向海，其所在地沙子口是一个渔文化氛围浓厚的渔乡。根据学校的地理优势和发展历史，沙子口小学将办学理念确定为"渔文化兴校，高素质育人"，并以此为指引来推动学校的特色建设。

为了落实"渔文化兴校，高素质育人"的办学理念，沙子口小学全面规划，根据学校工作任务和特点开辟了"渔融五育"和"渔促管理"两大办学领域，全面实施"渔润德育""渔海课程""渔趣课堂""渔阳学子""渔雅教师""渔韵校园""渔和管理""渔红党建"八大工程。

"渔润德育"：实现德育的"滋润万物"。实施全员德育（充分发挥全体教职工、学生家长、其他可能对学生产生影响的人以及学生之间的德育作用）、全过程德育（实现学校德育的全覆盖，关注学生品德形成的全过程，关心学生学习和生活的全时段）、全课程德育（挖掘并发挥各科课程的德育功能，重视和加强学校隐性课程建设，实现德育的"此处无声胜有声"）、全环境德育（充分发挥校内外各种环境的育人作用）。

"渔海课程"：实现课程的"海纳百川"。建立"三层五类"的课程体系（"三层"：基础课程、拓展课程、综合课程；"五类"："海之蕴"课程、"海之智"课程、"海之健"课程、"海之美"课程、"海之技"课程，分别对应德、智、体、美、劳五育），为学生提供广阔的学习和发展空间。

"渔趣课堂"：实现课堂的"'趣'意浓浓"。创设丰富多彩的教学情境，激发学生主动学习的愿望和问题意识（趣："兴趣""好奇"）；设计生动有趣的教学活动，引导学生体验学习过程、增强学习自信、激发学习动力（趣："奔向"）；组织自主探究与合作学习活动，促使学生树立正确的价值观，培养必备品格、提升关键能力，积极发展学科核心素养（趣："促进"）。

"渔阳学子"：实现学生的"阳光成长"。开展充满春风化雨般的熏陶、润物无声般的濡染、拨云睹日般的启迪的教育活动，为学生的成长"筑基""铸魂""赋能""致远"，使学生做到"自我管理"（有担当，会生活）、"个性张扬"（有个性，会合作）、"全面发展"（有理想，会学习）。

"渔雅教师"：实现教师的"四雅发展"。开展富有成效的人格锤炼、专业发展、业务成长、幸福追求、高效研训活动，引导教师做到"高雅"（理想信念强，道德情操好）、"博雅"（仁爱之情浓，服务意识强）、"精雅"（学识功底深，教学水平高）、"新雅"（教育理念新，创新精神强），为学校的发展夯实教师人才基础。

"渔韵校园"：实现校园的"其韵自远"。创建丰富的校园文化：倡导"聚沙成塔，勇攀高峰"的学校精神，践行"尊师 习坎 守道 修身"的校训，大兴"务实和谐，逐渔善创"的校风，树立"爱生敬业，咏渔善导"的教风和"自主合作，乐渔善思"的学风。打造优良的校园环境：凸显渔文化主线，设立海洋文化、传统文化和红色文化校园区域，结合学校特色课程展现校园文化风貌。

"渔和管理"：实现管理的"和顺协调"。通过思想引导、团队建设、制度保障、机制创新实施对人和事的和谐管理，使学校各项工作关系协调、渠道通畅，做到全校"心往一起想，劲往一起使"，团结奋进，共创辉煌。

"渔红党建"：实现党建的"红色引领"。建立"1+3+N"（"1"代表党支部，"3"代表党员、教师、学生，"N"代表七大工程）党建责任联动机制，促进党建与学校其他工作的深度融合，充分发挥党支部对学校各项工作的导向和保障作用。

从沙子口小学的办学理念、"两大领域"和"八大工程"不难看出，沙子口小学追求的是弘扬中国渔文化的人文精神和传承中国渔文化的教育功能，是为学生的高素质发展奠定基础的特色学校。

人民教育家陶行知先生说过："校长是一个学校的灵魂，要想评论一个学校，先要评论它的校长。"沙子口小学实施凸显中国渔文化的人文精神和教育功能的特色学校建设，与刘洪涛校长的教育理念是分不开的。作为全国优秀校长、齐鲁名校长、青岛拔尖人才，刘洪涛校长在办学过程中，一直坚持以"关注学生成长，放眼学生未来，成就学生梦想"为核心的教育理念。正是有了这样的教育理念，他才能一心扑在办学上，根据学校的实际，充分挖掘各方面的资源，确立学校的办学思路。他的教育理念是符合素质教育要求的，他的办学思路是符合学校发展规律的，因而学校的特色建设才能得以健康发展并取得显著成绩。在沙子口小学，他带领全校的教职员工，通过认真学习、深入调查、反复论证，确立了"渔文化兴校，高素质育人"办学之路并初见成效。

为了总结办学经验、进一步理顺办学思路、明确学校今后的发展方向，刘洪涛校长撰写了《中国渔文化教育功能的价值研究与传承探索》一书。这是一部理论研究与实践探索相结合的著作，不仅会进一步提升沙子口小学的特色学校创建水平，对于广大中小学根据学校实际创建特色学校也具有一定的借鉴意义。

在此，祝愿沙子口小学"渔文化兴校，高素质育人"的特色学校建设取得更加丰硕的成果！

是为序。

刘宗寅

2022年2月

（刘宗寅，现任中国海洋大学海洋文化教育研究所特聘研究员）

自　序

中华传统文化源远流长、博大精深，其中的中国渔文化因渔而生、特色鲜明。

中国渔文化拥有深刻的人文思想，具有强大的教育功能，所主张的"授之以鱼，不如授之以渔"和倡导的"熏陶，濡染，启迪，激励"的教化方式，至今仍是教育教学的重要策略。

沙子口小学（沙小）位于渔文化气息浓厚的青岛崂山沙子口渔乡，具有弘扬中国渔文化人文精神和传承中国渔文化教育功能得天独厚的条件和资源，学校"渔文化兴校，高素质育人"的办学理念因此形成。这一办学理念基于当地实际，符合民生所向，宜于学生继承优秀传统、开拓美好未来，因而得到学校师生员工、家长和社会各界的认可，学校办学效果显著。

从"授之以鱼，不如授之以渔"到"以鱼授渔，自主成长"再到"渔文化兴校，高素质育人"，沙小人对中国渔文化的人文精神和教育功能的理解越来越深，对办学规律的认识越来越清，对创办渔文化特色学校的信心越来越足。在"立德树人"教育理念的指引下，在弘扬中国渔文化人文精神和传承中国渔文化教育功能的氛围中，学校根据实施素质教育的要求，开辟了

"渔融五育"和"渔促管理"两大办学领域，全面实施"渔润德育""渔海课程""渔趣课堂""渔阳学子""渔雅教师""渔韵校园""渔和管理""渔红党建"八大工程。现在学校处处洋溢着蓬勃朝气、涌动着奋进力量，发展前景令人鼓舞！

在创办渔文化特色学校的过程中，作为校长，我体会深刻、感触良多：既感到肩负责任的重大，又为沙小人聚心合力、努力拼搏、创新进取的精神所感动。为了提高自己，也为了发展学校，我决定撰写这本《中国渔文化教育功能的价值研究与传承探索》。

在撰写本书的过程中，我得到了学校同人的大力支持。实际上，这本书中充满了沙小人探究中国渔文化、创办特色校所展现出的聪明才智，是对沙小人长期探索办学之路、不断开创学校发展新局面所做工作的一份总结。

限于水平，本书中肯定有许多纰漏之处，一些问题也有待于进一步探讨。因此，敬请各位专家、同人提出宝贵意见与建议，以完善我们的研究与探索。

最后，我衷心感谢关注、支持和帮助沙子口小学实施渔文化教育的各位领导、专家，感谢沙子口小学参与渔文化教育研究与实践的历任校长、教职员工和孩子们，感谢中国海洋大学出版社的领导和编辑；特别要感谢青岛大学师范学院马勇军教授给予关于中国渔文化教育实践的指导，崂山区民间文艺家协会主席王明伦老师给予"青岛沙子口渔文化多姿多彩"相关内容的指导，中国海洋大学海洋文化教育研究中心特聘研究员刘宗寅老师多次对本书的撰写提出指导意见并作序，沙子口小学宋岩、姜峰、王伦波、毕素文、曲先涛、王梅红、王雪红、王晓霞、朱晓川、曹靖雯、刘煜、刘国萍、曲学宁等老师协助整理资料。

刘洪涛

2022年2月

目　录

第一章 中国渔文化——中华优秀传统文化宝库中的明珠

　　我国拥有约300万平方千米的主张管辖海域面积、11 000多个海岛、32 000多千米长的海岸线（包括大陆海岸线和岛屿海岸线），是一个海洋大国。我国的内陆水域面积为27万余平方千米，其中江河面积为12万余平方千米，湖泊面积约为8万平方千米，水库为9万余座，是世界上内陆水域面积最大的国家之一。我国的海洋渔业和淡水渔业都很发达，且具有悠久的历史，伴随着渔业生产活动和渔民生活而形成的中国渔文化，逐渐成为中华优秀传统文化宝库中一颗耀眼的明珠。

第一节 中国渔文化内容丰富

我国幅员辽阔、民族众多，渔业生产活动历史悠久且形式多样。我国是世界上最早而又最广泛利用鱼类资源的国家之一，现在已发展成世界上最大的渔业生产国。由此所形成的中国渔文化丰富多彩，引人入胜。深入了解中国渔文化的丰富内容，可以加深对中国渔文化的全面理解，从而使中国渔文化得到更好的传承和发扬。

一、纵观渔文化

什么是渔文化？关于渔文化，不同的学者给出了不同的定义。

庄庆达认为，渔文化是人类从出现渔捞行为至今，所发展出来的所有和渔业有关的生产、生活的方式和现象。

吕丞认为，渔文化是指在长期的渔业生产生活中所创造的具有一定传承性的物质及精神成果。

周彬等认为，渔文化既包括鱼类捕捞、养殖和加工等方面，也包括渔民的生活习俗与宗教信仰等内容。渔文化是渔民在长期的渔业生产和生活中共同创造的物质文化与精神文化总和。

宁波认为，渔文化是人类在渔业活动中所创造出来的人与经济水生生物、人与渔业、人与人之间各种有形无形的关系与成果，比如有关渔神信仰、渔船与渔具、渔歌、渔号子、渔业伦理、渔业法规与制度等文化事项。

李勇认为，渔文化属于文化系统中的概念，是人类文化的重要组成部分，包括鱼类的养殖、捕捞与加工，也包括渔民在此过程中形成的生活、生产习俗、信仰等内容。随着时代的发展，对渔文化的研究不能仅仅局限于渔业生产和渔民生活的领域，渔文化对于促进渔业发展、渔民增收以及开发渔村旅游文化资源等具有非常重大的意义。

金掌潮等认为，渔文化是指劳动人民在长期的渔业生产活动中所取得的具有传承性的物质和精神成果。渔文化主要包括渔业的起源及发展历史，不同时代的各种渔具、渔法，有关鱼类、渔船、捕捞工具的化石和渔村的遗址，因地理和历史因素形成的和渔业生产生活相关的风土人情，历代文人雅士描写渔事、渔村、渔民的文章、诗词、书画，有关渔业生产和渔民生活的历史典故、传说、与各种鱼类的烹饪技术和饮食习惯相关的饮食文化、观赏鱼文化等。

谢仲权认为，渔文化是一种广义的文化，包括渔业及其相关科学技术文化全部内容，即人类利用鱼的自然资源、人工养殖、渔具创造、水域利用和保护、鱼病防治、鱼饲料、鱼的育种、海洋捕捞，以及中国渔文化向国外的传播等与文化相关的内容。

以上表述尽管不完全一致，但都指出了渔文化是基于渔业、渔村和渔民而形成的文化。

关于文化，我国古代曾有"观乎天文，以察时变，观乎人文；以化成天下"（出自《周易》之《贲卦》）之说，意思是指"如果观察天地的运行规律，就可以认识时节的变化；如果观察人的伦理道德，就可以对全天下的人进行教化"。在我国古籍中，"文"这个字既有"文字、文章、文采"之意，又有"法律条文、礼乐制度"之意；"化"则是"教化"的意思。因此，"文化"即"以文化人"。

文化不仅是一种社会现象，是人类社会活动的产物，也是一种历史现象，是人类历史的积淀物。从内容上看，文化可以分为以下四个层次：第一个层次是物态文化层（人类物质生产的活动与其产品的总和），第二个层次是行为文化层（以民风民俗为主要表现形式），第三个层次是心态文化层（如价值观、审美和思维等），第四个层次是制度文化层（人类在社会活动中所形成的社会规范）。从所涵盖的范围来看，文化又可分为广义文化和狭义文化。广义文化指的是人类在社会实践中认识、改造世界所创造的物质财富和精神财富的总和，是物态文化层、行为文化层、心态文化层、制度文化的各种形态事务形成的"有机复合体"。狭义文化指的是在一定物质生产资料及生产方式的基础上发生和发展的社会精神产品，像艺术、教育、科技等都属于这个范畴。不难看出，渔文化属于广义文化。

渔文化是人类文化的重要组成部分，它伴随着渔业生产活动而生。

渔业生产是人类最古老的生产方式之一。渔业生产的独特方式和渔民生活的风俗习惯，孕育了内容丰富的渔文化。渔文化既包括鱼类等水生生物的捕捞、养殖、加工等渔业生产活动所形成的物态文化，又包括渔民的生活方式、风俗习惯、宗教信仰等精神世界所形成的非物质文化，还有与渔业生产和渔民生活密切相关的制度文化。

渔文化的物态文化层主要涉及衣、食、住、行等方面，包括船俗文化、建筑文化、饮食文化和服饰文化等。

船俗文化主要体现在造船和行船上。制作渔船是渔民生活中的一件大事。在我国的许多地方，渔民将渔船尊称为"木龙"。打造新船有着严格的造船程序。首先，要选择黄道吉日作为开工日期。然后，要安装龙骨，龙骨是贯穿于船底中部的横梁，它决定了船的坚固与否。渔民们自古以来，就将安装龙骨视为造船过程中最重要的一环。当一艘船接近完工时，在船的每一侧正面都要画上"龙眼"，表示"船能认路"，这一程序称为"安龙目"。

"安龙目"一定要选择吉时，备好礼来祭拜诸神，仪式十分隆重。新船建成下水时，也要选一个良辰吉日，人们不仅要在庙里祭拜，还要敲锣打鼓、放鞭炮。这既是庆祝新船的启航，也表示驱除船舱和海中的煞气。

以我国太湖地区的渔民造船为例。对于太湖渔民来说，渔船就是渔民的"家"，也是渔具和物资的储藏室，所以渔船制造有许多"讲究"。太湖船的船体采用百年树龄的柏树制成，质地细腻，经久耐用，不易开裂变形。造船时，船主通常会举行三场盛宴：一是请造船者喝的"开工酒"，二是船底完成、横梁上船时的"定星酒"，三是渔船下水时的"下水酒"。新船下水时，一排四颗"利市钉"钉在船头，挂红绿绸，贴红对联，寓意吉祥；供奉鲫鱼、猪头、猪尾、鸡蛋和馒头等物品，还有一个"聚宝盆"，主要用于盛用米粉捏的佛手、桃子、鲫鱼、石榴、竹笋、长青等物件，以祈求生活美满、吉祥如意。鞭炮声中，新船被缓缓推入水中，亲友们送来馒头（取其发意）、定生糕（寓意安定幸福）、甘蔗（寓意节节高）、红豆糯米（寓意甜蜜）等礼物来表示祝贺。除了造船外，在水中行船也有许多"讲究"。在水中行船是有风险的，因而也就有了很多禁忌。例如，渔民忌讳"下沉""翻身"等字眼。总之，船俗文化充分体现了渔船对于渔民的重要性以及渔民祈求平安、成功的心态。

建筑文化主要体现在渔民的住房上。以我国胶东半岛沿海地区的海草房为例，房屋的墙壁由石头或砖石叠成，而屋顶是用从海里捞出来的海草制成的。屋顶海草，蓬松但坚固。远远看去，海草房白中浅褐、浓中素雅，宛如童话世界中的小屋。海带草的重量和屋顶的巧妙编织，使海草房能抵御潮湿海风的侵蚀，冬暖夏凉，深受渔民的青睐。以草苫房顶是古代人们建房的普遍做法，而且多就地取材。胶东半岛的威海荣成一带，浅海海域生长着茂密的海带草，当地人就用被海浪冲到岸上的海带草来苫房顶。据考证，海草房的起源可以追溯到新石器时代，但当时只是祖先的避难所，称不上是真正的海草房。从秦汉到宋金是海草房形成并流行的时期；明清两代则是海草房的繁荣时期，荣成宁津镇宁津所仍保留着明代建立的海草房街。此外，传统渔民的房屋装饰有贝壳、海鱼、珍珠等，并以鱼、龙、船和锚纹为象征。"一帆风顺""大海中日"等祝福词在壁画和画廊画作中屡见不鲜，无不体现出渔业文化与渔民生产生活的密切联系。

饮食文化体现在渔民喜食鱼类等水产品上。在我国，食鱼有"年年有余（鱼）"的寓意。在渔民眼中，鱼象征着财富和繁荣。渔民特别注重吃鱼，有丰富的鱼类烹调技术，除了传统的红烧、烤、炖、蒸、白烧、腌制等烹调方法外，渔家人还将鱼制成鱼丸、打成鱼卤、做成鱼酱面等，风味独特、令人叫绝。

服饰文化与渔民的生产工作方式密切相关。渔民作业时穿的衣服往往肥大宽松，上衣没有扣子，裤子上没有腰带孔或口袋，裆长，裤腿短，裤筒肥大。通常，渔民将布带而不是腰带绑在腰部，并打上活结。这是因为无论是水上捕鱼还是水上养殖，渔民在作业过程中的动作幅度都比较大，经常蹲着，衣服宽松有利于四肢的伸展和动作的完成。渔民在捕鱼等劳作过程中经常会弄湿裤子，而宽大的裤子可以让湿裤子被海风吹干。另外，宽松衣服的好处是在遇水的情况下，渔民可以迅速脱掉衣服轻松逃生。

渔文化的行为文化主要表现为风俗文化，而风俗文化突出体现在出海捕捞和捕捞归来的仪式上。

在我国，"开洋"是指渔船出海，开洋节是渔民为祈求海上平安和丰收而举行的庆祝活动；"谢洋"是指渔船平安归来，谢洋节是渔民为感谢大海而举行的庆祝活动。开洋节和谢洋节以民间艺术表演为主轴，涉及历史、宗教、生产、民俗等多个领域，是渔民生产、生活的原生态写照，也反映了渔民的精神寄托。自古以来，祭海则是国之大典，以祈求国家平安。历朝历代，祭海是官方祭祀，可以保佑出海平安。随着时代的发展，沿海渔业的祭祀活动已经逐渐成为极具地方特色的盛大节日。例如在古代，疍家人是我国南部沿海地区最典型的流动居民，主要分布在岭南地区。从婚俗到渔歌，疍家人都有自己的渔文化。到了清代中叶，疍家人悄悄地向沿海地区迁移，成为"两栖居民"。他们围海造地，开垦土地，养殖海产品，种植东莞草。疍家人在沿海定居后，也有非常丰富的风俗活动，如靠口头相传的凉帽遮颜咸水歌、在天后庙举行向天后报恩的辞沙祭、祈求平安归来的舞草龙、水上娶亲婚俗礼仪、旱船舞等。又如，现在青岛胶州湾一带的祭海节融入了现代元素，当地将每年的农历三月十八日设为祭海日，原有的海神祭祀成分相对减少，文化展示功能大大加强。

渔文化的心态层文化主要表现为信仰文化和艺术文化。

信仰文化主要体现在古代渔民的信仰上。妈祖信仰是我国沿海地区重要的民间信仰之一。妈祖原是北宋福建莆田湄洲岛的一个普通女子，名叫林默娘。她因治病救人而受到渔民的称赞。她死后，村民们甚为悲痛，在湄洲岛设立庙宇供奉她，在庙宇后崖上刻有"升天古迹"四个字，称她为天妃、天后、天上圣母等，号为"通贤女神"。妈祖文化在当地兴起，传播迅速，影响深远。又如，在浙江嵊泗列岛，男女老幼皆知海龙王。五代蜀杜光庭《录异记》卷五载有："海龙王宅，在苏州东。入海五六日程，小岛之前，阔百余里。"《太平广记》卷四一八引《菩萨处胎经》则云："鸟闻龙子所说，……即随龙子到海宫殿。"由此可见，"龙宫踞海"的传说由来已久。除了浙江嵊泗列岛，我国其他地区的海龙王信仰也很盛行，东海龙王、南海龙王、西海龙王、北海龙王是我国古代民间所敬的四海之神，而且海龙王信仰走出国门传播到东亚地区，成为东亚地区渔民的信仰。

艺术文化主要体现在神话传说、生活故事和渔歌戏曲上，内容多种多样。在我国，广为流传的有八仙过海、哪吒闹海、海底龙宫、张生煮海等神话传说，渔歌、戏曲的体裁和题材也十分丰富。

行为规范和社会组织是渔文化中制度文化的主要体现。

渔业生产是一种特别需要团结互助、分工合作来发挥集体作用的生产活动，因而要通过一定的行为规范来引导和制约每个参与者的行为。例如，在渔船上船员要各司其职，而且要听从"船老大"的统一指挥，不能随意行动。

社会组织则是渔业生产顺利进行和渔民生活有条不紊的保证，我国自古以来就有关于渔业的管理组织。例如，早在尧舜禹时期，部落领导层就设有"虞"这一官职，其职责之一就是管理渔业。西汉时期，朝廷建立了较为完善的渔业管理制度，设置了"人"（负责制定渔业政策）、"水虞"（统筹安排渔业生产）、"泽虞"（管理重要的湖波渔业）、"鳖人"（负责供给鱼鳖龟蜃等的人）等官职。秦汉时期，渔业则由"少府"来统一管理。

二、透过汉字"渔"认识中国渔文化

古汉字中的"渔"字有多种变体，其中蕴含着丰富的渔文化信息。

汉字大致经历了甲骨文、金文、篆体、隶书、草书、楷书、行书七个阶段的演变。左民安在《细说汉字》中，就"渔"字从甲骨文、金文向小篆、楷书、简体字的演变作了说明，如图1-1-1所示。

①甲骨文：右边是"鱼"，左边是"水"。

②金文：上部左边是"水"、右边是"鱼"；下部是两只手，表明在水中"捞鱼"叫作"渔"。

③小篆：将金文中的两只手换成一条鱼。

④楷书：比小篆少了一条鱼。

⑤简化字。

图1-1-1　"渔"字的演变

我国现代历史学家、古文字学家徐中舒指出："甲骨文渔字异形甚多：或从鱼从水，鱼之数或为单数，或为多数；或像垂钓形；或像以手捕鱼形；或像张网捕鱼形。其从鱼从水者为《说文》籀文及篆文所本。"

"渔"字当"捕鱼"讲，在古籍中极为普遍。

《说文解字》："渔，捕鱼也，从鱼从水。"

《易·系辞》："取兽曰佃，取鱼曰渔。"

《尸子》："燧人之世，天下多水，故教人以渔。"

《汉书·地理志》："舜渔雷泽。"

《淮南子》："舜钓于河滨。"

古籍中的描述都说明了渔业时代的背景、社会分工、捕鱼工具和方法，反映了当时渔业生产的水平。

从"渔"的古字形演变以及古籍关于"渔"的描述中，我们可以获得丰富的渔文化信息。

其一，捕鱼是远古社会重要的生产方式。

捕鱼的对象是"鱼"，其行为环境是"水"。"水"的来源很广，可以是江河、湖泊，可以是水洼或水沟，也可以是海洋。在原始社会早期，生产力很低，采集和狩猎成为先民的主要生产方式，鱼成为他们的主要食物来源之一。后来进入农业时代，捕鱼仍是生产的主要内容。当然，随着渔业的兴起与发展，捕捞对象不再局限于鱼，而是经济水生生物。

其二，捕鱼方式在经验总结和规律探索中发展。

自古以来，人类捕鱼的方式主要有三种：一是徒手抓鱼，二是持竿钓鱼，三是张网捕鱼。据史料记载，早在170万年至20万年前，旧石器时代的元谋人、蓝田人和北京人就开始徒手捕鱼和用粗制的木棒捕鱼；鱼叉、鱼钩和网坠等文物的出土，说明到了新石器时代，钓鱼、网鱼等多样化的捕捞方式已经出现。这些在我国的古文字中都有所体现。甲骨文中的"渔"字，多为以手持鱼的字形，说明当时人们主要是以手抓鱼；后来的文字有了以手持钩、以手拿网等字形，说明人们捕鱼用的工具越来越多且越来越先进。我国古人在渔业生产实践活动中不断探索、不断总结经验和规律，推动了渔业生产方式的改变。

其三，渔业生产的发展促进了鱼文化的发展。

随着古代渔业生产活动的开展，渔获量越来越多，古人对鱼类品种的认识也逐渐丰富起来。对文献资料的考察可以看出，上溯到甲骨文，尚未见到反映鱼类品种的文字；成书于西周初期到春秋中叶的《诗经》，记载了"鲤""鳟""鳢"等十多种鱼名；成书于战国或两汉之间的《尔雅》，记载了三十多种鱼；东汉许慎的《说文解字·鱼部》所收录的鱼类则多达八十种，如"鲷，骨端脆也"等。《说文解字·鱼部》共收录103个鱼字（不含重文），除鱼类之外还包括其他的水生动物，如"魟，大贝也。一曰鱼膏""鲭，蚌也。汉律：会稽郡献鲭"等。

古代渔业的发达使得鱼类成为当时人们常见的食物之一。比如，在汉代马王堆汉墓的遣册中有白鱼、鲤鱼、鲂鱼等多种鱼类品种的记载；在汉代的砖石画像和墓葬壁画中随时可见鱼、鳖等图像，这反映了古人对鱼的喜爱和食鱼的习俗。

在长期的历史发展过程中，人类认识鱼、食用鱼、研究鱼的捕捞与养殖，赋予鱼以丰厚的文化内涵，逐渐形成了独具特色的鱼文化。鱼文化与渔文化密不可分，它们都随着渔业生产的发展和渔民生活的提高而发展。

第二节　中国渔文化特色鲜明

中国渔文化是中华民族自渔猎时代起逐渐形成的传统文化，也是人类历史上最古老的文化类型之一，具有鲜明的中国特色。了解中国渔文化的特色，可以进一步坚定我们的文化自信，继承和发扬中国渔文化精神，促进我国社会的发展和文明的进步。

一、多种多样，尽现地域特色

我国幅员辽阔，众多的江河、湖泊分布在广阔的大地上，四大海域从北到南面积依次增大，因而渔文化形式多样、区域性强。

例如，我国香港地区盛行天后诞。相传，天后娘娘大爱无疆、法力无边，经常在海上拯救遇险的渔民，因此香港地区的渔民将她尊为守护神。后来沿海一带的人们，不仅将天后娘娘视为守护神，还将她视为赐福降运之神，并建天后庙敬奉。香港现存90多座天后庙，其中最古老的是建于1266年的佛堂门天后庙。农历三月二十三日这一天是每年的天后诞，凡有天后庙的地方，都会举行盛大的庆典，十分热闹。

又如，山东海阳每年都要举行祭海节。每年农历正月十三这天，当地渔民从零点就开始准备，把具有鲜明渔家特色的各种祭品摆上供台，要在太阳刚刚升起的时候举行仪式。日出前，渔民点香烛、放花炮，表达崇拜、敬仰之情。红日初升，隆重的祭海仪式便正式开始。渔民放鞭炮、扭秧歌，祈盼一年风调雨顺，渔业丰收。每年祭海节过后，渔民再进行修船、添置渔具等准备工作，接着就开始蓄帆向海，准备打鱼了。经过几千年的延续，这项祭海活动不断被注入新的内涵，现已成为人们崇敬海洋、欢庆丰收、祈福平安的群众性民俗活动。

再如，江西鄱阳流行渔鼓。鄱阳位于鄱阳湖东岸。在鄱阳湖边工作、生活的人们，形成了许多与"渔"有关的生产生活习俗，渔鼓就是其中的代表。鄱阳渔鼓起源于唐代，成熟于宋代，流行于明代。鄱阳渔鼓内容丰富，曲调优美，唱歌和表演融为一体，具有浓郁的水乡气息，自诞生之日起便流传于民间，丰富了渔民的生活。

二、多姿多彩，尽显民族特色

生活在中华大地上的各个民族，在不同的地理环境、气候条件中繁衍生息，形成各自不同的风俗习惯和文化形态，每个民族的渔业文化都具有浓郁的民族色彩，也使中国渔业文化呈现出多姿多彩的民族特色。

例如，赫哲族人爱吃鱼类美食、擅长鱼皮制作。赫哲族主要分布在黑龙江、松花江、乌苏里江交汇而成的三江平原和完达山山区，是一个渔猎民族。自古以来，赫哲族人的生活特点、饮食习惯和劳作方式，形成了独特的捕鱼文化。赫哲族人以捕鱼为生，传统的捕鱼方式有独特的小网捕鱼、罗子捕鱼、"蹶搭钩"捕鱼、冬季"铃铛网"捕鱼。赫哲族人爱吃鱼，味道鲜美的"氽鱼丸子""塔拉哈""鱼条子""杀生鱼""鳇鳇鱼全鱼宴"是赫哲族的特色菜。赫哲族人擅长制作鱼皮，以鱼皮衣、鱼皮画、鱼皮挂件、鱼皮饰品闻名于世。

又如，云南省普洱市下辖的孟连傣族拉祜族佤族自治县傣家人崇拜"神鱼"。相传很久很久以前，傣家人过着艰难的生活，因此，佛祖派神鱼和蕨类一起来到孟连，拯救当地人，帮助当地人改善生活。有一次，神鱼在送谷种的途中被妖魔抓住并被火烤，一只眼睛被烤得凸了出来。神鱼不忘使命，忍着痛苦逃了出来，跃入河中，将谷种送到了孟连。有了谷种，傣家人的生活有了希望。由此，傣家人很是珍爱神鱼和蕨类，择吉日垂钓、采集。于是每年四月，傣家人都要举行盛大的节日——神鱼节。这一天，傣家人捕鱼狂欢十分快活。就这样，"神鱼节"世世代代流传下来，现在被称为"东方水上狂欢节"。

再如，水族的鱼包韭菜流传至今。鱼包韭菜是水族名菜。相传，生活在贵州三都水族自治县的水族先民，经常遭受洪水、疾病、贫困和饥饿的威胁。水族的智祖们采集了当地的九种蔬菜，用鱼虾制成了一种药材。这种药材能治百病，治愈了很多病人。然而，随着岁月的流逝，配方丢失了。为了表达对先人的尊重和缅怀，水族人用韭菜代替九种蔬菜，研制了流传至今的鱼包韭菜这道菜品。

三、悠久绵长，尽显历史特色

历史研究证明，人类文明的起源和发展与水域密切相关，古老的人类文明皆发源于水域就充分证明了这一点。例如，中华文明发源于黄河流域，古印度文明发源于恒河流域，古埃及文明发源于尼罗河流域，古希腊文明发源于地中海岸，古巴比伦文明发源于幼发拉底河和底格里斯河之间的美索不达米亚。

水域中有大量的鱼类等水生生物，捕鱼便成为人类早期向大自然索取食物的生产方式。汉字中的"渔"指的就是人类的捕鱼活动。我国的先人们以水域为依托，经历了木石击鱼，徒手捕捉、棒打石击，栅拦阻截、围堰竭泽，钩钓矢射、叉刺网捞、镖投笼卡和舟桨驱取等不断进步的捕捞方式获得水产品，形成了最早的渔业。捕鱼文化已成为人类最早的文化之一。

考古学家发现，中国渔文化源远流长。

中国渔文化发源于远古渔猎时代。170万至20万年前，元谋人、蓝田人、北京人在旧石器时代就开始了渔猎。鲫鱼的钻孔骨头和由野生藤蔓串接而成的磨孔海蚶壳制成的"项链"，已成为18 000年前渔业文化的象征。后来，在仰韶文化、河姆渡文化等原始文化遗迹中，还发现有带倒钩的骨头和鱼镖等捕鱼工具。仰韶文化半坡遗址出土的大量带鱼纹彩陶，展示了6 000年前渔业文化的繁荣。

在距离浙江省宁波市余姚市三七市镇不远的井头山，考古人员发现了我国沿海地区年代最早的、由海量贝壳堆积而成的史前贝丘遗址。在那里，考古人员发现了可能是盛海贝的篮子或筐子的草编织物的痕迹，以及可能是用于滩涂浅水捕鱼的芦苇编制物的痕迹。另外，考古人员还发现了大量海鱼的耳石，有这种耳石的鱼大都需要划船出海捕捞。

在山东黑山岛北庄遗址出土的木石结构的碇以及石制或陶制的网坠，是我国古代渔民的杰作。碇是用来系舟的，有了舟以后才会有碇，碇和网坠在同一处出土，证明当时先民已能驾舟捕鱼；山东胶州三里河大汶口文化遗址（前4300—前2500年）出土的大量海鱼骨骼，是先民们乘舟出海捕鱼归来食后弃置的，这充分说明我国是世界上较早从事海洋捕捞的国家。

我国古籍中对渔业、渔村和渔民的记载和描述也说明了中国渔文化历史久远。《诗经》是一部历来备受关注的儒家经典，它不仅充分反映了儒家思想，而且也是当时社会面貌的生动写照。虽然《诗经》中没有专门描述捕鱼活动的篇章，但有几首诗提到了捕鱼，介绍了捕鱼的方法、工具和有关的鱼类。《诗经》中提到了三种主要捕鱼方法。一是"钓"，如《何彼秾矣》《竹竿》《采绿》都提到了钓鱼的方法。考古学家在西安半坡文化遗址中发现了大量的骨鱼钩，证明钓鱼方法是在大约6 000年前的新石器时代出现的。二是"梁"和"笱"配合使用，如《谷风》中的"毋逝我梁，毋发我笱"、《小弁》中的"无逝我梁，无发我笱"、《敝笱》中的"敝笱在梁，其鱼鲂鳏"。朱熹《诗集传》的"梁，堰石障水而空其中，以通鱼之往来者也。笱，以竹为器，而承梁之空以取鱼者也"，大体上说明了"梁"和"笱"的操作过程。三是"网罟"，如《新台》《硕人》《九罭》都涉及这种方法。网罟捕鱼在我国有着悠久的历史。《说文解字》里说："网，庖牺氏所结绳以渔也。"新石器时代早期，先民曾用网和木浮标捕鱼。《诗经》反映的社会生活的广度和深度远超其他先秦文献，其对捕鱼工具、捕鱼方法和鱼类的记载说明捕鱼文化对当时的社会生活产生了重要影响。

四、兼收并蓄，尽显时代特色

中国渔文化在发展过程中与各种文化的相互交融、兼收并蓄，内涵更加丰富，功能更为强大，经济效益和社会效益不断增长，表现出与时俱进的时代特色。

例如，浙江象山渔文化成为中国海洋渔文化的"标本"。象山位于宁波的最南端。据考古发现，6 000年前象山就有人类活动，而且早在商周时期，象山半岛的文化与外部文化就得到了较好的融合。商周时期石坠的考古发现表明，当时人们已经掌握了用原始网进行海上作业的技术。石浦地处象山县城南部，自古以来港口优势明显，素有"浙洋中路重镇"之称。大量的史料表明，象山渔文化源远流长。据《四明续志》记载，象山石浦在秦汉时期就有海上捕鱼和商业活动；唐宋以后，象山的海上渔业和航海业十分发达。在长期的渔业生产实践中，象山先民在渔区逐渐形成了独特的风俗和信仰，包括渔谚、鱼的传说等口述文学，造船、织网、制作渔具等传统技艺，妈祖游船、祭海仪式、开鱼节等活动，渔民居所、渔民饮食、渔业贸易等习俗，以及渔歌、渔戏、渔鼓、渔灯等多种艺术表现形式在内的渔文化。渔文化已成为象山人的象征，为象山经济社会发展做出了重大贡献。现在，渔具、渔船、渔港、鱼汛、渔灯、渔歌、渔曲、渔鼓等原生态渔文化产品，在象山随处可见，石浦妈祖信仰和婚俗、象山晒盐技艺、象山开洋与谢洋节、徐福东渡传说、象山渔家号子等已被列入国家级非物质文化遗产名录。象山渔文化历史悠久、内容丰富、形式独特、体系完整，为中国海洋渔文化的"标本"。2008年，象山被文化部授予"中国渔文化之乡"荣誉称号。2019年，象山成功入选首批国家级文化生态保护区，成为国内唯一一个以海洋渔业文化为保护核心的文化生态保护区。

又如，济宁以"渔业品牌融合渔文化"活动促进社会经济发展。济宁地处山东省西南部，历史文化积淀深厚。渔文化与古老的始祖文化、儒家文化、运河文化、佛教文化、水浒文化交相辉映，内涵丰富，特色鲜明。例如，微山湖渔家风情、全鱼宴等远近驰名，特色水产品享誉国内外。如今，济宁市积极挖掘渔业文化资源，全市渔区村落、渔户渔船等都保留了船俗文化、婚嫁文化、节庆文化、饮食文化、活态渔文化遗产。济宁采取"渔业品牌融合渔文化"的宣传策略，利用渔业品牌推介弘扬济宁渔文化，利用济宁渔文化叫响济宁渔业品牌，让渔文化产业变成经济发展的新增长点；举办各类渔文化活动，如运河渔家文化和微山湖渔家风情书画摄影展、"百家放心鱼馆"评选、淡水鱼烹饪技能大赛、"保护绿色生态家园，弘扬运河渔家文化"万人签名活动、千人共享运河渔家大宴、渔家文化文艺演出、运河渔家传统罩鱼比赛等，促进济宁渔文化的大发展、大繁荣。

再如，山东即墨的田横祭海节发展成为山东省乃至全国知名的民俗节庆品牌。山东即墨田横岛是秦末齐国义士田横及五百壮士"威武不屈"彰显"忠义精神"的地方，是一个充满英雄气概的海岛。传说明清时期，农历的四月初八，渔民出海前都要到田横镇周戈庄仙姑庙祈求仙姑保佑他们一帆风顺，由此形成了传统的祭海习俗。目前，经过当地政府的精心策划、包装和推介，田横祭海活动内容越来越丰富、声势越来越大，并于2006年正式被定名为"田横祭海节"。这个古老的节日每年都会吸引不计其数的中外游客前来参加活动，成为我国北方地区规模较大的祭海节庆。2008年，田横祭海节被列入第二批国家级非物质文化遗产名录，并荣膺首届节庆中华奖"最佳公众参与奖"。

第三节　青岛沙子口渔文化多姿多彩

青岛沙子口位于山东半岛崂山脚下的黄海之滨，良好的自然环境为渔业生产的发展提供了得天独厚的条件。在长期的渔业生产过程中，青岛沙子口地区的渔民形成了与内陆地区居民迥然不同的劳动习惯和生活习俗，形成了多姿多彩的青岛沙子口渔文化。

一、青岛沙子口概况

崂山，东临高崖，西接丘陵，山区面积约为446平方千米。山脉以崂顶为中心，向四方尤其是西北、西南两个方向延伸，形成了巨峰（图1-3-1）、石门山、三标山和午山四支山脉。崂山的余脉沿东海岸向北至即墨区的东部延伸。西至胶州湾，西南方向至青岛市区，形成了青岛市区内十余座高低起伏的丘陵地势。

图1-3-1　青岛崂山巨峰

青岛沙子口（图1-3-2）位于崂山区东南部，崂山山麓南侧，毗邻崂山风景区的核心地带，是青岛城市空间与崂山风景名胜区的过渡区域，也是崂山南线旅游的必经之地。

图1-3-2 青岛沙子口

青岛沙子口总面积为110.5平方千米，其海岸线曲折蜿蜒，全长29.5千米，山林面积8.26万亩，主要河流7条（南九水河、姜哥庄河、西登瀛河、小河东河、大河东河、流清河、张村河），其中分布着5个海湾（流清河湾、沙子口湾、前湾、登瀛湾和太平湾）。港湾地势平坦，海域宽阔，形成天然良港；7座岛屿（潮连岛、老公岛、大福岛、小福岛、小公岛、驼篓岛和处处乱岛）紧密相连，岛上悬崖峭壁，岬角多多，构成了沙子口独特而美丽的海岸风光。

清末，胶州湾内外有女姑口、青岛口、金家口等海口。沙子口在汉河入海口。汉河也被写为"旱河"，关于它的名称来源有很多传说。有的说，汉武帝曾到过崂山，因风景如画而取名"汉河"；还有的说，汉武帝率众妃子游崂山，因为河水清静，妃子们围着帘布在河中沐浴。崂山神看到妇女露天沐浴，大发雷霆，让河水入地变为"旱河"。

其实，汉河水势很小，但在入海处，河床很低，海水涨潮时，可入河200多米，海船也可趁潮入河，因此逐渐形成沙子口沿岸码头。清末沙子口有东海关分关和厘税局的分卡，来往船只运输的货物主要是农产品和水果，也有杂货。和许多海口一样，这里有一座供奉神后的海神庙。

德国占领青岛时期，根据《胶澳租借条约》，沙子口被划定在租界内。德国占领者建胶海关后在沙子口设立分关，年税收超过塔埠头、红石崖等港。根据英国人帕尔默1910年的著作《青岛》记载："由青岛经伊尔底斯兵营（今香港西路），经亨利王子山（今浮山）之南的浮山所，经宝座山（今午山）南路到沙子口，这条路全程都能欣赏海景。在姜哥庄和沙子口兵站之间有很多果园和墓碑。兵站东南是海庙寺，里面有有趣的山水人物壁画和老雕塑。"

"登瀛梨雪"是青岛十景之一，实际上它是由沙子口桥至登瀛（含西登瀛）的梨树丛。我国现代小说家、散文家、诗人郁达夫在书中曾写道："听说沙子口风光很好，可惜未曾看到。"

由剧作家、教育家、社会活动家洪深创作的著名电影文学剧本《劫后桃花》，一开始便写道："青岛，即胶州湾，山富树果，海滨帆樯林立，山边百花齐放。沙子口，渔舟晒网……"《劫后桃花》来青岛拍摄的时候，曾选取在沙子口拍摄外景。

沙子口古港位于沙子口村以东，南九水河的入海口。沙子口湾在清代以前叫作董家湾，包括登湾，东起南窑半岛的仓石音湾南边（北纬36°06′36″，东经120°93′61″）外延4 000米，西至沙子口社区南大风台（北纬36°05′41″，东经120°32′32″）外延3 000米；海岸线长15千米，海湾面积为26.6平方千米，水深2～10米。由狍狐岛阻击而形成的一块有河有口的大沙丘，涨潮时会形成里湖。沙丘是渔船自然的靠岸点。沙子口人利用这一地形，不断用石料加固，渔船靠岸点由小到大，几经发展形成现在的社区边港湾码头。

胶澳开埠前2000多年，崂山沙子口渔业主要是自给自足的小渔经济，发展缓慢，起起落落。中华人民共和国成立前夕，崂山渔民饱受战乱之苦。1949年6月1日青岛解放，当地渔民翻身当了主人，渔业生产得以迅速发展。中国共产党第十一届三中全会（1978年）以来，海洋管理与渔业经济实践了一场巨大和广泛的变革，渔业经济实现了由计划经济向市场经济的战略转变。1997年7月，青岛市崂山区水产局更名为青岛市崂山区海洋与水产局，成为崂山区政府海洋水产管理的职能部门。从此，崂山区的渔业形成了以分散生产、分散经营为主的经济成分多元化、经营方式多元化、流通渠道多元化、责任制形式多元化、分配方式多元化的渔业经济体系新格局。

随着国家渔业的发展，崂山区、青岛市、山东省及国家不断加大对沙子口渔港的建设和开发。1976年，崂山县沙子口渔港动工兴建，总投资275.48

万元，征用沙子口生产大队狗狐岛、连云岛、水长涧周围土地，建成并初具规模。又经过多年的建设，现沙子口渔港码头长约1 430米，港池面积40万平方米，平均水深6.5米，最多可停泊200艘船舶，日常停泊80多艘船舶，所停泊船舶基本上都是大马力船舶。沙子口渔港（图1-3-3）已成为国家级中心渔港，承担着我国北部国家级渔港任务。2020年9月，沙子口渔港被列入首批国家海洋捕捞定点上岸渔港。

现在，沙子口所辖渔业社区共11个，有渔船400多艘。60马力以上渔船主要停靠在沙子口中心渔港，其他渔船主要停靠在南姜码头、里湖、河口和流清河湾。2021年，沙子口海洋捕捞量约17 000吨，产值约3.9亿元。沙子口现有大型水产品加工企业有2家，年总产量21 800吨，产值约5.2亿元。

图1-3-3　沙子口渔港

现在的沙子口域内山清水秀、冬无严寒、夏无酷暑，是青岛东陲之胜地。2017年建成的沙子口广场（图1-3-4），沿海岸形成一条美丽的滨海景观带，其中心雕塑以沙子口特产鲅鱼为主元素，采用无缝钢管骨架，将76条大小不一的鲅鱼连接起来，形成多个鲅鱼圈的形状，展示着"鱼游循环生生不息"的主题。沙子口广场现已成为老百姓休闲活动胜地，人们盛赞"沙子口是个好地方"（图1-3-5）。

图1-3-4　沙子口广场

图1-3-5　"沙子口是个好地方"石刻

二、青岛沙子口渔文化特色活动

（一）沧海观与庙会

明崇祯七年（1634年），沙子口西南的姜哥庄人与石湾人共同集资，在姜哥庄东南沿海岸边修建沧海观（图1-3-6、图1-3-7），供奉神女、三官大帝、龙王等神明，表达了劳动人民驱邪避灾、祈福吉祥的美好愿望。沧海观由全真教华山派道士主持。因为该庙建在海边，所以俗称海庙。海庙每年正月十三日举行隆重的祭奠仪式，后来演变成庙会。

图1-3-6　沧海观外貌

图1-3-7　沧海观"海庙"石碑

青岛沙子口庙会是集祭祀、娱乐、舞蹈、贸易为一体的传统民俗活动。沙子口庙会起源于明永乐二年（1404年），至今已有600多年的历史。作为一种古老的传统民俗文化，每年正月十三的庙会，香火鼎盛，波及即墨县城及沿海渔村。庙会最隆重的部分是祭海仪式。祭海之日，数百艘新装的渔船在海湾两旁排列着五颜六色的渔网，随风飘扬；数百名渔民鞠躬，然后将祭品投入大海，以感谢大海对他们的恩惠；人们站在海边放鞭炮，同时上演各种民俗表演。此时，鞭炮如雷，歌声震天，场面震撼。周围的村民和四乡八团的村民大多在这一天到姜哥庄走亲戚、逛庙会。

随着捕鱼水平的普遍提高，渔民的观念也在发生变化。庙会，尤其是海祭已经不再是一种迷信的祭祀活动，而成为一种民俗活动。如今，古庙会被赋予了新的时代内涵，增添了保护海洋、人与自然和谐相处的主题，倡导生态保护和可持续发展。同时，这里的庙会也被列入青岛市首批市级非物质文化遗产项目。

（二）鲅鱼节

每年四月份春季开海，鲜鲅鱼是沙子口海港的主要产品。早在中华人民共和国成立前和渔业集体化以前，出海的渔民会在谷雨前后出海两天，捕获新鲜鲅鱼上岸，敬送老人。岳父（俗称丈人）家得到女婿送来的鲜鲅鱼欣喜不已，送给家族中年长的老人尝鲜，也由此产生了"鲅鱼跳、丈人笑"的俗语。现如今，这一习俗活动已被确定为"鲅鱼节"。后来，随着远洋渔业的发展，捕到鲅鱼就迅速上岸的做法越来越少。在海中半月，很多渔民会将捕捞的鱼多数用盐腌制加工，只在最后一两天要上岸时，才将鲜鱼保存下来，以便船上岸后将鲜鲅鱼敬送老人。现在，随着渔业科技的发展，尤其是制冰产业的出现，捕捞船带冰可将鱼保鲜期延长，沙子口中心渔港进港的鲅鱼全部是鲜货。渔港大，船聚集得多，全国各地商客前来进货买鱼，沙子口鲜鲅鱼现已成为沙子口的一张靓丽的名片。

说起"送鲅鱼、吃鲅鱼"，还有一个动人的传说呢。相传很久以前，有一个孤儿名叫小伍，被一位老人收养，后来老人将女儿许配给了小伍。一个春天，老人突然病倒了。临终时，想吃新鲜的鱼。然而，天气并不好，每天都在刮风。小伍为了报答老人，冒着生命危险出海。女儿守在垂危的父亲身边说："爹，你先别咽气，小伍一会儿回来。"老人点点头，道："好孩子，难为小伍了。罢了，罢……"话未说完，老人咽了气。这时，小伍抱着一条大鲜鱼跑了回来，可是老人已经去世了。夫妻二人悲伤欲绝，最后只好把这条新鲜的大鱼做好供在老人灵位前。此后，小伍夫妇每年都在老人的坟墓前为老人供奉早春刚钓到的大鱼，并据老人生前念诵"罢了"，为这条鱼取名为"罢鱼"，后来演化为"鲅鱼"。这个故事代代相传，形成了沙子口尽孝道的美德。通过"送鲅鱼、吃鲅鱼"，人们对孝道有了更深的认识，并有了"交御粮不怕官，敬父母不怕天"的说法。因此，每年春天，素有"鲅鱼之乡"美誉的沙子口便成为人们关注的焦点。每逢这时，人们会早早地打听鲅鱼上市的时间，争先恐后地从这里购买"鲅鱼礼物"，然后高高兴兴地带回家孝敬老人。

随着社会的不断进步，沙子口街道对当地"送鲅鱼、吃鲅鱼"的习俗越来越重视，及时给予鼓励和扶持，为这个优良传统注入了新鲜的血液，使之成为促进社会安定团结的重要组成部分。自2005年起，每年四月份沙子口都会举行"鲅鱼之礼"节庆活动，即"鲅鱼节"（图1-3-8）。

图1-3-8　2019青岛崂山沙子口鲅鱼节启动仪式现场

鲅鱼节的活动形式丰富多样，既有体现民生色彩的敬送新鲜鲅鱼送给百岁老人、给驻地部队、给"孝道之星"活动，又有体现文化色彩的"鲅鱼之礼·传承孝道"——孝老爱亲文明实践主题月活动，更有趣味和活力十足的景点、民宿体验之旅、品酒文化之旅、鲅鱼品宴之旅、田园采茶之旅。这些富有特色的活动，将"鲅鱼之礼"所承载的孝道文化变成了岛城一道亮丽的人文风景（图1-3-9），"崂山鲅鱼礼俗"也于2020年入选省级非物质文化遗产代表性项目名录。鲅鱼节活动的开展，既传承了民间习俗，又带动了当地经济发展。

图1-3-9 崂山区沙子口小学根据鲅鱼习俗改编的舞蹈《鲛乡欢歌》
（获崂山区中小学艺术节舞蹈比赛一等奖）

（三）沙子口大集

沙子口大集于1928年建立。即墨县仁化乡郑疃社公所与本地各商埠商行及民间相关人士协调安排，定农历每月逢五排十为沙子口大集，久而久之，不论农忙农闲，每逢集日，人们便不约而同地来到交易地点设摊占位，出卖商品，流传开"逢五排十赶大集，月缺三十延初一"的赶集习俗。中华人民共和国成立前和初期，沙子口大集的范围在原靠码头小渔村的几条主要街道上；20世纪60年代发展到天后宫门前的小广场，70年代沿沙子口街中心东西路向西扩展。1976年，当地派出所、税务所、工商所占了小广场土地，沙子口大集完全脱离了原沙子口村，从崂山七中、供销社门前沿路两旁向西延伸至十字路，但大集中心仍在原沙子口镇政府所在地。随着集市的扩大和车辆的增多，赶集之日，车辆交通运行受到严重影响。1986年，沙子口镇政府将原从段家埠经过沙子口土地通往沙子口船厂的土路进行了加宽和建设，定名为"商业街"；两边定位商铺，中间为沙子口大集主要地点。2018年，青岛市建造地铁四号线，占用了段家埠集市土地。沙子口社区争取政府项目资金，投资1 200余万元在教委宿舍门前占用沙子口村20亩地，将沙子口大集再次西移至现在的位置（图1-3-10）。

图1-3-10 沙子口大集盛况

　　沙子口大集上最有名的莫过于海鲜了（图1-3-11～图1-3-18），像鲅
鱼、寨花鱼、大头腥、刀鱼、兔子鱼、偏口鱼、鱿鱼等应有尽有，大虾、扇
贝、蛤蜊、海参、海藻、海蛎子、海胆等新鲜的海货也比比皆是。

图1-3-11 新鲜的牙片鱼

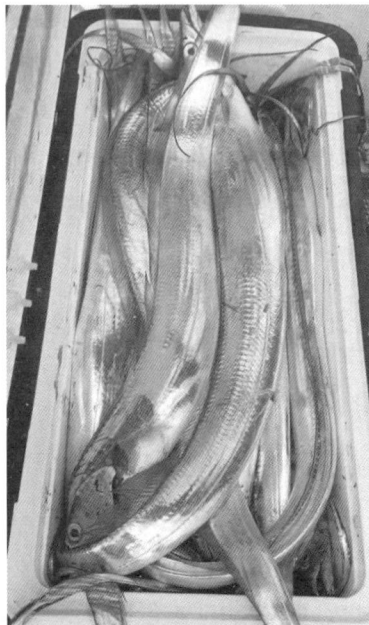

图1-3-12 新鲜的刀鱼

图1-3-13　新鲜的扇贝

图1-3-14　新鲜的海胆

图1-3-15　新鲜的海参

图1-3-16　新鲜的立虾

图1-3-17　甜晒的金钩海米

图1-3-18　甜晒的干鲅鱼

三、青岛沙子口渔俗

（一）渔民捕鱼历史渊源

根据史料记载，崂山最早的居民是明朝初年从云南（又称山西"小云南"）来的移民。那时这里有山有沟，涨潮的时候海水一路流到山底。或许是他们看中了这里的美景，或许是他们长途跋涉已精疲力竭，实在走不动了，便在这里选择在高处盖房子住了下来。他们一边采摘野果充饥，一边耕山种庄稼。

云南移民从来没有见过波涛汹涌的大海，更不用说吃过美味的鱼了。不知道是谁成了第一个吃螃蟹的人。据说，第一个渔夫是这样出现的：森林里的某个人有一次干完农活后，累得浑身酸痛，便坐在一块岩石上望着脚下的大海出神。此时正值退潮，一条大鱼被困在沙滩上使劲挣扎着，却怎么也摆脱不了那些纵横交错的树枝的阻挡，那人轻轻松松地得到一顿美餐。晚上，他一边品尝着鲜美的鱼，一边苦思冥想……第二天，他上山砍了一些树枝。退潮后，他插到沙里排成一排，并形成弧形。很快，树枝就被上涨的海水淹没了。再退潮时，奇迹发生了：这排树枝竟困住了十几条鱼，一种原始的捕鱼方法诞生了，第一批渔民开始出现。

这种捕鱼方法最终演变成现在所谓的"站网"。这种方法只能在浅海水域使用且捕获的全是小鱼，因此渔民们又开始寻求新的方法。很快，一个聪明的人想出了制作筏子去钓鱼的想法。他们在山上砍下又粗又直的树木，并用当地的一种山藤将它们紧紧地绑在一起，制成了一个漂浮的木筏。筏子中间搭了一个比桌子高一点的方形平台，用来防止衣服、干粮、烟袋等被弄湿。这种筏子行驶很慢，只能在靠近岸边的地方操作。

捕鱼时，网非常重要。原来的网是用山葛做的，网扣很大，只能钓到大鱼，小鱼都从网逃走。那时水产资源丰富，不用远行钓鱼，家里有客人，到岸边叫几声，海里捕鱼的人都能听见，到后便把鱼递上来。后来，渔民弄到一种油草编成"圆网"，可以用来捕刀鱼。这种油草不仅柔软，而且耐水。20世纪初"日占"时期，日本人在青岛开设纱厂，丝网随之兴起，但编织是一项非常麻烦的工作，需要很多人一起工作。编织好的丝网需要用猪血

"杀"、用桐油"油",才能结实耐用。这种棉线织成的网价格昂贵,一个人买不起,需要四五个合伙人一起才能负担得起一个"挂子网"的费用。"挂子网"上宽下窄,最末端称为"袖子"。"袖子"小,鱼就逃不出来。正宗的"挂子网"有一根主绳,叫作"根",直径约六厘米;还有一根副绳,叫作"耳",直径约四厘米。"挂子网"的"根"起初是用山葛做的,先用水浸泡,然后编织成绳索;后来,用油草做"根"和"耳"。20世纪60年代聚乙烯绳问世,"根"和"耳"用的都是聚乙烯绳。

(二)渔民日常生活中的风俗禁忌

青岛沙子口渔民的捕鱼历史已延续了数百年。在这漫长的岁月中,一代代渔民言传身教,形成了独特的海洋民俗文化。像"虾皮子锅腰(弯腰)——礼道不少""琵琶虾戴眼镜——死充当个账先生""姜哥庄打虾子——越小的越蹦精"等一些具有鲜明特色的谚语随处可见。但是随着城市化进程的加快,真正依靠出海打鱼为生的渔民已经越来越少,渔家生活中的一些风俗禁忌也不再流传。因此,这种具有明显地域特色的海洋文化就显得更有价值了。

在渔业生产技术落后的年代,仅凭人的力量是很难抵挡住狂风暴雨和惊涛骇浪的冲击的,因此,出于对自然的敬畏,渔民们在日常生活中形成了许多祈福、消灾、求平安的禁忌。

渔民们的风俗禁忌主要表现在语言、行为、船具、祭祀等诸多方面。

语言:在渔船上不能说"翻"字和"死"字,一律与此字谐音均用其他字代替。刷锅用的饭帚要叫"炊帚",招呼客人吃饭时,会将"饭"字去掉,变成"咱们吃吧""过来吃点"……当需要翻转煎饼或鱼时,要说"划过来"或"掉过来"。于是,一句著名的中国谚语"船上烙饼——划过来"就这样产生了。筷子的发音与"快死"相近,故筷子在船上称为"叉子",而勺子则称为"马挡子"。放流网打鱼虾时,看到鱼虾挂在网上,不能说"又来了",只能说"一嘟噜一穗子,接二连三的",打圆网时要说"一袋一袋的"。

行为:在船上不能打眼罩和叉腰,据说这是海神在海上巡逻时的习惯动作,人这样做容易招惹他们,导致船毁人亡。在船上不能背手,这大概是因为船在海里摇晃，如果背手容易失去平衡，导致落水。在船上不能低头或叹息，因为这些都被认为是不吉利的。女人如果上了船，只能老老实实地坐在后舱，这是因为过去妇女缠足，平时在岸上行走都一步三晃，在船上行走更是会头重脚轻，很容易掉进水里。在船上砍柴火做饭时，应避免将斧头落入海中，因为谐音"落福"，对船和人都不利。

船具：船上的帆叫作"篷"，中央的大桅杆称为"大将军"，意为"大将军八面威风"，好借风使船。船舶上拴锚索的木柱（俗称"轴"，高40～50厘米）是不允许坐的，主要是太危险了；操作时不说"左右"，而说"内手、外手"或"动、推"。船上的舵右侧为"内"，左侧为"外"；"锚定"称为"站锚"，到了渔场或码头，就喊"给（读Qī）锚"或"锚定它"。传说渔船船头两根牛角状的木桩叫作"虾须"，船尾上的两根木桩叫作"带臂鸟"，挂着小旗子在海里做记号的竹竿叫作"立鹰"。

祭祀：沙子口地区的龙王节是农历正月十三日，其祭祀方式与其他地区的祭祀方式没什么不同。过年祭祖摆供时要用带鳞的鱼（如白鳞鱼、黄花鱼、黄姑鱼等），且头部要朝东，谓之"头朝东，肚皮朝宗（春节时渔民家中所挂的宗谱）"。不过，这一习俗具有较强的地域性。例如，姜哥庄一带有的村子春节摆供时习惯将鱼的头部朝北，这是因为海在村南，鱼头朝北，意为鱼往家跑；而平常家中吃鱼时则一律"头朝北，肚皮朝客（沙子口人念'客'为'尅'）"，即使很多没有渔民的山村至今也恪守着这样的规矩。

饮食："加吉（鲷鱼）头，鲗鱼嘴，林当（刀鱼）肚腩鲅鱼尾"是渔民总结出来的鱼身上最好吃的部位，"想鱼（白鳞）头，花官（鲐鲅）嘎嗓，即勾（鳗鱼）尾"是渔民总结出来的几种鱼身上最难吃的部位，"宁吃大白鳝一口，不吃'翅毛子'一顿""金针木耳黄花菜，海参鲍鱼西施舌"则是渔民的饮食俗语。"吃鱼吃碎。"煮熟的整条鱼虽然好看，但因为进不去味道，远不如碎鱼好吃，所以渔民吃鱼喜欢用碎鱼蘸汤吃。"给你个'红头'你不要，还想吃个'樱樱'。""红头"和"樱樱"是两种外形非常相似的鱼，渔民常用这个俗语形容那些挑挑拣拣的人。"看鱼看眼，看老婆看脸。"这就是说，要知道鱼是否新鲜要看鱼的眼睛，要知道女人美不美要看她们的脸。在船上吃饭时，男人们不得不吃鱼的尾巴，而把鱼头留给船长。

"六月梭,臭满锅",早春的"冰梭(鱼)"好吃,但六月大热天它就不好吃了。"敢许个猪,不敢许个鱼"是说如果答应给别人一头猪,到时候去猪圈抓就行了,但大海变幻莫测,一张网下来,可能是鱼虾满舱,也可能是一无所获,所以不敢轻易许诺别人。"千滚豆腐万滚鱼"是说做鱼的时候时间越长越好吃。

天时:"东风蟹子西风虾"是说刮东风能多打蟹子,刮西风则易多打虾。"南风刮涨,北风刮落"是说刮南风能涨满潮,刮北风会落大潮。"北风属马,白天就刮;南风属驴,黑天就住"是说风向的特性。"早上日头镶红边,大雨不过晌午天"是说早晨起来如果看见太阳被朝霞围着,则不用到中午就会下大雨,这样的天气不适宜到远海捕捞。"朝看东南,夜看西北"是说要想知道天气有什么变化,早晨起来要看东南方向,晚上则要看西北。"月亮带圈,连刮三天"是说如果出现月晕,则预示着将有大风天气,三天之内不宜出海。"早上雾遮船,晌午晒破脸"是说如果早晨渔港中大雾弥漫,到了中午太阳肯定很毒。"海上无六月"是说即使再热的天气,海上也会凉风习习,让人在不知不觉中就度过了最炎热的六月天。"谷雨下网打鲅鱼,鲅鱼里面带林当"是说谷雨时节正是打鲅鱼的时候,鲅鱼网里有时会夹带着刀鱼(沙子口人称刀鱼为"林当")。"楸树开花刀鱼搬家""楸树开花,打鱼的还家"均是说崂山上楸树开花的季节,正是捕鱼的最好时候。"七月十五打个盘,八月十五打一担"是说捕捞海蜇时,随着时间的推移,收获会越来越多。

潮水:"初一十五正一海"是说阴历的初一和十五这两个日子潮水的涨落时间相同,即海况怎样。"初一十五正晌满"是说这两个日子正午时正逢满潮。"初一吃了朝饭晚了海"是说如果初一那天等吃了早饭再去赶海就晚了。"初八二十三,两头晌蹦干"是说逢农历初八和二十三日,早晚都是落潮,海是干的。"初六二十一,早晚晒海底"是说逢农历初六和二十一日,一早一晚潮水落下,会露出海底。"十七八,初二三,晌午干,两头满"是说每逢农历十七、十八和初二、初三日,中午的时候海是干的,一早一晚时间则涨满潮。"涨潮骑大马,落潮拾芝麻"形容涨潮时像骑着大马一样快,而落潮时则慢腾腾的,犹如捡拾芝麻一样慢。"春落头,秋落尾"说的是春天上午潮水落得大，秋天下午潮水落得大。"八、九两明空"是指初八、初九这两天，每到"两将明儿"时（指快要明天和将要黑天的时候）为尽潮，海就空出来了。面对变化莫测的海流，渔民往往束手无策，"出一辈子海摸不清流水""海猫子不知潮流"这两句谚语则道出了那些与大海朝夕相处的老渔民的无奈。

第二章　中国渔文化教育功能价值研究

　　优秀文化是一个民族生存、发展的根和魂，给人奋进的精神力量。这一力量推动着人类文明的传承、社会力量的凝聚、人的行为的规范，对社会发展产生了深远的影响。

　　中国渔文化作为中华优秀传统文化的一部分，以深刻的人文精神熏陶人、濡染人、启迪人、激励人，表现出强有力的教育功能。

第一节　中国渔文化的人文精神

中国渔文化是中华民族世代相传而发展起来的一种文化现象，在其传承和发展的过程中形成了稳定的、优秀的人文精神。中国渔文化的人文精神包含着先民们对自然资源的认识、对开发自然的态度、对生产劳动的要求、对未来生活的向往以及对创新精神的追求等，是中华民族宝贵的精神财富。总结中国渔文化的人文精神，对于继承传统文明、开创美好未来具有非常重要的意义。

一、"天人合一"的生态理念

热爱大自然、保护大自然、与大自然和谐发展是我国人民淳朴的天性，是中华民族优良的基因，并由此形成了我国古代哲学"天人合一"的主基调，也形成了中国渔文化"天人合一"的生态理念。

《周易》作为我国文化的源头活水，认为宇宙是由天、地、人三个不同层次组成的大系统，三者互相联系又彼此制约；推崇天、地、人"三才"之论，主张"天人合一"。"天行健，君子以自强不息；地势坤，君子以厚德载物"，精辟地阐释了天、地、人之间和谐、统一的发展变化逻辑。

我国儒、释、道、法等各家近乎一致地将"天人合一"思想作为自己所认同或主张的精神价值追求。例如，儒家主张"性天同一"，认为人掌握了自己的规则就是掌握了自然规律，就能"参天地之化育"。在此基础上，《中庸》进一步强调，人只有把握了自身和自然万物的规律，才"可以赞天地之化育，则可以与天地参矣"，展现了崇尚天地、尊重自然法则、与自然和谐共生的理念。又如，道家主张"道法自然"，强调人与自然是个生生不息的有机统一体，提出"故道大、天大、地大、人亦大。域中有四大，而人居其一焉。人法地，地法天，天法道，道法自然"（《道德经·第二十五章》）的发展之道。老子强调人应顺应自然，才能实现宇宙的和谐。

人与自然和谐相处、相互贯通、共生共长是"天人合一"的精髓，深谙共生之道，这就要求人类珍惜自然资源、保护自然资源。《吕氏春秋》曰："竭泽而渔，岂不获得？而明年无鱼；焚薮而田，岂不获得？而明年无兽。"这表明先民们早就认识到合理开发利用鱼类资源的重要性。早在公元前21世纪，先民们对渔业资源的保护就十分重视。其中，《逸周书》载："夏三月川泽不入网罟，以成鱼鳖之长。"西周时，朝廷设置专门的官职"鳖（渔）人"负责渔业捕捞，但不准在春季、秋季、冬季捕鱼，倡导臣民养成保护渔业资源的贤德。鲁宣公夏季张网捕鱼，大夫里革割断渔网，力陈自然界万物皆有生长规律，须按季节捕猎，不可贪得无厌、滥捕滥杀。于是，就有了《里革断罟匡君》："宣公夏滥于泗渊，里革断其罟而弃之，曰：'古者大寒降，土蛰发，水虞于是乎讲罛罶，取名鱼，登川禽，而尝之寝庙，行诸国，助宣气也。鸟兽孕，水虫成，兽虞于是乎禁罝罗，矠鱼鳖，以为夏槁，助生阜也。鸟兽成，水虫孕，水虞于是乎禁罜，设阱鄂，以实庙庖，畜功用也。且夫山不槎蘖，泽不伐夭，鱼禁鲲鲕，兽长麑麋，鸟翼鷇卵，虫舍蚔蝝，蕃庶物也，古之训也。今鱼方别孕，不教鱼长，又行网罟，贪无艺也。'"此文充分显示了先民们大力保护自然资源、合理利用资源的强烈意识。春秋时期齐国政治家管仲，提出要制定"时禁"制度，对渔业生产进行合理安排和严格管理；在他看来，"物取有节"，要采取措施防止过度捕捞消耗渔业资源。管仲指出："山林虽广，草木虽美，禁发必有时；国虽充盈，金玉虽多，宫室必有度；江海虽广，池泽虽博，鱼鳖虽多，罔罟必有正，船网不可一财而成也。"

在我国古代，鱼类作为一种图腾，表现出了先民们对于鱼类的崇拜。人面鱼纹的刻画，体现了先民们渴望与鱼相互转化、相互融合的精神追求，也反映了先民们用鱼为依托沟通天地、人神、生死的情感寄托。

以赫哲族的渔文化为例。历史上，赫哲族人生活在美丽富饶的黑龙江、松花江、乌苏里江一带，丰富的自然资源为他们的生存与发展提供了良好条件。赫哲族人热爱生活的环境，形成了热爱生命的高贵品质和崇尚自然的良好习性，做到与大自然和谐共处。捕鱼业是赫哲族人的重要产业，赫哲族人的村庄里几乎家家有渔船，户户有渔网。生产、生活中处处离不开鱼的赫哲族人对鱼有着深厚的感情。赫哲族人在精神上把自己与鱼融为一体，无论是赫哲族人的族徽还是图腾，都有鱼的形象。在捕鱼的过程中，赫哲族人如果捕到小鱼，就会把它们放回河里。每年，当鱼产卵时，赫哲族人就会停止捕鱼，也就是"休渔"，这样可以避免鱼类的资源枯竭，从而实现可持续发展。

再如，现在的浙江象山，随着"善待海洋就是善待人类自己"这一理念日益深入人心，渔民越来越重视对海洋的保护与合理开发，采取多种举措让海洋休养生息。早在2000年，我国第一个以保护海洋为宗旨的"中国渔民蓝色保护志愿者组织"就在象山诞生。该组织向全世界渔民发出"大家都来善待海洋，争当保护海洋蓝色使者"的倡议。他们的倡议得到了积极响应，仅在我国蓝色保护志愿者就达到数万人之多。

二、"鱼戏莲叶"的幸福追求

在我国，鱼自古以来就对人们的生活产生了重要的影响。随着人类社会的发展，鱼从最初的食物慢慢地被赋予更多的含义，并在民间成为生活富足和爱情甜蜜的象征，表达着劳动人民追求美好生活的情感愿望。

先民们最早是先渔猎而后农耕的。为了生存与发展，先人们既要利用各种野兽，又要同它们斗争，而鱼是为数不多的几乎没有攻击性的动物之一，因此，人们把鱼当作神或神的代表来崇拜是很自然的。我国古代的"河神""水神"大多是鱼的形象，代表着古代劳动人民对美好生活的向往。例如，经考古学家研究发现，传说"鲧禹治水"中的"鲧"，原型即是一条鱼。

汉乐府的《江南》曰："江南可采莲，莲叶何田田，鱼戏莲叶间。鱼戏莲叶东，鱼戏莲叶西。鱼戏莲叶南，鱼戏莲叶北。"意思是，又到了江南采莲的时候了，荷叶浮出水面，推搡重叠，随风飘扬。密密麻麻的荷叶里，快乐的鱼儿在不停地玩耍，一会儿出现在这里，一会儿又游到那里，不知道是在东、西、南还是北。"鱼戏莲叶"蕴含着男女之间调情求爱的欢快心情和对美好生活的无限向往。

鱼类旺盛的生殖能力使它成为人类对母性和生殖崇拜的象征，也自然而然地成为民俗文化活动的重要表现对象，由此形成渔文化的一个鲜明主题：追求幸福。

一是追求"婚恋美满"。《诗经》是我国第一部诗歌总集，常用捕鱼来形容男女追恋，如《卫风·竹竿》中的"篷巷竹竿，以钓于淇。岂不尔思？远莫致之"。

二是追求"人间和谐"。从追求家庭婚姻的美满到追求社会中人们的和谐，都反映了渔文化积极的精神追求。在我国古代，先人们用"鱼水深情"来表示亲密无间的人际关系，用"如鱼得水"来抒发自如舒畅的人际交往，用"鱼贯而进"来形容井然有序的人际状态，用"海阔凭鱼跃"来颂扬令人奋进的人际空间。这些无不诠释了古代劳动者对美好生活的追求。

三是追求"生活富裕"。人们习惯用"鱼米之乡"来形容生活富足。在民间，逢年过节，人们总喜欢在家里挂"鱼戏图"，以此象征"年年有余（鱼）""岁岁有好光景"；经常举行各种欢庆活动，如唐朝李吉甫所撰地理学专著《元和郡县志》载有"浙江东流入海的钱塘江，每年八月十八日，浪涛涌至数丈，数百里士女，其观舟人渔子，溯涛触浪，谓之弄潮"；宋末元初周密所撰《武林旧事·观潮》载有"吴儿善泅者数百，皆披发文身，手持元十幅大彩旗，争先鼓勇，溯迎而上，出没于鲸波万仞中，腾身百变，而旗尾略不沾湿，以此夸能"。

幸福生活是勤劳、勇敢的中华儿女矢志不渝的追求。现在伴随改革开放的不断深化，渔民生活质量得到很大提高。以海南省三沙市为例，为了增加渔民的收入，提升渔民的生活水平，从2013年4月起，当地政府在永乐群岛部分岛屿进行旅游开发尝试，不仅让很多国内外游客拥有了旅游新选择，而且使生活在这里的渔民摇身一变，都成了"渔家乐"老板。他们平时下海捕鱼，旅游季节开饭店，收入翻倍，生活的幸福指数大幅度提高。

三、"鲤鱼跳龙门"的进取精神

在古代渔民看来，江河湖海既是迷人的，有诱惑力，又是神秘的，有危险性。就像黑格尔在他的著作《历史哲学》中提到的，"大海给了我们茫茫无定、浩浩无际和渺渺无限的观念；人类在大海的无限里感到他自己的无限的时候，他们就被激起了勇气，要去超越那有限的一切"。面对江河湖海，渔民渴望生存、勇于超越，敢于战风斗浪。

传言大禹治水时，在甘肃积石山取水，龙门山却又将疏通的水挡住。大禹考察地形，决定去凿龙门山。于是，大禹指挥众人在龙门山上开了一个八十步宽的口子，引水过去。龙门山太高，逆水而上的鱼儿很多游不过去，只能拼命往上跳。据说鱼儿只要能跳过龙门就可以变成龙。游到龙门山的鱼都想跳过"龙门"，但能跳过去的鱼却很少。鲤鱼则是其中的佼佼者，于是就有了"鲤鱼跳龙门"的传说。在我国古代，人们尤爱鲤鱼，鲤鱼被看作高贵之物的象征，寓意富贵和吉祥。《周颂·潜》中的"猗与漆沮，潜有多鱼。有鳣有鲔，鲦鲿鰋鲤。以享以祀，以介景福"，形象地描绘了先人们以鱼祭祀祖先的盛况。在古代，当孩子出生时，人们用鲤鱼来表示祝福。孔子的儿子出生时，鲁昭公派人送给他一条鲤鱼作为礼贺。孔子则"嘉以为瑞"，给儿子取名为"鲤"。由此可见，春秋时期我国以鲤鱼来代表吉祥如意的习俗早已普及。直至现在，人们仍然喜爱红红的大鲤鱼，家里有喜庆事时还把鲤鱼作为吉祥物，年画上一直保留着"年年有余（鱼）"的图样。

人们钟爱鲤鱼，除了它代表幸福和吉祥外，还因为它有着积极进取的精神。早在明朝，"鲤鱼跃龙门"的传说就流传到日本，即使到现在，那里还沿袭每年5月5日男孩节时挂鲤鱼旗的传统，以祝愿少年像鲤鱼一样积极进取、茁壮成长。

我国近代思想家、教育家梁启超曾说："海也者，能发人进取之雄信者也……试一观海，忽觉超然万累之表，而行为思想，皆得无限自由。彼航海者，其所求固在利也，然求之之始，却不可不先置利害于度外，以性命财产为孤注，冒万险而一掷之。故久于海上者，能使其精神日以勇猛，日以高尚，此古来濒海之民，所以比于陆居者活气较胜，进取较锐……""鲤鱼跳龙门"的精神正是"濒海之民"不惧困难、勇往直前精神的生动写照。

以山东荣成石岛为例。几十年前，当地渔民对其生活有形象的描述："小舢板，老船长，出海一圈，满载归来。"现在，近海资源保护意识日益提升，近海捕捞受到各种限制。为此，习惯于近海作业的石岛渔民不惧风高浪急，开拓创新，走向远海。他们把作业领域延伸至东南太平洋、北太平洋、印度洋、西南大西洋等地区，同时也开始捕捞南极磷虾。这样一来，他们的经济效益得到很大提升，从而也带动荣成海洋渔业的产业化和国际化发展。

四、"互助友爱"的团结美德

渔业生产自诞生以来，就是一种依靠集体的力量进行的生产活动，需要人与人之间互助合作，同舟共济战风斗浪，齐心协力捕捞养殖，久而久之便形成了渔文化所崇尚的"互助友爱"的团结美德。

以我国江苏省南通市为例。南通市滨江临海，拥有著名的吕四渔场。这里悠久的渔文化伴随着渔业生产的发展而不断地传承。以前，在南通当地盛传着"世上有三苦：行船、打铁、磨豆腐。"的顺口溜。渔民们出海打鱼，三面海水一面天，既艰苦又危险，团结互助既是一种精神也是一种需要。正是有了这种精神，南通的渔民中才经常会出现"一方有难，八方支援"的感人事例，抗日战争期间才会有众多渔民积极参加新四军海防团，在南通沿海开展如火如荼的抗日斗争。如今，南通市根据形势发展的需要，进一步发扬渔文化崇尚的团结精神，在全国率先推行了渔业安全生产的"三化五覆盖"管理体制，形成了渔民出海的编组结队制度和海上见义勇为奖励机制。

五、"海纳百川"的包容境界

包容是中华民族的传统美德。民族英雄林则徐有一副自勉联为"海纳百川，有容乃大；壁立千仞，无欲则刚"。其中，"海纳百川，有容乃大"的意思是人的胸怀要像大海一样宽广，可以容纳无数江河，这样才能容纳和融合，从而形成非凡大气的氛围。大文豪雨果曾感叹道："世界上最宽广的是海洋，比海洋更宽广的是天空，比天空更宽广的是人的胸怀。"包容是一种广阔的襟怀和非凡的气度，一代又一代渔民通过生活和生产磨炼而成的包容品格升华为渔文化的一种境界。

渔民生产与生活的特点使得他们的视野开阔、胸怀坦荡。渔业生产讲究的是团队合作，它意味着社会重新分工。而这样的分工也肯定不会受到宗族和世俗的限制，要根据能力、经验、技艺来体现每个人的价值；加上父子不同船的渔家风俗，渔业生产不再以各家各户为单元而走向社会化生产，其成员来自四面八方，使得渔民分工合作、各负其责，共同完成各种任务，久而久之便形成渔民包容的品格，并一代一代传承下去。

以赫哲族为例。赫哲族人心胸宽广，他们从不将已掌握的捕鱼技术、能力、技巧占为己有，而是将这些技艺、经验传授给他人，和本民族人以及其他民族的人交流分享。赫哲族人还积极向其他民族的人学习，取长补短，不断进步，持续发展。1958年，百年不遇的大洪水，袭击了三江平原，淹没了村庄，迫使人们搬到更高的地方——街津口。洪涝过后，在街津口躲灾的人们因为看好那里的风土人情想定居下来。对此，作为世世代代居住在那里靠着捕鱼而生的赫哲族人，以宽广的胸怀接纳了这些汉族兄弟。他们不仅热心帮汉族兄弟们盖起新房子，而且在生活上处处关怀，这让汉族兄弟非常感动。这一事例充分体现了赫哲族人包容的品格、宽广的胸怀。

六、"敢为人先"的创新意识

古人们从陆地进入河流、湖泊和海洋是一项挑战。在搏击风浪、征服江河湖海的过程中，人们培养起创新精神。

在我国的远古时代，几乎所有的发明都出自伏羲之手。比如，当看到蜘蛛织网觅食时，伏羲就发明了网。这种网不仅可以用来捕捉动物、饲养动物来发展畜牧业，还可以用于捕鱼来发展渔业，从而为渔业文明的发展打下了良好基础。

夏商周不仅是我国从原始社会进入奴隶社会的一个重要时期，更是我国传统渔业开始形成和初具规模的时期。青铜冶炼技术的出现，促进了渔船、渔具制造水平的提高和捕鱼方式的改进。在夏朝，先民们就能熟练地使用青铜制作的锛、凿、锯、钻等工具制造坚固的木船，而且掌握了利用风力航海的技术。我国在明朝就开始制造和使用木帆船了。后夏古本《竹书纪年》记载的夏帝芒"东狩于海，获大鱼"，表明东周时期山东至浙江沿海航海发达，船只广泛用于海洋捕获。据《管子·禁藏篇》记载，"渔人之入海，海深万仞，就彼逆流，乘危百里，宿夜不出者，利在水也"，即人们可以去"万仞"这么深的海去捉鱼，表明在当时船舶和航海技术已经相当成熟。渔具方面，商代已有铜鱼钩，周代已有铁鱼叉。《周礼·秋官·雍民》载有

"禁山之为苑，泽之沈者"，这说明早在周朝就有药鱼的方法，即把药放入水中捕鱼。

在长期的渔业生产实践中，先人们还掌握了物候，如"二月东风解冻，蛰虫始振，鱼上冰，獭祭鱼""季夏之月，命渔师伐蛟、取鼍、登龟、取鼋"（《礼记·月令》）等。赫哲族人根据鱼类活动规律，除正常的网鱼、叉鱼之外，还经常在江河中设置一些暗桩，在暗桩上连上横索，横索上布满鱼钩，使用暗钩捕鱼，鱼钩越多，捕鱼越多。

以上这些，既充分说明了我国渔业生产历史悠久、渔文化源远流长，又体现了我国渔文化人文精神中的创新意识。现在，中国渔文化人文精神中的创新意识得到传承和发扬。例如，20世纪七八十年代，在海洋生态环境恶化、渔业产值下降的情况下，象山东门渔民大胆启动渔业股份制，做到产权清晰、利益明确、分配方面实行以股带劳、劳股结合。他们以一船多业、一网多用，依附销售等方式与省级渔业单位开展合作，组建跨境营销冷藏船队，还大胆参与国际渔业界竞赛，促进渔业生产。机制的创新、经营模式的创新、收入分配的创新，让象山渔业生产面貌大为改变，渔业丰产捷报频频传来。

第二节　中国渔文化的教育主张与教化方式

一、授之以鱼，不如授之以渔

"授之以鱼，不如授之以渔"这句用"鱼"和"渔"形象地说明方法重要性的古语，充分体现了渔业活动中"鱼"和"渔"的密切关系，也展现了中国渔文化的教育主张。这句古语隐含的意思是给人一条鱼，不如教给他捕鱼的方法，原因是一条鱼能解他人的一时之饥，却不能解他的长久之饥，如果想让他永远有鱼吃，那就得让他学会捕鱼；延伸到教育，那就是教知识固然重要，教方法则更为重要。

我国自古以来就十分重视对思想方法的研究和应用。

例如，我国西汉时期《淮南子》中的《淮南子·览冥训》载有"乞火不若取燧，寄汲不若凿井"的论述，意思是"向人求火不如去找火石，借井打水不如自己去凿井"；《淮南子·说林训》载有"临河而羡鱼，不如归家织网"，意思是"与其站在水边想得到鱼，不如回家去结网捕鱼"。这些表述都强调了方法的重要意义。

又如，旧石器时代燧明国（今河南商丘）人——燧人氏，是"三皇"之首，被奉为"天皇"，人们尊称他为"燧皇"。据说，钻木取火就是燧人氏发明的，所以他为世人所称道。《韩非子·五蠹》曰："有圣人作，钻燧取火以化腥臊，而民说之，使王天下，号之曰燧人氏。"这其中说的是，燧人氏不仅发明了钻木取火，还重视教人掌握捕鱼和利用火加工鱼的方法。鱼、鳖、蛤蜊等有腥味不能直接食用，可以用火煮熟后再食用就没有腥味了。这样，就大大增加了人们对食物的选择范围，让食物更加美味，从而使人的身体更加健康，人的聪明才智水平逐步提高。恩格斯曾经说过："就世界的解放作用而言，摩擦生火还是超过了蒸汽机。因为摩擦生火第一次使得人支配了一种自然力，从而最后与动物界分开。"

再如，我国自古以来就是十分重视捕鱼方法的改进，如周朝渔民把木头放在水中用来诱鱼（这种捕鱼方式实际上是现代人工鱼礁的雏形）、东汉时期渔民用红色木制鱼引鱼入水来捕鱼（这种捕鱼方法实际是现代诱饵捕鱼的先驱）、东晋渔民采用长木敲板将鱼卷入网中捕鱼（现代声诱捕鱼法受这种捕鱼方法启示而形成）等。另外，先民们食用的鱼并不都是野生的，在我国南方早已有了鱼类养殖活动。西汉楚越"水居千石鱼陂"（《史记·货殖列传》），讲的就是利用陂泽养鱼，一年可收获千石鱼。这说明自西汉起，鱼类养殖已成为长江沿岸一带先民们的重要渔业生产方式。古时的鄱阳湖滨的江湖水域盛产鱼苗，到了夏天，人们纷纷捕捞起来出售获利，使这里成为十分繁荣的鱼苗业集中地。宋末元初的周密曾在《癸辛杂识·鱼苗》记载："江州等处水滨产鱼苗，地主至于夏，皆取之出售，以此为利。"，在各种各样的渔业活动中，捕捞方法的改进推动着我国的渔业生产不断向前发展。

"授之以鱼，不如授之以渔"反映的是一种重要的思想方法。

后来，人们又把"授之以鱼，不如授之以渔"拓展、深化为"授之以鱼，不如授之以渔；授之以渔，不如授之以欲"，进一步说明"鱼""渔""欲（理想、信念）"之间的递进关系，强调方法尤其是理想、信念的重要性。

"授之以鱼，不如授之以渔"这一思想方法不仅在我国古代广为流传和应用，在当今的社会实践中也发挥着重要作用。例如，2020年是我国全面建成小康社会和决战脱贫攻坚之年，立足贫困地区的实际，让当地人民学习现代产业技术、拥有安身立命的根本，这样才能促进当地农业生产和特色产业的融合发展，真正帮助贫困地区人民摆脱贫困、避免返贫。这其中体现的就是"授之以鱼，不如授之以渔"的思想方法。

"授之以鱼，不如授之以渔"应用于现代教学，则着重强调引导学生掌握科学的学习方法，学会管理自己的学习，培养自主学习的能力，真正成为学习的主人。在教师的指引下，学生根据自身实际确立学习目标、制订学习计划、采用科学策略、控制学习过程、评价学习结果的自主学习，是符合原认知规律的学习。1976年，美国心理学家弗拉维尔（J. H. Flaveilt）在《认知发展》一书中提出了原认知的概念。在他看来，"任何以认知过程和结果为对象的知识或者任何调节认知过程的认知活动都称为procognition，其核心就是认知的认知。原认知是指个体对其认知活动的自我意识、自我体验、自我调节、自我监控和自我评价"。学生掌握了原认知策略，便可自觉地根据学习目标制订学习计划，实施学习计划并对学习活动进行监控、不断地通过信息反馈改进学习计划，实现有效的学习。

科学家爱因斯坦指出，"光靠专业知识教育是不够的，通过专业教育，他可以成为有用的机器，但不能成为和谐发展的人""发展人的综合能力独立思考和独立判断，应该永远放在第一位，而不应该把专业知识放在第一位。他自己的方式，比一个以获取详细知识为主的人更能适应进步和变化"。

吕叔湘先生是我国著名的语言学家，他曾经说："教学，教学，就是教学生学，主要不是把现成知识教给学生，而是把学习方法教给学生，学生就可以受用一辈子。"

在知识迅速膨胀、科学技术飞速发展、教育观念不断更新的今天，"授之以鱼，不如授之以渔"这一思想方法在教育教学中得以深化与拓展：教学既要"授之以鱼"更要"授之以渔"，还要"授之以渔场"；"授"不再是"教师单纯的传授"，而是"学生在教师引导下的发现与收获"；"渔场"是"教学情境"其中拥有大量的"鱼"——极其丰富的"情境素材"，需要学生去"捕捞"，亲身体验"捕捞"的艰辛与"收获"的快乐。"鱼""渔""渔场"三位一体，有利于引导学生树立正确的价值观、培养必备品格、提升关键能力、实现全面发展。

二、熏陶，濡染，启迪，激励

"熏陶，濡染，启迪，激励"是中国渔文化的主要教化方式，运用这一方式，中国渔文化的人文精神得以传承，进而促进了社会文明的发展。

例如，《管子·版法解》曰："凡所谓能以所不利利人者，舜是也，舜耕历山，陶河滨，渔雷泽，不取其利，以教百姓，百姓举利之。"舜在历山开荒，不仅自己勤耕苦作，还动员和引导别人垦荒种地，并言传身教传授耕种方法，于是到历山开垦荒地的人越来越多。久而久之，大伙逐渐变得团结友爱、互帮互助，一起辛苦经营着历山。舜有时也去雷泽垂钓。雷泽湖是个天然渔场，从四面八方前来捕鱼的人很多，捕鱼的方法各种各样，捕鱼工具也五花八门，这样就出现了不同的人每天捕鱼数量相差很大情况。时间长了，人们互相猜忌、争吵，甚至为了争夺好渔场而互相打架。舜下决心改变这种局面。他捕鱼手法高明，鱼捕得多。每次钓到后，只留下够自己吃的一点鱼，其余的都分给那些捕鱼少的人。有时，他会把发现的优良渔场让给大伙，还教他们如何捕鱼。在舜的真诚、有礼、乐于助人行为的熏陶下，在雷泽湖钓鱼的人们相处得越来越和睦，互让渔场、你帮我扶，共同分享成果的事比比皆是。

又如，历史上有一个东汉时期的清官"羊续悬鱼"（《后汉书·羊续传》）的故事。羊续，字兴祖，时兖州泰山平阳人氏，也就是山东新泰市人，他非常爱吃鱼。任官南阳太守时，部下府丞知道他爱吃鱼，一次，特地送他一条十分珍贵的"三月望饷鲤鱼"，却被羊续拒之门外。但府丞非常执着，他只好收下。羊续收鱼后并没有吃，反而把它挂在外面晒作干鱼。隔了几天，府丞又送来一条鱼，羊续便指着门外的鱼干说："上次你送的鱼还在呢，你把它们一块拿走吧！"听了羊续的这番话，府丞十分不好意思，只好带着两条鱼离开了。"羊续悬鱼"的事逐渐被大家所知，人们给羊续起了个"悬鱼太守"的雅称来赞扬他。这个故事说明了"濡染"是一种重要的教育方式。

再如，东晋史学家干宝所著《搜神记》第11卷记载："王祥字休征，琅琊人。性至孝。早丧亲，继母朱氏不慈，数谮之。由是失爱于父，每使扫除牛下。父母有疾，衣不解带。母常欲生鱼，时天寒冰冻，祥解衣，将剖冰求之。冰忽自解，双鲤跃出，持之而归。母又思黄雀炙，复有黄雀数十入其幕，复以供母。乡里惊叹，以为孝感所致焉。""卧冰求鲤"是古代二十四孝故事之一，后成为一个颂扬"百善孝为先"中华民族传统美德的成语故事。这一成语故事中感动了无数的人，充分体现出中国渔文化故事的启迪作用。

还如，春秋时齐国的管仲十分赞同"渔盐之利，疏通海内"。他高度重视渔业产品的内外流通，采取减免税措施来促进渔业对外贸易。据《国语·齐语》记载："通齐国鱼盐东莱，使关市几而不征，以为诸侯之利。"管子规定"鱼盐产品可以自由出口，各类外贸关卡只登记而不予征税，以便利诸侯各国。对其他的出口商品也实行单一税制，在各关卡征收过的，在市场上就不再征收，反之亦然"。这一激励政策的实施，极大地促进了齐国与周边各国的贸易往来。

在现代的教育理念下，学生不是装载知识的"容器"，而是需要点燃的"火炬"。他们的正确价值观、必备品格和关键能力的培养，需要以"知识的积累"为基础，但又不是仅靠"知识的积累"的"水到渠成"，需要有一个内化的过程。"知识的积累"相对容易，但"知识的内化"绝非易事。其中，"内化过程"需要很多不是智力层面的因素——非智力因素，而学生的这些非智力因素不是仅仅通过"教学"就能发展起来的，它们需要良好的教育环境来对学生不断地熏陶、濡染、启迪和激励。环境对植物的生长影响巨大，像"蓬生麻中，不扶而直"无不印证了环境的重要意义；"近朱者赤，近墨者黑"也表明培养人的环境对个人的发展起着至关重要的作用。

著名的德国哲学家雅斯贝尔斯曾这样评价教育："在我看来，全部教育的关键在于选择完善的教育内容和尽可能使学生之'思'不误入歧途，而是导向事物的本质。"显然，要实现人的灵魂的教育，最好的办法就是"熏陶，濡染，启迪，激励"；"教育就是一棵树摇动另一棵树，一朵云推动另一朵云，一个灵魂唤醒另一个灵魂"这一对教育诗意般的描述，更是生动地彰显了"熏陶，濡染，启迪，激励"教化方式的必要性。这与活跃在国际教育界舞台的中国教育家、中国现代大学的开创人郭秉文先生的观点不谋而合，他早在1920年就说过"教育贵于熏习，风气赖于浸染"。

第三节 我国古代渔业文献展现的渔文化教育功能

我国古代有着丰富的渔业文献。西周初至春秋中期的《诗经》，记载了渔具、捕鱼方法和水生经济动植物。战国时期的一部经典文字解说书《尔雅》，其中的《释鱼》篇列举了20多种鱼类，成为我国最早记录鱼类的词书。《周礼》是一部记载战国时期周王室官职制度和各国不同制度的汇编，选在其中的《天官冢宰》《地官司徒》等都记录了我国最早的渔政官员及他们的职责。

除此以外，像《孟子》《管子》《吕氏春秋》这些作品中，也分别记录了养鱼、捕鱼和水产资源的保护等内容。汉朝以后，由于养鱼业的持续发展，有关渔业的农书、笔记和方志逐渐增多。至明清两代，出现了很多渔业专著，而且渔业文献也走向系统化。我国古代渔业文献反映了当时的渔业状况，指导了当时及后世的渔业生产，充分展现了渔文化的教育功能。

一、《养鱼经》与《种鱼经》

我国是世界上最大的水产养殖国，同时也是世界上最早的池塘养鱼国家，早在殷商末期和西周初期，我国就有池塘养鱼的记载。春秋战国时期，我国第一部养鱼著作——《养鱼经》问世，当然这也是世界第一部养鱼著作。

《养鱼经》又称《陶朱公养鱼经》。全书共400余字，记载了鱼塘的结构、亲鱼的规格、放养的适宜时间、雌雄鱼的比例、鲤鱼的饲养方法、轮流捕鱼、养殖等内容。而且，最难得的是，这本书的很多内容与后人所使用的方法相似，这对于我国养鱼史来说称得上是史无前例的宝贵文献。《养鱼经》不仅对我国影响深远，还在世界范围内广为流传，曾被译成英、俄、西、日、法等多国文字。

自唐朝以来，我国的鱼塘养殖对象发生了极大变革。由于"鲤鱼"谐音李世民的"李"，在当时成为禁忌，渔民和宫廷"校人"随后对延绵已久的"鲤鱼"养殖方法由原来的只养一种鲤鱼改造成鲢、鳙、草、青、鲮鱼混合养殖。经过一百多年的大规模生产实践，我国渔民创造了更加系统完整的养鱼技术，从而为后续池塘养鱼提供宝贵的经验支撑。

明朝黄省曾撰写的《种鱼经》是我国现存的第一部淡水养鱼专著，是我国养鱼史上最宝贵、最权威的文献。新中国成立之前，我国养鱼的主流技术绝大多数都是从此书中得来。该书出版于明万历元年至万历四十六年（1573—1618），分为三章，全书共3 000字左右。第一章介绍了鱼种，记录了天然鱼苗、鲱鱼、草鱼鱼苗的捕捞和养殖方法、摄食习性，还有鲢鱼在养殖过程中应注意的事项。值得一提的是，这里面记录了明朝松江府的鲻鱼养殖，同时这也是我国最早的鲻鱼养殖记录。第二章介绍养鱼的方法。建设鱼塘，提倡两塘养，不仅可储水，还能舍大存小，这是为了避免鱼病泛滥鱼塘；池塘水不能挖得太深，因为如果太深的话会导致鱼儿缺氧而死，同时水温也不能过低，也会让鱼类不易存活；池塘正北要深挖，可以帮助鱼受光避寒。其中，对池塘的环境也有很高的要求，一切以适应鱼儿的生长为原则。例如，可以选择在鱼池里建一个人工小岛，方便鱼的归来，促进快速生长；又如，可以在鱼塘的周边种植芙蓉、乔木、芭蕉等植物，营造一种对鱼类生长有利的环境。为了预防鱼病，就要做到鱼的排泄量不宜过多，否则会导致鱼发病。要注意碱性石灰也会导致鱼大量死亡。喂鱼时要做到定时、定量投喂饵料，还要依据它们的生长阶段和摄食习惯进行喂食。水草不允许用来喂食，防止夹带鱼敌进入池塘。第三部分记录的资料不多，大部分记录了鱼类不同的名称和性质。

《种鱼经》对于"去大存小""定时投饵"的说明，在很大程度上表明当时已经有先进的养鱼技术，如"轮捕轮放"、喂养"四套"（质、量、时、位）等。而且，这本书还首次提到用海涂来养殖，人工养殖半咸水鲻开创我国海鱼人工养殖的先河。不仅如此，书里还介绍了如何烹制河豚：要先去除其眼睛、血液、卵巢、肝脏等，然后把它洗净，直到"完全煮熟"为止。

二、我国古代其他渔业专著

《四时食制》：三国时期曹操所著，主要记述了水田如何养殖鲤鱼以及水生动物的习性、状态、如何加工并食用等内容。

《临海水土异物志》：三国时期沈莹所著，是一部吴国临海郡（今浙江省南部与福建省北部临海一带）地方志，主要记述了吴国的临海郡特产，内容包括一些虾蟹、水母、鱼贝之类的海洋生物的状态和习性。

《岭表录异》：唐朝刘恂所著，主要记述了唐代岭南（今广东、广西大部分地区）的风俗，是我国首部记述草鱼养殖的专著。

《癸辛杂识》：宋末元初周密所著，全书共分为6卷，其中有关水产的内容详细记述了南宋时期江州一带（今江西省九江市）鱼苗的喂养方法和运输的方法。

《本草纲目》：明朝李时珍所著药学巨作，全书分为16个部分60个大类，主要包含1 892种药物种类。其中"鳞片"和"媒质"部分记录了许多水产物种的习性、药性、捕获技巧、制作使用等情况。

《闽中海错疏》：明朝屠本畯所著，主要记述了明朝福建沿海一带的水产动植物，像软体动物、爬行动物、鱼类、两栖动物等，是我国目前能查证且现存最古老的一部水生动植物志记。

《渔书》：北京图书馆藏有明朝刻残本，记述了水生动植物以及渔具和渔法，从中可看出明朝海洋捕鱼技术水平。

《官井洋讨鱼秘诀》：本书于1952年在福建省宁德县被发现。主要记述在福建官井洋海钓大黄鱼的宝贵经历。第一章节介绍了位于官井洋的十八暗礁的地理位置、体积、形状以及周边所处的环境。第二章节主要记录了在官井洋找鱼的技巧，如如何观察早潮、潮汐和中潮的鱼群走向。第三章节是关于捕鱼时需做的准备及注意事项。

《然犀志》：清朝李调元所著，主要记述了90多个物种，包括淡水鱼类、虾、贝类、蟹、鳖、甲鱼、海兽等。

《记海错》：清朝郝懿行所著，主要记述了山东半岛地区十分常见的49种物种，像无脊椎动物、经济鱼类、海中藻类等。

《海错百一录》：清朝郭柏所著，是一部综合性较强的福建水生生物志，包括"记渔篇"（记捕鱼工具和捕鱼方法）、"记鱼篇"（重点讲福建沿海地区的经济鱼类，当然也包含一些淡水鱼）、"记介篇"（大多记录的是螃蟹等）、"记壳篇"（重点讲述海生贝类）、"记虫篇"（重点介绍淡水虾，也包括海参、沙蚕等无脊椎动物）和"记菜篇"（记述各种海藻）等，书后附记海鸟、海兽、海草等篇。

《中国渔业历史》：清朝沈同芳所著，是一本反映晚清渔业形势的书籍。主要记述中国渔业的历史，包括晚清新式渔业和大众渔业的捕鱼工具和方法、养殖技术和水产品加工制作等，而且配有插图，图文结合，更有助于读者理解所述内容。

《广东新语》：明末清初屈大均所著，是一部重要的笔记体地方史著作，主要记述广东一带天文地理、经济物产、人物风俗等，其中"介语"和"鳞语"两卷详尽介绍了珠江三角洲的捕鱼工具和方法、水生动物、鱼苗捕捞、鱼贝养殖等。

第三章 中国渔文化教育功能传承探索

中华优秀传统文化是中华民族的命脉，是中华民族的精神家园，是中华民族的凝聚力和创造力的不竭源泉。中国渔文化具有崇高的人文精神和强大的教育功能，其意义深远，应当得到弘扬与传承。

地处渔乡的沙子口小学充分挖掘渔文化资源，在以"立德树人"为教育根本任务的素质教育视域下，进行了渔文化教育功能的价值研究和传承实践，走出了一条"渔文化兴校，高素质育人"的特色办学之路。

第一节　沙子口小学及其渔文化兴校发展策略

沙子口小学位于黄海之滨，崂山南麓，三面环山，面向大海，是一所拥有深厚底蕴、充满内生动力、富有创新活力的学校。

一、学校的当前情况

学校占地面积为36 700平方米，建筑面积为23 500平方米；硬件设施配套齐全，除教室和办公室外，建有田径场1个，综合体育馆（篮球、乒乓球）1个、图书馆1个、音乐专用教室3个、舞蹈教室2个、美术活动室3个、贝壳教室1个、书法教室1个、剪纸教室1个、沙画和沙瓶画教室2个、科学实验室3个、微机室3个、人工智能教室2个、智能物联网家政教室1个、VR教室1个；按照山东省规范化学校标准配备各种设施，教室配有班班通，图书馆藏书8.1万多册，人均约60册。

学校规划设计48个班，现有36个教学班，现有就读学生1 357名，平均班额约38人，主要来自周边8个社区和企事业单位；现有教师102人，其中华师派遣制教师10人。教师平均年龄约39岁，50岁以上教师11名，新参加工作5年的教师38名；高级教师15人，中级教师53人；教师学历全部达标，其中硕士研究生6人，其余全部为本科学历。

学校现有校级干部5名，其中校长1名，书记1名，副校长2名，工会主席1名。有中层领导干部9名，设置教导处、政教处、办公室、总务处、体卫艺处、少先队6个部门。

学校立足渔文化的办学理念，传承创新，被评为山东省规范化学校、山东省文明校园、青岛市五星级阳光校园、青岛市校园文化建设示范学校、青岛市家庭教育示范学校、青岛市德育工作先进集体、青岛市少先队工作规范化学校、青岛市语言文字规范化学校、青岛市书香校园、青岛市优秀家长学校、青岛市校本培训示范学校、青岛市课外文体示范学校、青岛市艺术教育示范学校、青岛市智慧校园、青岛市AAA健康校园、青岛市文明校园、青岛市高水平现代化学校等。学校的教育教学质量一直名列青岛市崂山区前列，连续多年被评为崂山区目标绩效考核"优秀"等级，受到社会各界以及家长、学生们的一致认可。

二、学校的历史沿革

学校所在地沙子口于清末建村，因建村较晚且住户少，前期并无学校，但因其特殊的地理位置能让渔船避免海风和海浪的侵袭，所以在渔港建成之前，作为渔村的沙子口不仅是供渔船的停靠码头，也勇敢地挑起渔业贸易的重担。由于渔民子女们读书问题亟须解决，故清末年间，段家埠和董家埠均开设私塾教育，设馆收费，教授生徒。

德占时期德国人在胶澳设有"蒙养学堂"，开办有别于旧式私塾的"新学"。1915年，日本占领青岛，将德占时期的"蒙养学堂"改称"公学堂"，与私塾并存。民国时期，胶澳督办与青岛特别市教育局均曾下令取缔私塾，故私塾教育日渐没落。民国元年十一月成立公立姜哥庄小学和公立于哥庄小学，沙子口隶属姜哥庄小学，段家埠和董家埠隶属于哥庄小学。1926年成立段家埠小学（1929年改为完全小学），1930年成立董家埠小学，沙子口一直是段家埠小学的分班。

19世纪30年代初，青岛市提倡兴建新学，鼓励地方办学，段家埠小学新校于1934年建成，董家埠小学新校于1936年建成。后期，董家埠小学为段家埠小学分校，从一定程度上，实现了对沙子口区域学生的分流。

1942年，以沙子口八大商行为主集资，在原沙子口村西建沙子口小学为初级小学（即一至三年级），属段家埠小学分校，四至六年级仍到段家埠小学就读并毕业于段家埠小学。1946年，青岛市国民政府重新接管沙子口片区小学，直至1949年6月沙子口解放。

之后，沙子口慢慢建立了沙子口公社机关，其他机关、企业、商铺等也随之建立；同时，因沙子口渔港的先天优势，沙子口渔港也成为驻青海军的重要基地之一，海军所需的大片住宅区在这里建成，使沙子口很快发展成为一个规模较大、经济比较繁荣的市镇，因此，以"靠海而生、人海相和、自强不息、勇立潮头"为精神内涵的渔文化也逐渐应运而生。

随着人口的猛增，原段家埠小学和董家埠小学无法继续承担沙子口区域内现有学生的教育教学工作，因此沙子口迫切需要建立一所新的小学。经上级批准，沙子口人民公社和沙子口大队两级出资，在沙子口村西沙滩上（原沙子口卫生院西侧）新建小学。1967年11月，沙子口村才有了以本村为名的沙子口小学。此后，1968—1973年，原先的董家埠小学"带帽"，即设初中班，学制两年，成为七年制学校。

1970年8月，沙子口小学与沙子口联中（现崂山六中）合并为一处七年制学校——崂山县沙子口公社沙子口中学。1973年8月，沙子口小学再次独立出来，重新命名为崂山县沙子口公社沙子口小学。

沙子口小学建成后，正处于国家"十年动乱"时期。至1976年前，学校经费来源贫乏，相应的教学设施简单，有时连粉笔都供应不上，教师待遇比较低下。1976年10月，史无前例的"文化大革命"宣告结束，学校面貌开始有了新变化。1978年5月，沙子口小学被上级行政部门确定为青岛市"重点小学"。

随着党的十一届三中全会以来教育形势的发展，上级要求对沙子口周边教育资源进行整合。1985年，崂山小学合并于沙子口小学；1989年，栲栳岛小学撤销，合并于沙子口小学；1996年，遵照教育教学工作"当龙头，上水平，争一流"的要求，全面启动沙子口镇教育"二四二"工程。同年8月，大规模撤点并校，段家埠小学和董家埠小学并入沙子口小学。1997年，沙子口小学迁入原沙子口中学校址，完成沙子口小学的第一次搬迁。段家埠和董家埠一至三年级学生在段家埠和董家埠分校学习，四至六年级到沙子口小学本部学习。至1999年8月，段家埠、董家埠分校被撤销，全部并入沙子口小学。

随后的几十年里，学校不断挖掘渔文化内涵，带领学生了解神奇的海洋知识、渔村的风俗，凭借渔民子女的优势条件体验捕鱼生活等，一系列海洋实践活动使得渔文化对学校的影响力逐步加深，也为后续沙子口小学打造学校渔文化教育特色奠定了基础。

随着区域内人口的不断增长，沙子口小学办学质量不断提高，社会反响越来越好。沙子口小学生源逐年增加，现有校舍及配套设施远远满足不了沙子口小学创办高水平现代化学校的需求。经沙子口教育中心报请沙子口街道办事处及崂山区教育体育局论证，当地政府决定征用段家埠村大河南60多亩土地新建沙子口小学，投资近一亿元人民币。学校于2012年动工，2013年建成，2014年8月沙子口小学迁入新校，完成第二次搬迁，学校现地址位于崂山区沙子口街道崂峰路。2020年10月学校挂牌"青岛市第十四实验小学"，迎来了更多的机遇和挑战。

三、凸显渔文化特点的办学理念及其形成

办学理念是引领学校发展的灵魂，体现为一种核心文化力量、一种意识形态指引、一种价值追求目标、一种发展前景期待。对学校而言，科学的办学观念有助于学校沿着正确的方向实现可持续发展，鲜明的办学观念有利于形成学校文化特色、打造优质的学校品牌。

确立学校的办学理念，要以党的教育方针为指引，以实现教育的价值追求为动力，以形成良好的教风和学风为准则，以学校的实际为依托。如何根据学校的实际确立办学理念？沙子口小学根据学校的历史沿革和发展需求，基于依山傍海的地域特色和沙子口的渔文化背景，决定确立凸显渔文化特点的办学理念，以弘扬中国渔文化的人文精神、传承中国渔文化的教育功能来带动素质教育要求的落实，促进学校的可持续发展。

（一）凸显渔文化特点的办学理念的形成过程

学校关于凸显渔文化特点的办学理念的确立经过了以下三个阶段。

1."以鱼授渔，自主成长"

为了确立在新时期的办学理念，学校于2013年邀请青岛大学师范学院马勇军教授带领他的团队，深入学校探讨学校的文化继承和整体发展问题。受沙子口地区独特的渔文化的启迪，在传承学校"受教一时，受益终身"原有办学理念的基础上，马勇军教授团队与学校的教师和管理干部一起，对渔文化尤其是"授之以鱼，不如授之以渔"的渔文化教育主张进行了认真、深入的研究。

纵观我国的教育事业，在很长一段时间内，教师在教学中往往注重传

授知识而轻视传授方法，重视学生对知识的获得而忽略对学生思维方式的培养。这种把传授知识当作教育教学的最终目的、将教书与育人分割的做法，明显偏离了教育是让学生成为"全面发展的社会主义建设者和接班人"的最终目标；也就是说，仅仅依靠"授之以鱼"已经远远不能够满足社会对学生未来发展的需求，只有在"授之以鱼"的同时注重"授之以渔"，才能让学生在这个过程中把身、心、脑三者的发展融合起来健康成长，成为社会所需要的优秀人才。结合渔文化具有的独特教育功能，马勇军教授团队提出了"以鱼授渔、自主成长"的办学理念，得到学校师生的一致认可。

2. "授之以鱼，导之以渔，润之以欲"

2013年新课程实施，新课程各科的课程标准皆强调在教育过程中要实现"知识与技能、过程与方法、情感态度与价值观"的三维目标。

课程标准公布后，学校的教师和管理干部对"知识与技能、过程与方法、情感态度与价值观"三维目标与中国渔文化的教育主张的相应关系进行了深入探讨。

所谓知识，主要是指学生要学习的包括事实、概念、原理、规律等在内的学科知识；所谓技能，一般包括智力技能和动作技能，是学生通过训练而形成的为完成某种任务所必备的活动方式。知识与技能是学生经历、体验学习过程以形成学习方法的前提，是学生积累情感、形成态度和树立价值观的载体。知识与技能目标的达成是实现三维目标的基础。

所谓过程，是指师生为达到教学目的而必须经历的活动程序，尤其是学生要经历和体验的学习过程；所谓方法，是指师生为完成教学任务所采用的行为或操作系统，尤其是学生在学习过程中要掌握并运用的思想方法。过程与方法贯穿于知识与技能、情感态度与价值观形成的全过程，是掌握知识与技能以及形成情感态度与价值观的桥梁，过程与方法目标的达成是实现三维目标的关键。

所谓情感，主要是指情感是学生在学习和生活过程中对客观现实的对象和现象的刺激所产生的心理反应；所谓态度，主要是指学生在学习和生活过程中对人、物或事件，以特定方式进行反应的一种心理倾向；所谓价值观，主要是指学生在学习和生活过程中对某一知识、事物的价值判断与价值取向。情感决定并形成态度，态度体现并反映情感，情感和态度是价值观形成的基础，价值观是情感和态度的升华并决定情感和态度。情感态度与价值观目标对于知识与技能目标以及过程与方法目标具有极其重要的制约和调控作用。

通过对课程标准三维目标及其之间关系的研究，以及对于渔文化教育功能的理解，学校的教师和管理干部将"授之以鱼，不如授之以渔"的渔文化教育主张扩展为"授之以鱼，不如授之以渔；授之以渔，不如授之以欲"。这其中，"鱼"是捕鱼活动的基本资源、重要基础，相当于三维目标中的"知识与技能"；"渔"是捕鱼活动和捕鱼方法，相当于三维目标中的"过程与方法"；"欲"是捕鱼活动的愿望、信念，相当于三维目标中的"情感态度与价值观"。从"鱼""渔""欲"与"知识与技能""过程与方法""情感态度与价值观"的相互对应关系中，学校的教师和管理干部也进一步认识到传承中国渔文化的教育功能对于新课程实施的重要意义。

在上述认识的基础上，学校将办学理念由"以鱼授渔，自主成长"发展为"授之以鱼，导之以渔，润之以欲"。

为此，学校制订了《崂山区沙子口小学三年发展规划（2017.9—2020.8）》，围绕"授之以鱼，导之以渔，润之以欲"的办学理念，按照"常规工作抓实效、特色工作凸亮点"的管理要求，以"全面提升教育教学质量"为中心，以高质量的师资力量建设和高层次的学生活动为基本点，构建"渔润德育""渔海课程""渔趣课堂""渔阳学子""渔雅教师""渔润校园""渔和管理""渔红党建"八大体系，突出办学特色，提升办学水平。

3."渔文化兴校，高素质育人"

2018年9月10日，习近平总书记在全国教育大会上强调："1935年，在中华民族危急存亡之际，著名教育家张伯苓在南开大学开学典礼上问了三个问题：你是中国人吗？你爱中国吗？你愿意中国好吗？振奋了师生爱国斗志。我看，这三个问题是历史之问，更是时代之问、未来之问，我们要一代一代问下去、答下去！"

百年大计，教育为本。"为谁培养人、培养什么人、怎样培养人"对于新时期教育来说尤为重要。

党的十八大提出"立德树人"是教育的根本任务，十九大进一步提出"落实立德树人根本任务"，十九届四中全会提出要"完善立德树人体制机制"。

为了落实党和国家的战略部署，确保落实立德树人教育根本任务，学校的教师和管理干部通过学习充分认识到，坚持立德树人，实施素质教育，学校必须首先做好以下几方面工作。

一是学校要建立"各方共同"育人观。立德树人要包含在"五育"中，包括在学校各项工作内。

二是教师要确立"以人为本"事业观。教师必须把立德树人作为教学的根本任务，做"四有"好老师（有理想信念、有道德情操、有扎实学识、有仁爱之心的老师），更要成为"四个"引路人（学生锤炼品格的引路人，学生学习知识的引路人，学生创新思维的引路人，学生奉献祖国的引路人）。

三是教学要确立"育人为本"教育观。就学科教学的本质而言，是教育的工具，也基于学科知识和技能育人。因此，教师必须确立"育人为本"的学科教育理念，在传授知识的同时承担学科教学和教育的基本责任。

四是教育要坚持"全面发展"学生观。强化德育，要提高德育的近人性和特指性，以满足学生的内在需求和期望。改进智育，要注重学思贯通，坚持知行合一，激励和发展学生的核心能力。强化体育，要为儿童青少年强健体质创造条件。重视美育，要加强情感教育和精神教育。重视劳动教育，要教育学生自幼热爱劳动、创造美好。重视用文化教育人、用文化熏陶人，加强对中华优秀传统文化、革命文化和社会主义先进文化的教育。

为了更好地落实立德树人教育根本任务，自2018年起，沙子口小学先后邀请上海特级校长原万航渡小学校长张雪龙、原上海金山区教育局局长蒋志明、上海特级校长原松江区实验小学校长胡银弟、上海特级校长金山区第二实验小学金平，原青岛市市南区教育督导室主任杨福林、青岛大学师范学院副院长马勇军、青岛市教科院副院长李一等多位专家莅临学校，对学校办学理念进行提炼和优化。通过老师和家长们的共同讨论，最终，学校将办学理念从"授之以鱼，导之以渔，润之以欲"提升为"渔文化兴校，高素质育人"。

"渔文化兴校，高素质育人"的确立标志着学校的办学从侧重教学领域的"授鱼、导渔、润欲"，发展到全面弘扬中国渔文化人文精神和传承中国渔文化教育功能的"渔文化兴校"，以及全面落实"立德树人"教育根本任务的"高素质育人"。

（二）"渔文化兴校，高素质育人"办学理念解读

"渔文化兴校，高素质育人"办学理念的核心是"渔融五育"和"渔促管理"。围绕着这两个核心，学校开辟了"渔融五育"和"渔促管理"两大办学领域，深度实施"渔润德育""渔海课程""渔趣课堂""渔阳学子""渔雅教师""渔润校园""渔和管理""渔红党建"八大工程。"两大领域"下的"八大工程"是沙子口小学弘扬渔文化、创建特色校的基本内容。

1."渔融五育"与"渔润德育""渔海课程""渔趣课堂""渔阳学子"

中共中央国务院2019年出台《关于深化教育教学改革全面提高义务教育质量的意见》提及坚持"五育并举"，《中国教育现代化2035》提出"促进德育、智育、体育、美育和劳动教育的有机融合"。

"五育并举"是国家对学生素质的要求，是基础教育的发展靶向；"五育融合"是教育内容的落实方式，是基础教育改革未来最重要的走向和途径之一，"五育并举，融合育人"成为当前中国特色社会主义教育的重要特征。

"渔融五育"，指的是将中国渔文化的人文精神融入德、智、体、美、劳"五育"之中，并通过中国渔文化的教育功能将"五育"融合起来，落实"立德树人"教育根本任务。

弘扬中国渔文化的人文精神，利用各种优秀中国渔文化的德育资源，实施"渔润德育"工程，创建行之有效的德育体系，引导学生形成正确的价值观念、深厚的家国情怀、高尚的道德情操、良好的行为习惯。

传承中国渔文化的教育功能，以青岛市"十三五"重点课题《基于渔文化理念下学校课程体系建设的研究》为抓手，结合《沙子口小学课程体系建设实施方案》，实施"渔海课程"工程，突出学校海洋地域文化，全面提高学校课程实施水平和教育教学质量。

传承中国渔文化"授之以鱼，不如授之以渔"的教育主张和"熏陶、濡染、启迪、激励"的教化方式，实施"渔趣课堂"工程，创新教学模式，培养和发展学生的学科核心素养。

弘扬中国渔文化，坚持高素质育人，实施"渔阳学子"工程建设，引导学生全面发展，争做优秀的社会主义建设者和接班人。

沙子口小学的"渔融五育"是中国渔文化人文精神内涵与德、智、体、美、劳五育的有机融合，是中国渔文化教育魅力的重要体现，有利于"立德树人"教育根本任务的全面落实。

2."渔促管理"与"渔雅教师""渔韵校园""渔和管理""渔红党建"

学校管理是指学校规划、组织、协调和把控有关本校的所有人员和学生，包括教育、教学、后勤和学生的活动，其管理主体和对象是学校本身，即学校自身的管理。学校通过规范化管理，把工作内容和组成要素结合起来，发挥整体作用。

"渔促管理"，指的是以中国渔文化的人文精神和渔业生产的管理经验来促进学校的管理，为学校各项工作的顺利开展提供有力保障。

弘扬中国渔文化的人文精神，传承"授人以鱼，不如授人以渔"的中国渔文化教育主张和"熏陶、濡染、启迪、激励"的中国渔文化教化方式，实施"渔雅教师"工程，促进教师的专业发展，全面提升教师的素养。

宣传中国渔文化的人文精神，凸显中国渔文化的"熏陶、濡染、启迪、激励"教育效应，实施"渔韵校园"工程，创设优质物质文化和高尚精神文化相得益彰的校园文化。

以社会主义和谐社会和核心价值观为指导，传承中国渔文化的人文精神，实施"渔和管理"工程，构建"和谐校园"，提升学校管理水平。

弘扬中国渔文化的人文精神，借鉴渔业生产经验，实施"渔红党建"工程，重视党的建设，强化党支部的"领头羊"作用，以党的理论创新成果强化思想和实践。

沙子口小学的"渔促管理"是充分体现中国渔文化特点的、力求精细的管理，像渔业生产那样"层层有任务、事事有人管、人人有事做、时时抓落实"，以有效推动学校全方位的、可持续的发展。

不难看出，"渔融五育"是"渔文化兴校，高素质育人"的重心，通过实施"渔润德育""渔海课程""渔趣课堂""渔阳学子"工程实现高素质育人；"渔促管理"是"渔文化兴校，高素质育人"的保障，通过实施"渔雅教师""渔韵校园""渔和管理""渔红党建"工程支持"渔融五育"，实现渔文化兴校。

第二节 渔文化兴校与"渔润德育"

一、"渔润德育"基本理念

中国渔文化的人文精神内容极其丰富，包括"天人合一"的生态理念、"鱼戏莲叶"的幸福追求、"鲤鱼跳龙门"的进取精神、"互助友爱"的团结、"海纳百川"的包容境界、"敢为人先"的创新意识等。自古以来，我国渔民正是在"渔文化"人文精神的熏陶、濡染、启迪和激励下生产与生活，促进着社会的发展和文明的进步。中国渔文化的人文精神，为学校德育提供了重要资源，中国渔文化"熏陶、濡染、启迪和激励"的教化方式为学校德育提供了重要方法。

"渔润德育"中的"润"字，指"滋润万物"。古文典籍中对"润"的这种用法有许多解读。例如，《说文》中有"润：水曰润下"，《广雅》中有"润：渍也"，《易·系辞》中有"润之以风雨"，《论·雷虚》中有"雨润万物"，《礼记·聘义》中有"温润而泽"，唐朝杜甫的《春夜喜雨》一诗中也有"随风潜入夜，润物细无声"，等等。

"渔润德育"即以中国渔文化的人文精神熏陶、濡染、启迪和激励学生，引导学生明确和践行社会主义核心价值观，培养学生良好的思想品德和人格，引导他们成为中国特色社会主义事业的合格建设者和可靠接班人。

"渔润德育"包括全员德育、全过程德育、全课程德育与全环境德育。

（一）全员德育：校内校外"一个都不能少"

全员德育有广义和狭义之分。

狭义全员德育，仅仅局限于校园主体影响学生思想道德行为的活动。狭义全员德育主体包括学校组织的正式成员，如学校领导、教师、学生、后勤人员等；另外，还包括所有进入学校的人，如家长、教育管理者和社区的其他成员。

广义全员德育包括影响学生思想道德行为的一切活动。广义全员德育主体不仅包括狭义全员德育主体，还包括社会上与学生有直接接触的其他人，以及那些与学生没有直接接触但会影响学生价值观和行为的人，如一些科学家、企业家、政治家等公众人物。

"渔润德育"充分发挥广义全员德育的作用，除了强化教职员工、学生、学生家长对学生的德育指导外，还积极引导学生甄别其他可能对自己的成长产生影响的人，从他们那里获取正确的思想引导，树立富含正能量的价值取向。

（二）全过程德育：德育不是孤立的存在

全过程德育主要包括以下三个方面。

一是通过学校各项工作实施德育。德育是教育的根本任务，学校的一切工作，包括教学、德育和管理，都要为德育这一根本任务服务。

二是关注学生品德形成的全过程。一个人品德的形成有一个知识、情感、意图和行动的统一过程。因此，德育不仅仅是一种道德认知教育活动，而是引导学生将道德认知、道德情感、道德意志和道德行为统一起来的教育活动。因此，在德育过程中应充分关注学生品德形成的全过程。

三是关心学生学习和生活的全时间。学校应该是社会道德教育的重要基地，道德教育不仅应是全方位的，而且应是全时间的，即关心学生学习和生活的全时间，使他们从早到晚都沉浸在良好德育的氛围中；即使学生回到家里，也要通过家校合作培养学生良好的品德。

在培养学生认知、情感、意志和行为的过程中，"渔润德育"力求消除一切负面道德因素的影响，注重学生的自我管理、自我反思和自我教育，使其贯穿于学生学习和生活的整个过程和全部时间。

（三）全课程德育：重视隐性课程的德育价值

学校课程可以分为狭义课程和广义课程。狭义课程以显性课程的形式存在，主要包括学科课程、综合实践课程和活动课程。广义课程包括显性课程和隐性课程。

隐性课程又叫作"非正规课程"、潜在课程、隐蔽课程，是指在课程方案和学校计划中没有得以明确规定的教育实践和结果，是一种隐含的、非计划的、不明确或未被认识到的但又属于学校教育经常而有效的组成部分的课程，如观念性隐性课程（主要包括学校的校训、校风、教风、学风，教师的教育理念、价值观、知识观等）、物质性隐性课程（主要包括学校建筑、教室布置、校园环境等）、制度性隐性课程（主要包括学校管理体制、组织机构、管理方式、运行方式等）、心理性隐性课程（主要包括学校人际关系状况，师生心态、行为方式等）。隐性课程主要通过熏陶、濡染、暗示、同化、启迪、激励和心理调适等多种功能改变学生的情绪与情感、行为规范和生活方式，对学生起着潜移默化的作用。

"道德与法治"是学校的显性课程，任务是对学生进行思想道德教育，传递正确的价值思想和价值观念。这往往使得其他学科教师产生错误的认识，认为德育是"道德与法治"学科教师的责任，而与自己无关。事实上，所有的学科课程内容都具有德育功能，利用学科教学对学生实施德育是学科教学的重要任务之一。因此，各科教师在教学中，都应深入挖掘并充分利用学科内容的德育功能，不失时机地对学生实施德育，实现学科教育与德育的一体化，全面完成本学科的教学任务。

"渔润德育"强调全课程德育，重视和加强学校隐性课程的建设，以达到德育"此处无声胜有声"的效果。

（四）全环境德育：重视学校环境建设

学校环境既包括校内环境，也包括校外环境；既包括物质环境，也包括精神环境。

物质环境是学校校园的物理环境，学校中的任何自然存在，只要能够对其有深刻的认识，那么就能通过它们发挥潜在的德育作用。

精神环境是学校固有的人文环境，由学校的师生员工的行为方式和价值观念构成。

"渔润德育"高度重视学校环境建设，发挥学校环境的育人功能；注重让每一位教职员工成为有教育理想、有道德情操的人，能够向学生乃至社会表达和传递正能量，发挥精神文化潜移默化的影响力。

二、"渔润德育"具体实践

（一）德育目标层次化，引领阶梯育人

在学校德育中，德育目标是整个德育工作的出发点和归宿，是整个德育工作的方向盘。

中小学德育的总体目标是：培养学生热爱党、热爱国家、热爱人民，增强国家责任感和社会责任感。要教育学生了解、认同和拥护中国的政治制度，了解中国的优良传统文化、革命文化和社会主义先进文化，增强对中国特色社会主义道路、理论、制度和文化的信心。引导学生准确理解和把握社会主义核心价值观的深刻内涵和实践要求，形成良好的政治素质、道德素质、法治意识和行为习惯，形成积极健康的人格和良好的心理素质，促进学生全面发展，为学生的人生成长奠定坚实的思想基础。

根据《中小学德育工作指南》，"渔润德育"分别制定了低、中、高三个层次的德育目标，从而使德育工作的总体目标层次化、精细化，形成了多层次、多方面的学校德育目标体系。比如：

低年级的德育目标是：教育引导学生热爱中国共产党、热爱祖国、热爱人民、爱亲敬长、热爱集体、热爱家乡，初步了解生活本质、社会常识和关于祖国的知识，养成保护环境、珍惜资源的基本行为习惯，形成自信向上、诚实勇敢、具有责任感、品质优良的基本行为习惯。

中、高年级的德育目标：教育引导学生热爱中国共产党、热爱祖国和人民，了解家国历史知识的发展变化，了解中华优秀传统文化和光荣的革命传统，了解日常生活中的伦理道德和文明礼貌，初步形成规则意识和民主、法治观念，养成良好的生活和行为习惯，具有保护生态环境的意识，形成诚实守信、乐观向上、自尊自律、友爱宽容等良好品质。

（二）德育目标具体化，强调生活育人

有了明确的德育目标，在确立分段式的德育目标之后，"渔润德育"将德育目标具体化，以开展"好习惯+"活动为主要途径，落实具体的德育目标。

低年级的具体德育目标为：

（1）尊长辈、有礼貌、听教导、不任性。

（2）热爱集体，同学之间团结友爱，相互谦让。正确使用礼貌用语，不打扰别人。

（3）我是中国人，知道我国的国旗、国徽和首都。升国旗时庄严肃立，敬礼，学会唱国歌。

（4）遵守日常常规和课堂纪律。课间活动守秩序。

（5）爱清洁，讲卫生。

（6）知道小学生的首要任务是学习，上课认真听讲，开动脑筋，积极发言，独立、按时、认真完成作业。

（7）养成正确的坐、立、行走的姿势。

（8）从小爱劳动，自己的事自己做。珍爱生命，爱护学习用品，爱护食物，节约水电。

（9）爱护学校的公物，保持环境清洁。

（10）不说谎话，有错认错；不随便拿别人的东西；在日常生活中要勇敢，不胆小。

（11）从小学习自我保护，注意安全。让学生知道报警电话110、火警电话119、医疗救护电话120、交通事故电话122的作用。

结合青岛市"十个好习惯"要求，"渔润德育"每月确定一个好习惯。

以低年级好习惯为例：

（1）升国旗，要肃立，脱帽立正敬个礼。（九月：有礼貌）

（2）讲实话，勇认错，说话算数守承诺。（十月：守承诺）

（3）坐姿正，专心听，独立思考肯动脑。（十一月：肯钻研）

（4）桌椅齐，地面净，图书用品摆放好。（十二月：爱洁净）

（5）靠右走，自成行，轻声慢步有秩序。（一、二月：守秩序）

（6）遇危险，要警惕，应急电话须牢记。（六月：懂安全）

（7）知冷暖，多喝水，早睡早起多运动。（四月：勤锻炼）

（8）节水电，护花草，垃圾分类要做好。（三月：护绿色）

（9）小物品，能收纳，学做家务会自理。（五月：爱劳动）

（10）食不语，饭不挑，细嚼慢咽身体好。（七、八月：惜粮食）

为帮助一年级学生迅速适应小学生活，了解一年级学生的适应情况，"渔润德育"进一步做好深化教育教学内容和方式、质量评价制度等改革，减轻学生课业负担，提高学生综合素质，全面了解学生一年级生活学习适应情况，逐步探求构建较完善的低年级素质教育评价制度和方法。

案例1：

一年级适应期综合能力素养评价方案

一、活动目的

为帮助新生顺利适应小学生活，加强与幼儿园教育的衔接，积极探索实施入学适应教育，帮助儿童逐步适应小学生活，同时全面提升我校的基础教育教学质量。

二、活动主题

乐学嘉年华、能力大闯关。

三、参与人员

一年级全体师生、中心幼儿园大班老师及部分家长。

四、活动时间及地点

活动时间：12月30日下午1：30—3：30；

活动地点：学校体育馆。

五、具体分工

学生组织：毕素文、王哲、王晓琨（提前分组，确定组长，告知学生流程和相关项目）。

场馆布置：王伦波、王梅红、王雪红、王晓霞、王哲。

主持人：王晓琨。

照　相：王哲。

摄　像：于治国。

稿　件：王哲。

六、活动实施方案

（一）活动组织

各班主任按照顺序在指定时间前将学生带到体育馆内，班主任提前下发闯关卡，并按照分组排列好队伍。毕素文组织小组进行抽签，决定闯关顺序，下发闯关的路线图（由毕素文准备）。由每个组的小组长带领组员进行每个项目的闯关。毕素文、王梅红在体育馆内负责引导小组并维持闯关秩序。

（二）活动环节

1. 开始闯关

校长宣布活动开始后，8个小组同时开始闯关。各位老师根据具体分工组织学生依次进行活动。每组闯关全部结束后，第二组同学开始闯关。以此循环，每个班级8组比赛。每个关卡有两位负责老师（前一位为主考官，负责说明要求；后一位负责组织、记录完成等级）。

2. 闯关内容

第一关：小小演说家（负责人：曲开淼、王晓琨、李昕鹤）。

准备工作：美术课提前根据老师要求的内容画好自己喜欢的校园内的建筑或者树木。

比赛规则：学生带自己的图画作品，先介绍自己，然后根据图画内容介绍自己喜欢的校园建筑或树木的原因。教师根据学生的完成情况进行评价，主要以印章的数量为主。

第二关：今天我当家（负责人：朱文、冷倩兰）。

准备工作：数学教师准备好商品、货币以及待抽取的题卡。

比赛规则：以小组合作的形式，组长抽取题卡。按题卡要求到超市选购商品。老师负责记录每个学生的完成情况，并根据学生的完成情况进行小印章评估。

第三关：我是小作家（负责人：姜园园、王娟）。

准备工作：语文教师准备好4份四宫格连环画并裁剪好。

比赛规则：以小组合作的形式，组长抽取题卡。每名组员从中自选1张图片。随后小组成员一起根据图片内容进行故事重组，并根据图上信息各说一句话，编成一个完整的故事。老师记录每一个学生的完成情况。老师根据学生的完成情况给予小印章评价。

第四关：小小歌唱家（负责人：音乐老师）。

准备工作：音乐教师准备学生们以前学过的歌曲卡片。

比赛规则：以小组为单位进行抽签，小组合作演唱抽到的歌曲，可以是合唱也可以接龙唱。教师根据学生的完成情况进行相应的印章评价。

第五关：分类小能手（负责人：李昕鹤）。

准备工作：英语教师准备5组垃圾分类的器材。

比赛规则：每名学生抽取垃圾卡片，根据类别进行分类，教师根据学生的完成情况进行相应的印章评价。

第六关：整理小达人（负责人：王晓琨）。

准备工作：班主任准备5个书包以及相关的书本、文具。

比赛规则：学生将书包内凌乱的物品整理好，教师根据学生整理的情况进行相应印章的评价。

第七关：精确传声筒（负责人：董师盈、李昕鹤）。

准备工作：英语老师准备一年级英语图文并茂的单词卡片2套，白板展架1个。

比赛规则：采用小组合作的形式，第一个学生抽取一张单词卡片，悄悄告诉下一个同学，以此类推，最后一个学生根据听到的单词选择卡片贴到白板上。循环测试。教师根据学生的整理情况进行小印章的评估。

第八关：体育小健将（负责人：王黎敏）。

准备工作：体育教师准备好5根跳绳、5个篮球。

比赛规则：1分钟跳绳或拍球，按照标准获得评价印章。

3.领奖合影留念（负责人：王梅红、王晓霞、王臣梅）

所有闯关结束后，学生到领奖处确认自己的最终评价情况及建议，领取纪念奖品，以小组为单位拍照留念。

七、奖项设置

根据自己适应期的情况进行评奖，一等奖20～24个，二等奖15～19个，三等奖8～14个。

（三）德育方法艺术化，多种途径落实

"渔润德育"通过多途径、多方式落实到各个学科和课程、学生自我管理和实践活动等中。

学科育人——以"渔趣课堂"为途径，将德育教育渗透到各个学科中。

悦读育人——以"超星阅读"课程，通过学生自主阅读，潜移默化地进行品德熏陶。

家庭育人——通过开展多彩的劳动课程，培养小学生热爱劳动、尊重劳动的优良品质。

社会育人——分年级开展专题研学课程，拓宽学生视野，增强学生实践能力，培养社会责任感。

管理育人——开展"红领巾监督岗"学生自主管理模式，让学生成为学校管理的"小主人"，培养学生的社会责任感。

文化育人——通过探索校园中的"渔文化"，进一步了解校园，润物无声地进行文化德育渗透。

活动育人——将德育实践活动形成系列课程，在活动中让学生形成正确的价值取向。

（四）德育实施课程化，培育优良品质

1. 净化心灵，开发仪式课程

入学课程：一年级新生入学课程（幼儿园和小学适应期习惯养成课程）。

升旗课程：每周一由一个班负责升旗仪式，全体学生参加，这已成为每个班、每个学生展示的舞台。

入队课程：在六一国际儿童节、少先队建队日前后进行队前教育和少先队知识教育。

十岁课程：在四年级开展十岁生日课程，让学生通过成长学会奋进。

毕业课程：在六年级开展毕业课程，让孩子懂得感念师恩，懂得珍惜友情，懂得回报父母，懂得感恩母校，让孩子明白要把握当下，脚踏实地，朝着自己的理想前进。

2. 传承文化，开发节日课程

利用我们的传统节日——春节、清明节、端午节、中秋节等对学生开展传统文化的教育。

利用妇女节、学雷锋日、劳动节、建军节、教师节、国庆节等开展爱国、感恩、志愿服务等教育。

3. 弘扬美德，开发礼仪课程

编写《学校礼仪课程》《文明礼仪三字歌》，引导学生个个成为文明礼仪小使者。

4. 悦读立人，开发超星阅读课程

通过《共读一本书》《诗词古韵》等课程，制定一至六年级必读和选读篇目，在阅读中潜移默化地对孩子进行品德熏陶。

5. 陶冶情趣，开发音、美课程

为了更好地让音乐陶冶学生的优良品质，学校在不同年级开设不同的器乐课程：一年级开设口风琴课程、二年级开设陶笛课程、三年级开设口琴课程、四到六年级开设竖笛课程。

结合学生的年龄特点、地域特色和学校实际，开发贝壳画、剪纸、国画、沙瓶画、沙画等美育课程，帮助学生在学习中发现生活中的真善美。

6. 身体力行，开发劳动课程

以"新劳动教育"为品牌，劳动教育以家务劳动、学校事务、志愿服务为主，形成劳动评价体系，让学生在劳动中学习技能，形成尊重劳动、热爱劳动的品质。

7. 实践探索，开发研学课程

根据小学生在年龄、心理上的发展特点，学校分年级开发研学课程：一年级开设海洋教育课程、二年级开设传统文化课程、三年级开设人与自然课程、四年级开设科普环保课程、五年级开设青岛历史课程、六年级开设军事教育课程。在研学实践中开拓学生的视野，增强学生的社会实践能力，培养他们的责任感。

8. 强身健体，开发阳光体育课程

贯彻阳光体育理念，每天体育活动一小时，开设武术、五子棋、手球、足球、跳绳等课程，强健学生体魄，培养学生不屈不挠、勇攀高峰的精神。

9. 科技赋能，开发人工智能课程

以争创青岛市人工智能示范学校为契机，建立人工智能中心、VR教室、智能家居体验学习中心、创客中心等，开设无人机、编程、3D打印等课程，培养学生的科学探究精神，提高他们的科技素养。

10. 自我保护，开发法治安全课程

聘请法治副校长、法律顾问开展法治教育；通过安全教育和演练，学习一项安全技能，提高自救和自我保护的能力。

学校将德育进行课程化实施，形成"四礼五节"传统课程，践行社会主义核心价值观，培育学生优良品质。

案例2：

庆祝新中国成立70周年"我看家乡巨变"暨"十岁礼"节目方案

为了激发学生爱祖国、爱文化、爱崂山的情感，激励他们争做中华优秀传统文化的弘扬者、传播者和践行者。学校在四年级举行庆祝新中国成立70周年"我看家乡变化"暨"十岁礼"活动，通过参观家乡的习俗和庄严的仪式，目的是让学生感受传统文化，体验自己的成长，记住父母的恩情、老师的教诲、同学的帮助；感受生活的温暖和快乐，懂得珍惜现在的幸福生活，健康、自主地成长，成为优秀的"渔阳学子"。

一、活动主题
感恩成长、筑梦起航。

二、活动时间
6月11日 8：00—11：30。

三、活动路线
沙子口小学—崂山书院。

四、参加人员

四年级学生、教师、家长。

五、活动过程

1. 走家乡路，感受家乡巨变——新中国成立70周年看家乡巨变

7：40—8：30　老师、家长和学生沿着沙子口崂山路的人行道开启成长之旅，徒步走到崂山书院。（2.3公里，大约30分钟）

2. 感恩成长、筑梦起航——"十岁礼"活动。（8：30—10：30）

8：30—9：30　在崂山书院举行"十岁礼"活动。（大约1小时）

9：30—10：30　游览崂山书院。（大约1小时）

10：30—11：20　校车返回学校。（大约50分钟）

六、仪式活动程序

仪式流程，共包括以下八项内容。

第一项：正衣习礼；

第二项：拜孔行礼；

第三项：朱砂启智；

第四项：击鼓明志；

第五项：启蒙描红；

第六项：师亲寄语；

第七项：感恩鞠躬；

第八项：祈愿、合影留念。

七、活动保障

1. 总策划：刘洪涛。

2. 路线勘查：勘查学生徒步到崂山书院的路线、路口、人行道情况，画出路线图，形成交通安全方案（学校车跟在队伍后面）。负责人：王伦波。

3. 交警协调：徒步过程中需要交警到路口、没有人行道的公路指挥交通。负责人：曲先涛。

4. 崂山书院协调：活动费用、合同、参加人数、活动流程、会场布置、讲话稿等，五月底完成文字稿。负责人：姜峰、王伦波。

5. 前期学生教育：活动的意义、路上交通安全、仪式集会纪律要求、礼

仪规范。负责人：王伦波。

6. 相关活动：教师跟班，通知家长、家长志愿者指挥交通，通知家长参与活动。负责人：王伦波。

7. 活动宣传。王凯、周衍林负责拍摄。周芸芸负责联系崂山电视台、撰写文字稿、发公众号。

（五）德育评价多样化，培养"三雅"习惯

1. 星级评价，实现过程育人

采用学生争星、班级争星的形式，和"贝壳银行"形式的评价体系。

2. 表扬激励，实现评价育人

设立"渔阳少年""美德少年"和单项"小明星"称号等，激励学生不断成长。

（六）德育管理一体化，实现全员育人

1. 树立人人都是德育管理者的理念

学校每位教师根据自己所教班级的学生情况，负责班级2～3名有特殊需求的学生，实行全员育人。

2. 做好家校协同

设立家长学校，举行"山海家长大讲堂"，建设"家庭教育服务站"，完善三级（学校、年级、班级）家长委员会，传授良好的家庭教育方法，从而提高家庭教育能力，家校携手共同促进学生的健康成长。

3. 利用校外资源

建设一批校外实践基地，聘请交警、公安、学者、作家等为校外辅导员，实现全社会育人目的。

三、"渔润德育"成果展现

"渔润德育"坚持以习近平新时代中国特色社会主义思想为指引，按照"统筹行政、分类指导、示范带动、协同推进"的工作思路，全面开展德育

品牌建设，着力培养肩负民族复兴大任的时代新人。以实施《中小学德育工作指南》为有力抓手，以践行社会主义核心价值观为主题，推进学校德育综合改革，让德育教育浸润到学校的各个层面，深入学生的内心，外化于每一个"渔阳学子"的行动，取得了显著成效。

（一）强化了德育队伍建设

近年来，沙子口小学先后被评为青岛市德育工作先进集体、青岛市少先队工作规范化学校等；进入实施家庭教育指导师德育人才"20+工程"；曲岩获评山东省优秀班主任，成立了崂山区曲岩名班主任工作室，培养、凝聚了一批德才兼备的班主任，多名班主任获评崂山区优秀班主任；举办德育干部和骨干班主任培训活动，覆盖全校教师。他们中的许多人在区、市小学班主任优质课比赛中获得一等奖和二等奖。学校举行全体教师读书的"燃梦行动"，通过阅读提升教师的个人素养和育人水平。

学校依托曲岩名班主任工作室，培养和带动了一批优秀的班主任和教师快速成长，每学期每人都将自己在班级管理或者教育教学的小事写成案例，学校择优汇编。

案例3：

巧克力风波

韩旭萍

今天开运动会，我在终点当记录员。小琦过来告诉我，因为她今天有项目，所以妈妈给她包里放了一块巧克力，好让她补充体力。可是刚才她回教室拿，却发现巧克力不见了。我问："你都告诉了谁？"她说这件事只有她的同桌和前桌知道。我轻声安慰她，说："你先回去，我马上去调查。"

她走后，我马上来到我们班所在的看台，问孩子们今天上午哪些人回过教室。话刚一说完，就站起了五六位同学，其中就有小琦的前桌——小凯。小凯平时好吃，爱吃，有时上课英语老师奖励他的糖，不到下课就进了肚子里，于是我把他锁定为最大的嫌疑目标。

我把小凯找来，直截了当地问他："小琦带的一块巧克力，不见了，是不是你拿的？"他说不是。我说："你再想一想。"他还坚持说没拿。他的眼神里充满了无辜，当我再次看他时，他的眼神似乎在回避着什么，是害怕、是怀疑，我更坚信了我的判断。我转念一想，再强行逼问下去可能会适得其反，还不如换种方式。"小凯，我一直很喜欢你，认为你是个诚实的孩子。如果你不小心拿了别人的巧克力，我猜你肯定是饿了，无论如何，老师也想跟你做朋友。"

小凯的眼神变得柔和了，但他始终没有说自己偷巧克力。"你觉得这样可以吗？不管是不是你拿的，老师这儿正好有一块，咱俩一块放到小琦的桌洞里。（正好前两天同事送我一块巧克力没吃）。"他听后怔怔地看着我。我拉着他的手来到教室把巧克力放到了小琦的桌洞里，然后说："快去操场给咱班同学加油，你可是啦啦队的主力。"我催促着。"教师，我错了，巧克力是我吃的。"小凯泪流满面，后来他告诉我，他不承认的原因是怕父母回家打他。

巴特尔指出："爱和信任是一种伟大而神奇的力量。教师载有爱和信任的眼光，哪怕是仅仅投向学生的一瞥，幼小的心灵也会感光显影，映出美丽的图像……"

作为一名老师，我们既要有一颗宽容的心，又要有一双敏锐的眼睛，只有这样才会捕捉事件中微妙的线索，了解事情的真相以及孩子犯背后的真正诱因，然后对症下药，此外，我们在处理事件中还要讲究策略和方法，一旦发现方法不合理，就要立刻改变。

小孩子在成长的过程中经常会遇到很多问题和困难，如何让孩子正确处理问题，如何帮孩子改正错误，勇于承担职责，如何帮助孩子健康成长，这些都是需要老师去思考和培养的。

案例4：

做孩子的"妈妈"，家长的知心朋友

朱英

曾有多少文人墨客赞美老师的崇高与美好。而作为一名普通的小学班任老师，在从教的二十多年中，我始终坚持"多一点耐心，多一点爱心，多一点鼓励，多一点理解，多一点沟通"。关心、爱护每一个班里的孩子，成为他们的"妈妈"。与每一个家长合理地沟通，理解他们，尊重他们，把他们当成自己的朋友。

去年冬天我班帆帆得了猩红热住院，孩子住了两个多周的院，每天晚上吃完饭后，我就通过微信或者电话向家长询问孩子的病情，与孩子进行简单的交流，鼓励她好好治疗，不要着急，出院后老师和同学们会积极帮她补课。孩子出院后我到她家去看望孩子时家长告诉我，和她同病房的小朋友家长都很羡慕我们有这样的老师，他们孩子的班主任就打过一次电话，还催着孩子赶紧回去上课。其实，这个家长也感动了我。最让我感动的是事后报销住院费的事情。孩子住院一共花了一万多，我打开电脑找到孩子的保险信息后，用微信发给孩子家长。家长发现不知什么原因投保人的名字出现了错误，我想帮她问问学校领导这个该怎么处理。她说："老师，不麻烦你了，别问了，我们还有一份保险，不差那几个钱了，我用那个就可以了。"我想说的是，只要你真心去对待每一个孩子，家长也会理解和支持你。

鹏鹏是一名贫困生，因为爸爸、妈妈的精神有问题，常年跟着爷爷、奶奶生活。当过年回来报到的时候，其他同学都穿着漂亮的衣服高高兴兴地到校时，唯独他在角落里坐着，默默不语。我把他叫到跟前，他还是不作声。当我看到他依然穿着年前旧的脏衣服时，心头一酸，轻轻地说："你是不是没有过年的新衣服？"，他轻轻地点点头。从此，每到过年的时候，我总是给他买一身漂亮的衣服，直到小学毕业。家长会时，鹏鹏的爷爷没有太多的感谢的话，朴实的老人只是一个劲地说："朱老师，谢谢你，谢谢你！"质朴的语言，更让我感受到他对学校、老师的信任。

一个夏天早上，升旗仪式后分管德育的副校长说门口有家长找我。我出门一看，是已经上初中的小文家长，我上前一询问，他便支支吾吾地说明了来找我的理由，原来孩子因为犯了错误，不愿意去学校上学，谁劝说也不听。作为一名从外地来青打工的家长，作为一名孩子的父亲他没有放弃孩子，他低沉地告诉我："朱老师，求你帮帮我吧。你也知道我们家的情况，孩子妈妈常年有病，我是从外地来的，不认识几个人，就知道你愿意帮助人，一直以来你都说孩子很聪明，孩子也喜欢你，他一直说就听你的话，求你帮帮我吧！"下午放学后，我和他约好了在路口等我，帮他想办法让孩子回学校上学。下午去的时候我去超市给他买了一桶油，一袋大米，到他家了解情况和孩子进行了推心置腹的交流。第二天，家长到学校跟我说孩子去上学了，他含着泪水对我连续说了几声"谢谢"。

2014年我第一次教一年级，两年多的时间里，我与孩子和家长建立了深厚的感情。升到三年级时因工作需要，我到别的班级任教了。当时我就想：不好，一定先不要让家长知道，直到孩子报到的前一天，我和新任班主任做好交接，然后在班级群里隆重地介绍了新的班主任，让家长放心新老师是非常优秀的。可是到了晚上，我不断收到家长打来的电话和发来的微信。我马上给班级家委会主任打电话，告诉她：学校安排工作都是从工作需要方面出发的，我也很愿意接受学校安排的工作，而且新班主任非常优秀，以前是我们学校很优秀的学生，相信孩子跟着她会更好。我说你负责安抚好其他家长，有什么问题随时找我。就这样家长们在不情愿的情况下暂时安静下来，直到现在班级的很多家长一直和我有联系，有时看到我会开心地喊我一声"朱老师"，如果旁边有人还要隆重地给别人介绍这是朱老师，我们以前的班主任。其中有一个家长到现在一直喊我朱姐，她说："你不教我们了，但你不能不管我们，我在这没有姐姐以后你就是我的姐姐了。"直到现在，我们还一直保持着联系。

这个班的一个男家长因为媳妇生二胎难产，在产房外没有人诉说心中的压抑，竟然给我打电话哭诉，我连忙安慰他。回想起这一幕幕，我深刻体会到了"作为一名教师，作为一名班主任的荣幸"。感谢家长对我的信任，使我对教师这个职业无怨无悔。

作为一名班主任老师，我都把班级的每一个孩子当作自己的孩子来看待，做好每一件平凡的小事，给予他们母亲般的呵护，孩子们回馈给我的是幸福和快乐；对每一个家长给予理解和友好，他们让我感受到的是朋友般的友谊。

（二）完善了德育工作常规

学校重新制定《班主任工作常规》和《班级量化管理细则》；实施德育

结对共进计划；创新推进法治教育，聘请公安和法律顾问担任学校法治副校长；积极开展"健康心灵呵护成长"青少年心理健康促进活动；每学期100多名"红领巾监督岗"志愿者活跃在校园中，自主管理的模式逐渐形成。学礼、知礼、重礼、守礼的良好氛围在每一位"渔阳学子"身上得到充分体现，促进了良好行为习惯的养成。

（三）丰富了学科德育活动。

学校在"渔趣课堂"中深入挖掘德育目标，发挥各个学科特点，对学生进行全方位的德育教育，先后研讨了语文、数学、英语等学科的德育目标；根据学生特点、学校实际，结合青岛市"十个一"项目，开设了20多门德育实践课程，形成"四礼五节"特色传统课程。学生参加全国人工智能比赛取得优异成绩，在区市科技艺术类比赛中也取得令人满意的成绩。每个人都有热爱学习、热爱劳动、热爱祖国的思想品德，为了实现中华民族伟大复兴的中国梦而努力学习、不断进步。

（四）推进了家校德育联动

学校推进家校共育，建立"两巧、三心、四多"家访制度和校级、年级、班级家委会制度；开展沙小家长志愿护岗行动，成为校门前一道亮丽的风景线；发挥"山海家长大课堂"和"家庭教育服务站"专业指导作用。大力开展沙小家庭教育公益大讲堂、"寻找沙小好家长"系列活动。整合二月二农场、崂山书院等传统教育基地等校内外实践基地的育人功能，全面构建全员、全过程、全方位、全环境育人的体制机制。

（五）促进了德育课题研究

学校坚持以德育科研推动德育品牌建设理念，开展了渔文化理念下的系列课题研究；结合《道德与法治》，进行"基于小学《道德与法治》课程与学校德育教育有机融合的研究"；教师开展德育小课题研究，让科研指导德育工作不断走向深入。

四、"渔润德育"未来发展

在当今经济全球化、政治多极化、社会信息化、价值多元化的时代，社会转型，文化激荡，学校德育面临许多新问题、新挑战，如何顺应时代要求，建设新时代"渔润德育"，已成为落实学校"立德树人"根本任务所需。

（一）明晰"立德树人"德育观念，增强德育本领

根据"立德树人"教育根本任务，继续加强对教师的理念更新指导，结合学校对中国渔文化的人文精神研究，将其用于学校德育工作的指导，贯穿于德育工作的各个层面；构建"全员、全方位、全过程育人"格局，完善学校的教师评价机制，将"立德树人"作为评价的首要指标。以抓培养、抓培训强化全体教师的德育专业化和德育教师的德育专业化，建立一支专业化的骨干德育队伍和优秀班主任。

（二）构建学校的德育课程体系，形成德育工作品牌

加强"渔润德育"课程体系建设的探索，结合学生年龄特点和学校实际，以"道德与法治"课程为主体，将社会主义核心价值观的德育目标渗透于每一门课程中；开展中国传统文化教育、红色教育等，做好树立理想信念、习惯养成、新劳动教育、研学实践、志愿服务等；传承中国渔文化"熏陶、濡染、启迪、激励"教化方式，让学生在"润物无声"中提高自己的修养，有效地提升德育效果。通过课程育人、文化育人、活动育人、实践育人、管理育人、协同育人，形成"渔润德育"工作品牌。

（三）探索德育评价机制，建立综合的评价体系

结合新时期的德育目标，探索德育评价，利用大数据、云平台形成"渔润德育"评价体系。评价体系突出各个年级学生成长的阶段性特点；将理想信念教育、社会主义核心价值观教育、中华优秀传统文化教育、生态文明教育、心理健康教育等纳入评价系统，努力形成全员育人、全程育人、全方位育人的德育工作评价格局；既重德育量化评价，又重德育质性评价，既注重过程性评价，又注重终结性评价；充分发挥个人评价、小组评价、班级评价和班主任评价的作用，最终通过评价促进学生的个性发展、自主成长。

（四）推进家校社协同德育，丰富家校社联动新模式

在新时期的教育实践中，学校组织好家长学校工作，让家长认识到德育工作的重要性，争取家长的支持对于开展好德育工作非常重要。学校着力探

索家校社合作的更多形式，培养一批以班主任为主体的家庭教育指导师；以家长学校为依托，根据年级、年龄特点，开发"3+6+12"的家庭教育课程，建立家教课程新体系；聘请家长开设专业课程，成立"家长职业联盟"，将家校合作与职业体验教育相结合，丰富学生的课外知识；成立"家长讲师团"，聘请有成功经验的家长举办专题讲座等。吸引社会志愿者和社会各类适合学生开展实践活动的场所建立德育实践基地等，丰富学生的实践形式和增加学生的实践机会。

第三节 渔文化兴校与"渔海课程"

一、"渔海课程"基本理念

在中小学，学校教育的核心是课程，而课程建设则是学校发展的关键一环，课程实施是学校内涵发展、教师专业发展和学生全面发展的首要途径。美国课程论专家菲利浦·泰勒指出："课程是教育事业的核心，是教育运行的手段。没有课程，就没有教育传递信息、表达意义、说明价值的媒介。"这充分说明了课程对于学校发展的重要性。如果一个学校的整体架构没有课程作支撑，再好的理念也只能是空中楼阁。

那么，课程究竟是什么？到目前为止，对这一问题，学界有很多观点和看法，课程也呈现出多重属性和形式。例如，有人把教学活动从规划到实施的过程看作一门课程，还有人把学生的经验习得和学习结果看作一门课程，等等。有的专家学者指出，课程的范围非常广泛。美国教育学家毕特说过："生活的世界就是教育的世界，生活的范围就是课程的范围。"我国人民教育家陶行知也指出："生活教育是生活所原有，生活所自营，生活所必需的教育。教育的根本意义是生活之变化。生活无时不变，即生活无时不含有教育的意义。"

作为课程的真正实施者，我们强调学生的学校生活是教育或课程的基本内容，它不仅包括知识学习、能力培养、方法获得、素养形成和人格培养，还包括学生的成长、成才和成人诸多方面。它不仅涵盖了学校教师讲授的所有学科的基本知识和技能，还涵盖了对学生的学习、生活和成长有影响的各种有形和无形的教育过程和结果。换句话说，有助于学生学习、生活和成长的教育的各个方面都可以纳入课程范围。因此，语数英、音体美、道德与法治、传统文化等需要学生学习，每周一次的国旗下演讲、班级活动、劳动教育也是学生不可或缺的，甚至学校的"每一面会说话的墙"都会对学生产生潜移默化的影响，而这些都可以作为课程的内容。这正如俗话所说的："一事一物皆教育，时时处处有课程。"

"渔海课程"中的"海"有"纳百川"之意，意思是给学生提供广阔的学习发展空间，让每一个学生都能发掘和开发自己的潜能。这也意味着学校除了要认真完成国家设置的基础课程以外，还必须进行课程的开发、引进。因为课程只有内容丰富多彩、结构多元化了，才能促进学生的全面发展；只有呈现动态的、开放的、可供学生使用的状态，才能促进学生个性的发展。

素质教育不仅要重视学生知识、技能的传授，让学生获得"鱼"，还要通过课程的实施让学生学会"渔"。在学校教育中，要想真正实现"鱼渔相生"，那就必须给学生提供适合成长的"渔场"。究其根本，学校的功能和作用无非是给学生的成长和发展提供一切有利的条件，提供"任鸟飞"的"天空"，提供"凭鱼跃"的"海洋"。因此，在学校上课，强化课程内容的综合性、基础性和平衡性的同时，要突出课程的多样性、创新性、可选择性，从课内到课外，从学校到家庭再到社会，让学生身处教材"渔场"、畅游课程"海洋"，满足学生学习、生活和个性发展的多样化需求，最终才能真正实现"五育融合"，发展学生的核心素养。

二、"渔海课程"具体实践

沙子口小学位于崂山，背山靠海，山有灵气，海有神韵，城有活力，文化底蕴深厚，地域文明源远流长，道教文化、海洋文化、茶文化、民间艺术等传统文化源远流长、内涵丰厚。

学校充分利用独特的渔文化地域特色，确定"渔文化兴校，高素质育人"的办学理念，将德育、智育、体育、美育、劳育有机融入学校整体课程体系中，从基础课程、拓展课程、综合课程三个层面推进课程体系建设；同时将青岛市关于中小学生全面发展的"十个一"项目（一项体育技能、一项艺术才能、一本书、一篇日记、一次劳动、一支歌、一首诗、一次演讲、一次研学、一次志愿服务）全部纳入学校的课程体系，使项目实施与深化学校课程改革密切结合，与教育教学密切结合，与中国渔文化等传统文化教育密切结合，与特色教育密切结合，全面发展学生的核心素养。

（一）"渔海课程"的开设与实施

学校根据渔文化理念，将所有课程进行梳理，分为"三层""五类"（图3-3-1）。"三层"即基础课程、拓展课程、综合课程；"五类"则是指"海之蕴"课程、"海之智"课程、"海之健"课程、"海之美"课程、"海之技"课程，分别对应着下图的德、智、体、美、劳五育。

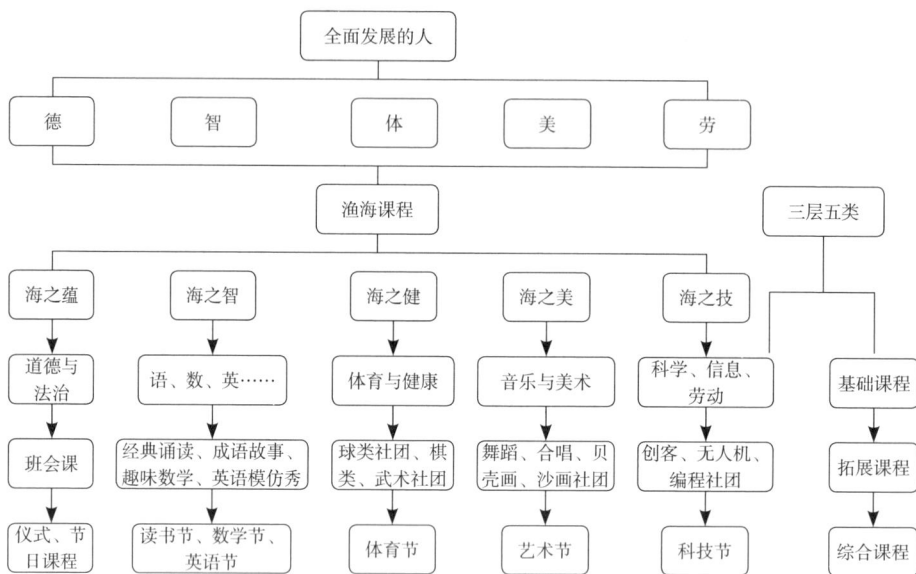

图3-3-1 "渔海课程"的"三层""五类"示意图

1."海之蕴"课程（德育课程）——以德育人，德润童心

学校的德育课程主要培养学生的"诚信友爱、责任担当、家国认同、人文情怀"。这其中，基础课程是"道德与法治"，拓展课程是班会课，综合课程包括仪式课程、节日课程。

（1）挖掘地域特色，整合德育课程。

学校重视"道德与法治"课程教学，除安排专职教师任课明确其育人职责外，还将"道德与法治"课程内容与综合实践活动课程内容、德育活动等进行整合。根据学校背靠崂山、面朝大海的地域特点，老师们将"道德与法治"课中"热爱家乡"的主题教育和综合实践活动课程教学进行了整合。

"道德与法治"课上，老师带领学生认识家乡、了解家乡、探究家乡、赞美家乡、热爱家乡，一步一步地引导学生建立起对家乡崂山、沙子口的全方位、立体式的了解。

（2）重视仪式教育，激发情感体验。

仪式是学校开展教育的重要载体，是一种体验，更是一种行为约束。学校的仪式课程包括见证学生成长的新生入学礼、一年级入队礼、四年级十岁礼和六年级毕业礼；还有常规性的仪式教育活动，主要包括学期初的开学典礼、每周一的升旗仪式、丰收节的收获仪式等。这些仪式承载并蕴含着丰富的情感和教育价值。例如在2019年的开学典礼暨升旗仪式上，为了给学生一个有仪式感的典礼，学校邀请了退役的国旗班战士作为学校护旗队的擎旗手，伴随着雄壮的国歌声，全体师生精神饱满，整个护旗方队迈着铿锵的步伐，拉开了新学期的序幕。"道德与法治"课教师将这些仪式活动与自己的课堂教学紧密相连，引导学生回顾升旗仪式的情景，激起学生的情感体验，让生活体验成为最好的课程资源。

（3）丰富班会课程，渗透思想教育。

班会是德育的重要方式之一，在学校教育中发挥着举足轻重的作用。学校每学期都会根据实际工作，通盘考虑班会课主题，德、智、体、美、劳都是教育内容，文明习惯、安全卫生、核心价值尽在其中，用极为有效的方法给学生渗透正确的思想观念，使其成为不可或缺的一门课程。

（4）开发礼仪课程，实现多元互动。

学校还开发了《学校礼仪课程》《文明礼仪三字歌》等德育课程，将课程标准要求和《道德与法治》教材内容融入学校的日常德育活动中，同时也利用开放的教材设计，真正实现课堂教学与日常德育的友好互动。

德育课程的构建，以学生道德发展为核心，以构建良好的道德生活为目标，既立足课堂，又和学校活动进行整合，培养了学生向上、向善的精神风貌，也培养了学生的主人翁意识和责任意识，为他们的成长涂上鲜亮的人生底色。

2. "海之智"课程（智育课程）——渔趣启智，寓教于乐

智育课程主要体现学生"崇尚真理、理性思维、乐学善研、自主合作"。这其中，基础课程是语文、数学、英语等；拓展课程包括学校各级部的走班课，如经典诵读、绘本阅读、成语故事讲述、小小朗读者活动等；综

合课程包括每学年的读书节、数学节、英语节等。

（1）以课堂教学为落脚点，提质又增效。

国家《基础教育课程改革纲要》明确提出了转变学生学习方式的具体目标："倡导学生主动参与、乐于探究、动手实践，培养学生收集处理信息、获取新知识、分析解决问题、沟通协作的能力。"2021年7月，中共中央国务院《关于进一步减轻义务教育阶段学生作业负担和校外培训负担的意见》（以下简称《双减意见》）要求"减轻学生过重的学业负担"，对学校教育特别是智育提出了更高的要求。

要想减负不减质，最基本最有效的途径就是提高课堂教学质量，提高课堂、课后作业质量，留给学生充分的时间进行自主探究学习。学校根据学生的学龄特点和个性化需求，精心打造了"三段四环节""渔趣课堂"教学模式。"三段"包括"课前预习—课内探究—课后延伸"三个板块；"四环节"是指课堂教学中"自主求知—合作探知—艺讲授渔—趣练获渔"四个环节，主要通过自主探究与合作学习，让学生获取知识、提高技能。

（2）以学科文化节为依托，益智又激趣。

除了通过语文、数学、英语课程的学习获取知识外，学校还精心安排了各种文化活动，拓宽学生智育培养的渠道。

语文学科根据青岛市"十个一"项目中的"读好一本书"的要求，着力打造阅读课程，从阅读习惯的培养到系列阅读活动的开发，均遵循学生特点，以阅读工程序列方式推进，共同创建充满书香之气的和谐校园。学校以"读书节"为主线，以"整本书阅读"为切入点，开展了丰富多彩的系列读书活动，比如"我是最美朗读者"线上分享活动、学生"超星阅读"读书打卡活动、"我是小小读书郎"好书推荐活动、参加青岛全民阅读研究院"线上阅读"等，不断推动学生读书、教师读书、家长读书，用读书引领教师、学生和家长共同成长。

数学课程方面，学校以"和谐的数学、快乐的数学、创新的数学"为根本宗旨，通过数学节举办的一系列数学活动，为全体学生提供一个展示智慧的平台。活动期间，学校组织丰富多彩的活动，创作作品，分享数学文化：有智力游戏，展现数学智慧；有知识闯关，提升数学素养。这些活动，无不让学生充分感受数学的魅力，享受数学带来的乐趣，体验到"学数学，其乐无穷；用数学，无处不在；爱数学，受益终身"。

英语课程方面，学校依托"英语节"，积极营造"活动导向、合作交流、环境渲染"的英语学习氛围，搭建学生展示英语才能的舞台。根据不同年级掌握的知识水平，学校开展实效与趣味相结合的活动，如英语写作大赛、英语百词斩、句型大比拼、英语故事朗读大赛、英语歌曲大赛、英语模仿秀、绘本阅读小达人、自制绘本比赛。英语节系列活动不仅让学习英语变得有趣，也让学生树立了学习英语的信心。通过学以致用的活动方式，让英语生活化、实用化，寓教于乐，激发学生学习英语的积极性和主动性，培养学生听、说、读、写综合运用英语的能力。

案例1：语文

读书，不仅是沙小一道靓丽的风景，更是沙小师生不断成长的精神食粮。每年的读书节，全校师生都会积极参与一系列以读书为主题的活动：读书分享会、整本书阅读系列活动、"跳蚤书市"图书漂流活动、班级作文集展评活动、"阅读存折"存储活动、教师读书"燃梦行动"等。我们以书为伴，以读书为乐，以读书为荣，从书中汲取智慧的滋养。

书香为伴　悦享童年

——沙子口小学第十五届读书节活动方案

一、指导思想

在金秋时节，为进一步丰富校园文化生活，学校开展"第十五届读书节"活动，目的在于营造健康文明、积极向上、清新淡雅的校园氛围，激发全体师生的阅读兴趣，展现师生精神风貌，培养他们的审美情趣，从而让学生遨游浩瀚的书的海洋，无拘无束地享受阅读。

二、活动宗旨

1.通过读书节活动，旨在激发学生的阅读兴趣，让每一个学生都亲近书本，喜欢阅读，学会阅读，养成爱书、爱读书的好习惯，促进学生个性与特长的和谐发展。

2.通过活动，学生可以从书本中获得精神慰藉，寻找生活楷模，净化心灵。

3.通过活动，使学生思维活跃、知识得到更新、综合实践能力得到显著提高。

4.通过活动，营造良好的阅读气氛，从而为打造书香校园奠定基础。

三、活动主题

书香为伴　悦享童年。

四、活动对象

全体教师、学生及家长。

五、活动时间

2020年11月2日—12月31日。

六、活动组织

成立沙子口小学读书节活动的领导小组，校长室、教导处、总务处、政教处、大队部等部门加强交流合作，共同推进读书节活动的开展。

活动领导小组分工如下。

总负责：刘洪涛。

组　长：宋岩、姜峰、王伦波。

副组长：王臣梅、王梅红、王雪红、王晓霞、曹靖雯。

组　员：曲岩、姜圆圆、董静、孙梦颖、李冬梅、张妮妮。

七、活动安排

第一阶段：宣传发动

1.营造书香浓郁的读书氛围。通过校园电子屏、商店橱窗、班级板报等形式，营造书香味十足的校园环境，让整个校园充满浓浓的书香。

2.读书节开幕式。刘校长宣布读书节开幕，学生代表向全体师生提议开展读书节活动。时间：11月2日（周一升旗仪式，遇雨天顺延）。

3.各班安排布置读书节，图书角要布置得美观大方，展现班级文化特色。

4.向家长发出"亲子阅读"倡议，开展宣传。要求学生努力丰富家庭书柜，开展"我和家长一起读一本书"活动，让家长和孩子一起读、写、交流。

第二阶段：活动开展

1. 建立"最美读书吧"。

各班负责建立红领巾图书角——"最美读书吧"，各班负责开展"献一本看百本"活动，并借助此活动，丰富班级图书角。（负责人：各班班主任）

检查时间：11月6日。

2. 出一期墙报。

各班围绕读书主题在室内文化墙出一期墙报（一个版块即可），要形式新颖、活泼。（负责人：各班班主任）

检查时间：11月12日。

3. 召开"读书交流会"。

根据教育部门推荐的必读书目以及学校的整本书书目，各中队围绕与此相关的主题召开了两次"读书交流会"。比如，"最打动我的一个人物形象""我最喜欢的一本书""读整本书讲故事比赛"……（负责人：教研组长、各班班主任）

交流时间：11月12日午读时间和11月19日午读时间。

4. 利用广播站，学生分享读书的快乐。（每周五的中午广播时间按照大队部的安排进程进行。各班级积极投稿，广播后班主任上交电子稿和文本稿，请班主任认真对待）

负责人：曹靖雯。

5. 举行"跳蚤书市"图书漂流活动。（面向三至六年级学生，安排在11月下旬）

为了解决学生之间浪费库存图书的问题，每个班都举办了跳蚤书市图书漂流活动，学生们自己交换图书，学会交易。三年级在室内体育馆进行交换，王臣梅主任负责横幅。

（负责人：三至六年级班主任）

6. 整本书阅读系列活动（12月份）。

（1）举行"绘本故事"展示活动（一、二年级）。

各班组织开展分享"绘本故事"活动，时间5分钟内。班主任做好本班比赛评选获奖工作，选拔出1人代表班级参加级部展示活动。（负责人：李

冬梅与一、二年级班主任）

（2）开展"学国学诵经典传美德"经典诵读展示活动（三、四年级）。

各班组织开展"学国学诵经典传美德"经典诵读展示活动，时间不超过5分钟。班主任做好本班比赛评选获奖工作，选拔出1人代表班级参加级部比赛，级部选取的诗文不要重复。（负责人：孙梦颖以及三、四年级班主任和语文教师）

（3）"我和书的故事"演讲比赛（五、六年级）。

各班组织开展"我和书的故事"演讲比赛，时间不超过5分钟。班主任做好本班比赛评选获奖工作，选拔出1人代表班级参加级部展示活动。（负责人：姜圆圆及各班班主任、语文教师）

7. 办一份整本书读书小报（三至六年级）。

三至六年级要求学生参加以"整本书"为主题的手抄报（A4卡）比赛，结合本年龄段学生特点，开展阅读活动，配以适当的图画、颜色等，设计要有创意。在规定时间内以班级为单位上交教导处，班主任老师择优选取5份读书小报放在班级手抄报的最上面参加学校的评比。

（负责人：三至六年级班主任和语文老师）

作品上交时间：11月26日放学前。

8. 12月份进行班级作文集展评。

自己设计封面，有题目，有校名，有班级，班级统一为201×级×班。有目录。目录为宋体四号，1.5倍行距。

作文格式：标题，宋体三号居中；署名和正文均宋体四号，1.5倍行距。

（优秀作文尽量放前面）

例：

标题

2015级2班×××　指导教师：××（右对齐）

正文

（负责人：三至六年级语文老师）

9. 开展教师读书"燃梦行动"。

结合学校发给老师的两本书《给教师的建议》《教学勇气》，每天读书至少15分钟，并把书中的教育智慧运用到平日的教学之中，并在读书微信群中进行打卡。

10."阅读存折"存储活动。

学校下发阅读存折，鼓励学生进行超星阅读读书打卡，开展"阅读存折"存储活动。

11."我是沙小朗读者"朗读小达人招募，要求朗读内容积极向上，不要和前期推介的公众号重复，鼓励亲子诵读，一个班按要求推荐1名朗读者，择优发布学校公众号。

12."我是小小读书郎静心阅读品书香"好书推荐，一个班按要求推荐2本书，择优发布学校公众号。

第三阶段：展示与表彰（12月底）

为培养典型、表彰先进，学校将在本次活动结束前对"校园读书节"涌现的"阅读明星"进行表彰，每班两名学生将获得荣誉证书。

八、活动要求

1.班主任及语文老师应充分利用读书时间，鼓励学生多读书，读好书，并认真指导学生读书，努力培养学生的阅读能力、诵读能力和口语表达能力。

2.班主任要收集读书节期间一系列活动的信息(文字和图片)。

3.各班主任应在活动结束后及时进行总结，并将总结的电子稿上交给教导处。

4.常规活动安排：

（1）每周三、五的早晨7：30—7：50为语文早读，老师们认真对待，鼓励学生诵读。

（2）每天课前两分钟进行交流，班主任老师和任课老师提前安排交流的学生。

（3）开放阅览室，鼓励学生积极到阅览区读书。

（4）开放图书馆，以此鼓励学生积极借阅书籍。周二：二、三年级；周三：四年级；周四：五年级；周五：六年级（下午2点30分）。

（由董美芳、刘爱婷老师负责，各班主任协助。）

注：以上活动时间会根据区级活动及学校整体工作进行调整。

案例2：数学

一年一度的数学节不仅使数学文化渗透课堂，走进学生，掀起全校热爱数学、学数学、用数学的热潮，还能提升数学教师的课堂素养，全面提高学生的数学素质，让智慧发光。让我们一起走进沙小的数学节看看吧。

乐于思索，"数"你最棒

——沙子口小学第四届数学节活动方案

一、活动目的

沙子口小学第四届数学节以"展现思维风采，感受数学魅力"为根本宗旨，以一系列数学活动为基本载体，为所有学生提供了一个展示智慧、开展精彩数学活动的平台，引导学生感受数学的魅力，享受数学带来的无限乐趣。

二、活动主题

乐于思索，"数"你最棒。

三、活动时间

2021年3月14日—4月14日。

四、参加对象

全校数学教师、学生。

五、活动内容

（一）数学活动篇

一年级：玩high七巧板。七巧板是由七块不同形状的几何画板，运用排列组合的原理，组合出生动的图案。你也可以用多套七巧板，创造出无数的自然景观、生态环境、体育活动、寓言故事、古诗词情境等等。本次七巧板的创意设计可以提高孩子的创造性和审美性，培养孩子和数学的亲近感。

二年级：做年历。创作一张独一无二的年历，融"数学味、生活味、实践味"一体，增强学生对数学的兴趣，培养学生对生活的热情。数学与美术的有效碰撞，衍生一抹数字的趣，增添一方色彩的美，渗透数学文化。

三年级：玩魔尺、玩折纸。一根小小的魔尺，轻轻扭一扭、转一转，就能变化出各种有趣的造型。学中玩，玩中想，想中悟，一起体验数学课的神奇。折纸包含了大量的数学知识，不仅可以训练学生的观察能力、空间想象能力，还可以培养学生的综合分析能力、判断推理能力。

四年级：图形的密铺、数独游戏，促使学生积极查阅资料，从而了解密铺相关知识，制作好看的密铺图案。数独游戏是锻炼思维的益智游戏，不仅可以激发孩子们的学习兴趣，还可为孩子们提供自我表现的机会，让孩子们在繁忙的课业生活中体会到数学的乐趣！

五年级："24点游戏"是一种简单易学的数学游戏，不仅健脑益智，还可以最大限度地调动眼、脑、手、口、耳多种感官的协调活动，经常练习对逻辑思维能力、观察分析能力、心算能力和反应能力等综合学习能力的提升都大有帮助。

六年级：数学手抄报。以"我是小小会计师"为主题做成手抄报，灵活运用课本所学的纳税、利率、折扣等数学知识解决了很多生活中的实际问题，收获了知识，积累了活动经验。

（二）数学竞赛篇

1. 口算比赛。

2. 计算竞赛。

3. 解决问题大比拼。

每个年级统一出题，统一时间，每班全体参加计算与应用知识竞赛。此次比赛注重提高学生的计算与解决问题的能力，同时也使学生在争分夺秒的过程中，体会竞争的紧张与乐趣。

（三）教师篇

1. 阅读数学书籍，提升教师素养。

求专家真知灼见，胜十年苦苦实践。本次数学节为数学教师推荐张良鹏的《小学数学热点问题指津》、曹培英的《跨越断层，走出误区》等书籍。教师在理论学习中不断丰富自己的文化底蕴，开阔自己的教育视野，用数学的"魂"去支撑课堂，提高数学素养，提升教学艺术。

2. 落实单元统整，助推深度学习。

依托教材统整，我们将深入推进深度学习课题研究，让数学课堂更加省时高效，让学生的数学素养因我们的教学而不同。也借这次活动引导老师们深刻理解到只有深入、整体地理解把握教材，把握目标，才能有效落实深度学习。

3.共享数学趣题，激发探究兴趣。

兴趣是学习的动力。教师精心编排有趣的数学题，并通过学校的公共账号推送，引导学生产生积极的学习兴趣，萌发学生的求知欲，极大地活跃了学生的思维，提升了学生主动探究的能力。

案例3：英语

告别"哑巴英语"，大声说出"English"，这是学校英语节最根本的要求；学校英语节的终极目标是"人人参与，人人快乐，人人收获"，这是学校英语节的终极目标。让我们一起走进沙小英语节，体验不一样的语言氛围吧。

I love English, I live China!
——沙子口小学第三届英语节活动方案

一、指导思想

为了迎接建党一百周年，鼓励全校学生将党史学习与英语相结合，分享英语教师的教学成果，展示学生的英语能力；让每个孩子在英语学习中挖掘自己的潜力、增强自信心、提高英语口语能力，极大培养学生的创新精神和实践能力。

二、活动目标

充分挖掘每个学生的潜能，努力让每个孩子参与，每个人都快乐，每个人都有收获；让校园英语节真正成为每个孩子的节日，从而使每个孩子在轻松愉快的活动中感受英语、应用英语、体验学英语的乐趣。

三、活动口号

I love English, I live China!

四、活动时间：

2021年5月24日—6月11日。

五、活动内容

（一）知识比拼

1. 活动目的：为检验学生对基础知识的掌握情况，提高他们的英语综合能力，增强他们的自信心，营造一种比学赶超的氛围，举行知识比拼活动。

2. 活动时间：2021年5月27日上午10：20开始，各年级根据题量定时间。

3. 活动地点：各班级教室。

4. 参加对象：六年级学生。

5. 活动要求：

（1）英语教师分工出卷、监考。

（2）英语教师流水阅卷。

6. 奖励制度：

根据比赛结果，将颁发2个一等奖、3个二等奖和5个三等奖。

（负责人：董心怡）

（二）书写比赛

1. 活动目的：

为了提高学生对英语书法的兴趣，规范学生的英语写作，丰富学生的校园生活，营造良好的学校英语氛围，给学生一个展示自我的舞台，通过这次活动，可以增进相互交流，取长补短。

2. 活动时间：2021年6月3日早读时间。

3. 活动地点：各班级教室。

4. 活动对象：二至六年级学生。

5. 活动要求：

（1）首先各年级教师充分发动学生参加。

（2）活动分年段进行：二年级书写字母、三年级书写单词、四至六年级的书写内容由英语老师提供。

（3）要求参与者使用统一的纸，二年级使用铅笔，三至六年级使用钢笔。

（4）年级不同，比赛内容也不同，参赛选手要按要求正确书写。

6. 评委：全体英语教师。

7. 评分标准（满分10分）：

（1）握笔姿势与运力占2分、工整美观占4分。

（2）正确率占4分。拼错或漏写的字母，每个扣0.5分；拼错或漏写的单词，每个扣1分。

8. 奖励制度：

活动评选出各年级一等奖、二等奖和三等奖若干名。

（负责人：刁美旭）

（三）诵读比赛

1. 活动目的：为了极大展示我校学生风采，提高学生的综合英语能力，增强他们的自信心和自豪感，加强思想交流，繁荣校园文化。

2. 活动时间：2021年6月3日中午12：30。

3. 参赛对象：四、五年级学生。

4. 活动地点：阶梯教室。

5. 活动要求：

比赛分为初赛和决赛两个阶段（初赛由每位老师进行）。

（1）初赛：每班选一名选手参加决赛。

（2）决赛。

决赛内容：作品内容要积极向上，主题要反映党的历史，时间为3分钟；既可以用纯音乐为背景，也可以用PPT为背景。

6. 评分标准：

语音语调准确自然（2分）；

语言流畅，富有感染力（2分）；

仪态整洁，端庄大方（2分）；

有适当的肢体语言（2分）；

题材体现热爱祖国、歌颂祖国（2分）。

7. 奖项设置（按年级）：

一等奖1名；

二等奖2名；

三等奖3名。

（负责人：李文曦）

（四）手抄报比赛

1.活动目的：

（1）丰富学生的课余生活，拓展学生的英语文化知识，提高学生学习英语的兴趣，通过收集资料，设计制作手抄报，培养学生的想象力和创造力，为学生学习和展示英语提供平台。

（2）让学生进行分工合作，共同完成手抄报，在合作中培养友谊、体验友谊、升华友谊。

2.参赛对象：三至六年级全体学生。

3.活动要求：

（1）主题：三年级的主题由三年级老师定；四年级的主题由四年级老师定；五、六年级的主题为中国传统节日。

（2）内容以英文为主，图片为辅，全英文书写。

（3）图片与文字、主题相关，要体现英语文化意识。

（4）色彩搭配合理，设计美观大方，图文比例恰当，报纸面工整，字迹工整。

（5）手抄报统一为A4纸，四周有一厘米边框。布局合理，做到识与赏的有机统一。

（6）学生独立完成。

4.活动时间及地点：5月24日—6月11日。

学生可以在自己的教室里完成，也可以在自己家里通过查阅电脑资料完成，然后交给英语老师。

5.评委：英语组教师。

6.评奖方法：

一、二、三等奖按等级进行评选，优秀作品在展示栏展示。

（负责人：刘笑雨）

附：

英语手抄报比赛评分表

编号	主题鲜明（30分）	版面设计（15分）	插图美观（15分）	书写工整清晰美观（15分）	图片文字与主题相关（15分）	总分	名次
1							
2							
3							
4							
5							
6							
7							
8							
9							
10							
11							
12							
13							
14							
15							
16							

学校智育课程不仅做到了"授之以鱼"，还体现了"授之以渔"的渔文化理念，为培养学生浓厚的学习兴趣、较强的学习能力和思维能力奠定了良好的基础。

3."海之健"课程（体育课程）——健康体魄，健全人格

体育与健康课程旨在培养学生"运动习惯、项目特长、健康体魄、健全人格"，基础课程包括体育与健康课、心理健康课，拓展课程包括各个球类

社团、棋类社团、帆船、跆拳道、武术、健美操等体育社团，综合课程是体育节。

（1）精心上好体育课，体现常态化。

体育课程是学校课程体系极为重要的组成部分，学校体育教师不断学习与创新，做好多项目的普及，将多元化多种类的体育项目引入校园，让各类别、身体参与度高的阳光体育活动成为学校的体育常态，使学生终身受益。

（2）精心设置体育课程，体现校本化。

在开齐上好体育课程的基础上，学校结合青岛市"十个一"的要求，将"每个年级掌握一项技能"的要求融入课程设置理念，精心挑选了跳绳、武术、手球、五子棋、游泳、乒乓球等项目，按照学生身心发展规律和各项身体素质发展的窗口期，设置到各年级的体育教学中，形成自己的校本课程。对每项技能，学校都会进行相应的考核评价，目标是让学生在小学六年的学习中，能够真正掌握一项或多项伴随终身的体育技能，把"健康体魄、健全人格"落到实处，并终身受益。学校编写了《五子棋》的校本教材，将课堂授课与社团活动结合起来，这既锻炼了学生的体质、锻炼了学生的思维，又丰富了他们的校园生活。

（3）精心安排体育社团，体现个性化。

在全面普及、人人受益的基础上，学校坚持个性发展、个体提高，引进传统体育项目，开设了多个体育社团，主要包括足球、手球、篮球、乒乓球等球类社团；象棋、跳棋、五子棋等棋类社团，以及趣味田径、武术、帆船、跳绳、健美操等个性化社团，让学生有了更多的运动选择。学生积极投入这些新潮的体育项目中，不仅提高了个人竞技水平，而且开发了体育潜能和学习潜能，提高了身体素质，带动了学习效率的提高。

（4）精心组织体育节，体现多样化。

体育节是学校的体育盛事，包括个人的"校园体育吉尼斯"和班级对抗赛。校园体育吉尼斯的项目设置，偏向于国家体质检测项目，包括50米跑、跳绳、仰卧起坐等。吉尼斯榜单上的成绩能积极地激发学生主动锻炼的意识，学生的体质水平在潜移默化中得到提升，体育锻炼效果明显。班级团体对抗赛以集体跳绳、足球赛和篮球赛等团体性比赛进行，每年固定时间举行比赛，旨在培养学生的集体主义精神，增强班级凝聚力。

案例4：体育

"培养全面发展的人"必须具备的素质首先就是拥有健康的身体和健全的人格。阳光体育运动不仅可以锻炼身体，还兼具形体健美等美育因素，是兴校之本。我们看到沙小的学生正迈着矫健的步伐，昂首挺胸，共同走向未来……

崂山区沙子口小学第二十五届体育节活动方案

一、活动目的

为了全面促进学校学生的全面发展和健康成长，根据学校体育工作计划，定于4～6月举办沙子口小学第二十五届体育节活动。我校本学期体育活动将以"面向全体学生，和大家一起参与阳光体育运动，促进学生健康成长"为宗旨，结合学校的实际情况，制定"我运动 我健康 我快乐"主题，主要形式为小组活动，激发学生兴趣，增强学生体质，提高健康水平，培养学生终身体育意识，从而活跃校园生活，培养学生的综合素质和团队意识及集体主义，营造校园体育文化氛围，促进学生全面健康发展。

二、体育节主题

健康 文明 快乐 向上。

三、组织机构

1.组长：刘洪涛；

副组长：宋岩、姜峰、王伦波、段孝宏；

组 员：宋莉娜、王臣梅、王梅红、体育教师及班主任。

2.体育节总指挥：刘洪涛。

3.专项活动负责人：

体育竞赛：李杰、牛兴荣、周衍林、朱晓川、王黎敏、孙姗；

对外宣传摄影：办公室。

四、活动时间

5—6月。

五、活动内容

1. 举行2021年沙子口小学集体跳绳比赛暨体育节开幕式；

2. 校园吉尼斯挑战赛；

3. 乒乓球比赛；

4. 智力运动会。

六、活动安排

1. 开幕式暨集体跳绳比赛（5月中旬）。

三至六年级学生在课堂上竞争，年级组前两名的学生将获得奖励。

2. 校园吉尼斯挑战赛（5月中下旬）。

一至六年级在校学生可以申请这个项目。每班男生6人，女生6人，每个学生限报2个项目。

一至二年级比赛项目：一分钟跳绳、50米、坐位体前屈。

三至四年级比赛项目：一分钟跳绳、50米、坐位体前屈、一分钟仰卧起坐。

五至六年级比赛项目：一分钟跳绳、50米、掷实心球、一分钟仰卧起坐。

3. 乒乓球比赛（5月15日）。

具体安排另行通知。

4. 智力运动会。

具体安排另行通知。

七、活动要求

1. 积极认真参加，做到文明公正、公平、准确。

2. 注意安全，防止伤害事故发生。

3. 开幕式及入场式，请各班及早准备。

4. 校园吉尼斯项目参赛标准：

年级	跳绳报名成绩	仰卧起坐报名成绩
一年级	120个/分以上	
二年级	120个/分以上	

年级	跳绳报名成绩	仰卧起坐报名成绩
三年级	140个/分以上	40个/分以上
四年级	140个/分以上	40个/分以上
五年级	150个/分以上	42个/分以上
六年级	150个/分以上	42个/分以上

八、奖励办法

1. 个人：各组奖励前6名。

2. 团体：各级部奖励前2名。

九、报名表

年级　　班　　校园吉尼斯报名表

姓名	性别	项目1	项目2

4. "海之美"课程（美育课程）——涵雅美育，教化于形

美育课程主要培养学生的"审美情趣、悟美心智、创美技能、艺术素养"，包括音乐、美术两门基础课程，各种艺术社团等拓展课程，还有校园艺术节为主的综合课程。

（1）整合艺术课程，实行弹性设置。

为了给学生提供更广阔的艺术学习天地，结合"十个一"中"掌握一项艺术才能"和"演唱一支歌曲"的项目要求，学校整合了音乐课程，并在完成国家课程的基础上，又增加了器乐课程。二、三、四年级练习口风琴，五年级练习陶笛，六年级练习口琴。美术课则摒弃以往单节课时安排的形式，实行两节

美术课连排。这样的设置有效整合了课时，让学生能体验到完成艺术作品的完整过程，并且有充分的时间去感知、欣赏更多的优秀作品，培养欣赏美、塑造美的能力。每个学期，学校还在不同年级美术课中融入6～8课时校本课程贝壳画的学习，让学生感受地方特色课程的魅力。

学校还设置了"艺术十分钟"的短课时，充分利用每天13：30—13：40十分钟的时间，让学生进行器乐和歌唱练习，巩固课上所学。课内外的结合，极大丰富了课程内容，提升了学生的艺术素养。

（2）引进优质资源，丰富艺术社团。

学校发挥本校教师的优势资源，同时引进非遗传承人以及社会艺术团体的优质资源，为学生提供了丰富多彩的艺术社团活动，包括呈现海洋地域特色的沙画、沙瓶画、贝壳画，体现传统艺术特色的剪纸、篆刻、古筝、川剧变脸，还有基本的合唱、舞蹈、器乐社团等。其中，贝壳画作为学校的校本课程，深受学生的欢迎。美术老师利用美术课、课后服务时间和社团活动时间，带领学生到贝壳馆去了解贝壳的知识，用各种各样的贝壳制作不同题材的艺术品，像十二生肖、海洋故事等内容，学生制作得惟妙惟肖，不仅锻炼动手能力，还培养创新力和想象力。多彩的社团活动最终构成了沙子口小学多姿多彩的校园文化，实现了"人人有兴趣，课课有收获"的课程理念，学生在自信中快乐成长。

（3）借助艺术节日，展示艺术才能。

校园艺术节是学校文化的缩影，是学校办学特色的精彩呈现，是素质教育的示范样本，为展示全体师生的魅力提供有效平台。每学年，学校都会结合儿童节或者国庆节举办校园艺术节，以节日的形式，通过丰富多彩的活动展现学校艺术教育的丰硕成果。艺术节期间，合唱、器乐、书画、世界名画模仿秀、手工、摄影作品等活动异彩纷呈，相互促进，形成了学校独有的健康、优雅、文明、和谐的校园文化。同学们在这个舞台上，用美妙的歌声和灵巧的双手，展现自己的才华，展现出蓬勃的生命力。

（4）编写校本教材，培养课程意识。

为了进一步培养老师们的课程意识，让课程体系趋于完善，学校还鼓励艺术教师开发适合自己课程的校本教材。学校特别邀请专家为全体艺术教师进行了教材编写的线上培训，使教师认识到校本教材的编写要符合学生的认知规律，要贴近学生的生活实际，让课程内容校本化。在大家的精心策划下，各个社团都有了自己的校本教材。

5. "海之技"课程（劳动教育课程）——实践强技，乐享生活

劳动教育课程主要培养学生的"劳动态度、技术意识、实践能力、创新精神"。基础课程是科学课、信息技术课和劳动课，拓展课课程包括创客、编程、无人机，综合课程是每年的科技节。

（1）人工智能助力，培养创新能力。

学校现为青岛市人工智能示范学校和青岛市崂山区人工智能基地学校。在"渔文化兴校，高素质育人"办学理念的指引下，学校重视"渔海课程"的建设，开设了人工智能课程，编写了《人工智能启蒙》校本教材。学校以整套教材知识引领活动，穿插工具支持，配合进行写作思路指导和活动考核；学校从解决学生日常学习生活中的实际问题出发，运用信息的获取、加工、管理，以及表达和交流的基本方法，在主题活动、探究式学习等学习形式的过程中逐步提高学生的信息素养，以达到知识与技能、过程与方法、情感态度与价值观三个方面的培养目标。学校在四至六年级普及人工智能及计算机语言教学的基础上，利用间周一次的时间在四至五年级开设人工智能课，利用每周四下午的时间开设机器人、无人机、开源硬件、Mind+编程、智慧冬奥、makbolk等多门社团课。学校通过普及信息技术的编程教学和开设人工智能社团来提高教学水平，极大地促进了学生信息素养的提升。

（2）构建劳动教育体系，培养劳动能力。

在新时代劳动价值观的指导下，学校逐步构建起"清单+评价"的新劳动教育体系。校园劳动主要是上好劳动教育课，校园设计"劳动田"。教室和校园劳动做好"自留地"和"承包地"，根据任务清单，人人有任务，事事有人做，培养良好的劳动习惯。家庭劳动主要在家庭中设计"感恩田"。要求学生根据年龄特点，利用家务清单，帮家长做力所能及的家务，做好记录和评价，体会家长劳动的不易。志愿服务主要是利用好社会的"实践田"。节假日，号召家委会组织学生开展垃圾分类、文明创城、爱心帮扶等志愿服务活动，丰富学校劳动形式，体验不同劳动者的艰辛，寻找劳动的快

乐。期末，劳动表现被纳入评价体系，学校根据评价手册积分表彰"劳动小先锋"，在学生中营造崇尚劳动、尊重劳动的氛围，激发学生参与劳动的积极性，提高学生的动手能力。

（3）依托地域特色，开发研学课程。

研学课程也是劳动教育的特色课程，学校按照上级统一部署，以"青岛市社会课堂平台""崂山区山海少年校外争章手册"为依托，开发自己特色的研学课程。学校和家委会先后组织学生走进青岛市红色教育基地和实践教育基地活动，如走进青岛市党史纪念馆、青岛极地海洋世界、青岛海尔科技馆等；秋季走进二月二农场开展"金秋采摘节"活动；清明节期间组织学生进行"缅怀先烈、传承红色基因"等活动；寒暑假期间，为学生提供各种社会实践机会，如海外游学、夏令营等。2019年暑假，学校组织30多名师生走进韩国首尔，结对姊妹学校韩国首尔雨庄小学，了解韩国小学教育、历史文化，参观顶尖大学，促进中韩学校间的文化交流。结合"学雷锋"实践活动，学校还开展垃圾分类、清洁街道等活动，贡献自己的一分力量。

（4）举办科技盛会，培养创新能力。

学校每年都举办科技节以及沙漏制作、纸桥承重等个人赛和智慧编程、纸箱公园等团体赛。这些活动，既锻炼了学生的动手能力和创造能力，又培养了他们的团结协作的精神。

案例5：科技节

拥有扎实过硬的"海之技"不仅要掌握基本的劳动和科学技能，更要有科技创新的能力。一年一度的科技节是提高科学素养、开发科技人力资源、提高学生创新能力，帮助学生"在探索中培养科学精神"的重要途径……

在探索中培养科学精神

——沙子口小学2020年科技节活动方案

一、活动目的

为提高学生的科学文化素养，培养学生的实践能力和创新精神，加快学生科技教育的普及，打造"科技兴校"招牌，特举办2020年沙子口小学科技节。通过丰富多彩的科技展示和评价活动，激发师生爱科学、讲科学、用科学的积极热情，丰富学生的科学知识，从而促进学生的全面发展。

二、活动主题

在探索中培养科学精神。

三、活动内容

举行"七巧科技"系列活动、学生信息技术竞赛、"头脑思维挑战赛"、科技进课堂等四大系列活动。

四、组织领导

为使活动顺利开展，学校设立科技节活动领导小组，以学校大队部和科学信息组老师为成员，组织、指导、督促、检查活动的开展。

五、具体实施

（一）"七巧科技"系列活动

1. "智力七巧板组合与分解"竞赛。

负责人：于治国。

参赛对象：一至六年级，每班5人。

参赛时间：11月6日。

比赛地点：实验室。

竞赛形式：按低、中、高分为三个年级组，竞赛采用现场完成试卷的形式，学生可以自带美术画板、智力七巧板、铅笔、橡皮、七巧板专用画板，不可带资料。

参赛要求：用"仰望星空，探索宇宙"为主题，鼓励青少年基于所见所闻所想，激发对宇宙的无限遐想和探索热情，以智力七巧板为主要道具设计主题图片。个人、团体多对组合图案创新作品可在50厘米×38厘米的纸张上拍摄内衬，可搭配颜色、背景等。作品背面注明作者、作品名称，由多少对七巧板组成；同时附上300字左右的说明。作品必须是原创的，如果发现抄袭，参赛作品将被取消评选资格。

参赛对象：按低、中、高分为三个年级组，每班推荐一到三个作品。

评比方式：11月5日前提交给班主任，由信息技术教师评选。

2."智力七巧板"多主题创作5人小组赛（现场命题）。

负责人：李晓、姜倩倩。

参赛要求：建议5名学生以小组形式工作。用5套智力七巧板，在指定的纸上（90厘米×10厘米）进行拼装、创作和设计，当场确定主题。创作时间：150分钟。学生可以添加背景和色彩；组装完，必须用专用画板在指定的纸上画出作品，并画出分解线。可以根据工作需要添加颜色，也可以不添加。如果添加颜色，它们必须是统一和协调的。作品也可以附文字说明。

参赛对象：四至六年级，每班1个小组（每个小组5名成员）。

参赛时间：11月6日。

比赛地点：海洋教室。

（二）学生信息技术比赛

负责人：孙文文。

1.现场电脑"手抄报"制作比赛。

参赛对象：四年级每班1人，五、六年级每班3人。

参赛要求：学生不准携带任何资料、文具，现场提供应用软件、网络环境、部分相关材料。

网络环境：单人单机，可连接网络。

应用软件：比赛的电脑配备ie、windows xp、flash（中文版）、word等软件。

比赛时间：10月14日（周三）13：30，制作时间1小时。

比赛地点：学校微机室

2.电脑科幻画（非现场）。

比赛主题：仰望星空，探索宇宙。

作品要求：参赛作品应符合主题，并反映科学幻想。

（1）参评作品必须由作者本人独立完成，集体作品视为无效。

（2）参赛作品应注意构思的独特性和新颖性。抄袭将导致取消资格。

（三）头脑思维挑战现场竞赛

负责人：王少文

1.比赛题目：降落伞定点赛。

2. 材料：5个塑料袋（5厘米*35厘米），1个一次性纸杯（口径7.3厘米，底径5.0厘米，高8.5厘米），线球1个（长度约5米），双面胶1个（宽度1厘米），生鸡蛋1个。

3. 制作要求：要求在40分钟以内，制作一个降落伞，并将塑料袋的数量限制在5只以内。装有鸡蛋的一次性纸杯作为重物附在降落伞上。杯子里没有加鸡蛋保护装置。穿孔和接线的位置必须在纸杯的顶部。

4. 工具要求：自己携带切割和钻孔工具，不要使用燃烧和加热工具，也不提供电源。

5. 比赛规则：

（1）降落伞从四楼坠落到地面上。如果降落伞落下，杯子里的鸡蛋破了，团队就无成绩。

（2）降落伞从四楼落到地面上。当降落伞着陆时，如果杯子里的鸡蛋完好无损，用着陆点和指定点之间的距离来标记分数。距离越近，得分越高。

（3）第一次尝试成功的团队可以再次尝试，两次尝试的最好成绩就是球队的最终成绩。

（4）指定点为跳伞员站立位置向外1米的地面。裁判发出命令后1分钟内，降落伞将被放下。

6. 温馨提示：

（1）为了减少运动中鸡蛋的消耗量，建议使用煮熟的鸡蛋。

（2）练习过程中，一定要注意安全，要在家长或老师的陪伴下练习。

（3）本方案为初步方案。根据实际情况，方案的一些细节将在正式比赛前半个月进一步明确或调整。

7. 参赛对象：三至六年级，每班团队3名学生。

比赛时间地点：11月4日学校4楼连廊。

（四）科技进班级

1. 负责人：曹靖雯、王哲、吕丽。

2. 参与对象及时间：全校所有班级学生，10月12日至10月16日。

3. 活动内容及要求：

每个学生参加一次科技实践活动，写一篇观察日记或科技小论文；

10月12日，每班将举行一次科普知识竞赛；10月13日，举行一次科普主题班会，所有活动均要求拍照，并将班会教学计划、竞赛活动稿件、照片（电子格式）于10月16日前报学校大队部。

4.评分标准：

必须以班级为单位参加各种活动，每个项目分为奖项分和参与分。

参与分——按时提交作品得10分；

奖项分——每项比赛的一、二、三等奖分别计30分、20分、10分；

一等奖、二等奖和三等奖将按等级颁发。

5.其他注意事项：各班班主任自行下载科技节班级登记表，填写后发送至教研组组长邮箱，教研组组长再发送至科技辅导员邮箱。

任何未提及的事项或临时变更另行通知。

（二）"渔海课程"评价体系

任何课程的实施都要最终落实到评价中，以检验课程的实施是否达到了教育目的，达到程度如何，并在此基础上决定课程的改进。学校"渔海课程"的评价遵照发展性、科学性、适用性、广泛性等原则，采取多元化评价方式，包括对教师的评价和对学生的评价。

1.对教师的评价

对教师的评价主要以"渔趣课堂"的教学评价为依据。通过领导推门课、听课日、示范课等方式，重点了解教师的教学态度、教学方法和教学水平，帮助教师及时分析、反思和调整教学，促进教学行为的转变。

2.对学生的评价

学生评价采用形成性评价和终结性评价相结合的方式，主要包括以下几种。

（1）基础课程主要以崂山区的《学生成长手册》为依据，对学生的课堂表现、学习态度与习惯、作业、书写等方面进行等级评价。每月一次学生的自我评价，期中进行学习行为自评；教师对学生的评价采取月评加学期总评的方式，根据每门课程的评价点，结合学生日常的表现，综合考查学生各门课程的学习情况。期末教师和家长用激励性语言对学生提出期望，促进学生的健康发展。

（2）社团活动的评价主要从五个维度入手，包括学生的参与态度、认知与技能、合作探究学习、体验与感悟、学习任务完成，评价方式是学生自评、互评和教师评价，主要以等级形式体现。

（3）学校持续推进青岛市"十个一"项目实施计划，用课程渗透"十个一"，用活动提升"十个一"，让"十个一"融入课程、家庭、社区，全面提升学生的学习能力、创新能力、实践能力和生活能力，促进学生全面发展和个性发展。学校设立了"十个一"评价手册，主要集中在寒暑假对学生的综合能力进行全方位的评价。学期和假期内以学生和家长的星级评价为主，学期末及假期后以教师和家长的综合性评价为主，评价方式包括星级评价和描述性评价，极大提高了学生参与活动和实践的积极性。每学期开学初，学校还会评选践行"十个一"小标兵，对学生进行表彰。

（4）学校积极探讨适合学生发展的综合评价办法，以崂山区"红领巾争章活动"为基础，结合青岛市"十个一"的项目内容，出台了《崂山区沙子口小学"渔阳学子"评价办法》。该办法摒弃了以往单一的评价方式，以学生的日常表现为主要评价依据，鼓励学生从日常生活及学习的具体环节入手，通过争取、授予和保护奖章，可以不断为自己设定新的目标，发掘自己的潜力，看到自己的进步，证明自己的成功。该办法设立了综合荣誉"渔阳之星"，还根据"十个一"的要求分别设立荣誉，获奖面扩大到每个学生。

新评价方法的实施，树立了德、智、体、美、劳全面发展的人才培养观和评价观，突破性地让广大教师、学生和家长认识到，只有全面评价学生，才能激发学生向善向美的内动力，形成积极而理性的认识，促进学生全面发展（表3-3-1）。

表3-3-1 沙子口小学学生社团活动评价表

社团名称： 授课教师：

学生	评价指标（以A、B、C、D等级评定）														
	参与态度			认知与技能			合作探究学习			体验与感悟			学习任务完成		
	自评	互评	师评	自评	互评	师评	自评	互评	师评	自评	互评	师评	自评	互评	师评

注：A表示优秀，B表示良好，C表示一般，D表示尚可。

三、"渔海课程"成果展现

（一）"渔海课程"特色突出

学校结合地域特色，总结和提升的"三层五类""渔海课程"体系，将"海纳百川"之意融合到学校课程中，多彩课程的实施给了学生更多的成长和展示空间，让每一个学生畅游其中，发展潜能。"海之蕴"课程、"海之智"课程、"海之健"课程、"海之美"课程、"海之技"课程五类课程，不仅将德、智、体、美、劳五育融合，更将"海"元素和文化渗透其中，不仅有"鱼"，更有"渔"。

（二）形成了多门校本教材

在全面实施国家课程、地方课程的基础上，学校结合地域特色、学校传统文化特色和课程需求，编写了多门校本教材，包括传统文化教材如《诗词古韵》，海洋文化读本如《齐鲁海韵》《我们的海洋》《语文与海洋》《科学与海洋》《体育与海洋》，体育类教材如《五子棋》《武术》《花样跳绳》，德育课程教材如《文明礼仪》《小学生适应期家长读本》，艺术社团课程教材如《舞之韵》《音乐之声》《贝壳画》《剪纸》等，信息技术课程教材如《人工智能启蒙读本》。

（三）学生的综合素养得到全面提高

多彩课程的实施，让学生拥有了更多成长和展示的空间。学生初步形成终身学习的态度、能力。多名学生参加区市艺术节比赛、科技比赛、读书征文比赛、体育比赛、诗词诵读大赛等，都取得了优异的成绩。

（四）学校形成了完善的课程评价体系

课程评价体系也越来越完善，包括"渔趣课堂"评价办法、走班课程和社团活动评价办法等。评价方式多元有效，为师生的成长做好引领。

（五）渔文化下的学校课程建设经验得到普遍认可

多名教师在各级会议中做经验分享。王梅红在青岛市小学语文教学研讨会上作了《书香校园的目标与实践》典型经验交流；王雪红在青岛市小学数学教学研讨会上作了《体现数学文化　培养数学能力》经验交流；王晓霞在青岛市小学道德与法治研讨会上做了《渔文化下道德与法治课程与学校实践活动的融合》典型经验交流；刘佳、王爱美在青岛市小学合作联盟活动中做了题为《学科合作学习研究》的经验介绍。

2021年10月23日，在全国中小学海洋教育云论坛活动中，王梅红、于治国、朱晓川分别就语文、科学、体育学科与海洋教育的融合做了汇报交流，受到一致好评。

四、"渔海课程"未来发展

社会的发展是动态的，学校教育的发展必须跟上时代步伐，课程的实施也必然呈现出动态、开放的状态。结合学校实施课程的经验，今后乃至很长一段时间，对"渔海课程"的研究仍将是学校工作的重点，要形成独具特色"渔海课程"，满足"渔阳学子"发展需求。

（一）进一步完善学校课程体系

继续加强课程管理和课程评价体系的研究。从课程的角度规范学校课程，完善"三层五类"课程，形成学校课程的实施纲要、操作手册、评估标准。提升课程评价体系多元有效性，成为学校教育体系建设的杠杆，从而撬动学校发展。

（二）强化学校的特色课程建设

"渔海课程"涉及面广，整体促进、提高学生的多元智能已经初见成效。但是，学校突出的特色课程还不够明显，亮点不亮，特色不特，特色课程实施进入瓶颈期。学校要结合渔文化地域特色，在课程的实施上立足学生的长远发展，进一步提炼、发展特色课程，打造一批特色课程，以适合每个"渔阳学子"的发展，在普及的基础上全面提高，让特色课程变为学校、学生可持续发展的名片。

（三）加强教学整合研究，探讨多种学习方式

加强"学科课程整合"和"单元课程整合"研究，以现行学科设置和教材设计的学习单元为主，以遵循学生思维发展规律为原则，以学科课程标准要求为依据，以学生生活体验为载体，对学科课程和单元课程进行多种路径的整合。深入开展项目式学习、主题式学习、探究性学习等多种学习方式，通过多种学科的知识互动、综合能力培养，促进师生合作，实现以人为本的新型课程发展，满足"渔阳学子"个性张扬、全面发展的内在需要。

（四）深入探究教学单元时间设置

在学校课程实施中，不同的课程设置的教学单元时间也不同。根据课程不同，每节课可以设置30分钟、45分钟或60分钟，集中学习和分散学习，"长课程"和"短课程"，不同的课程有不同的学习内容和学习方式，需要相匹配的学习环境、学习方法、学习资源等，满足课程的开设需求。

（五）提升"双减"背景下教师课程实施能力

一门好的课程，三分设计，七分实施，没有好老师，再好的课程设计也没有用，教师在课程改革与研究中的作用将越来越突出。因此，在课程体系建设过程中，要特别注重教师课程实施能力的培养。要将传统的教师培训主要侧重于教学素养和学科知识素养的培养，转变到强调课程的民主化与适应性，提升课程的设计、开发与信息技术密切结合的能力，要有良好的课程素质。要关注每位教师的实施课程的需求，采用共性和个性结合原则，对每位教师进行精准的培训和培养。

附录：社团、走班安排

1. 沙子口小学2021—2022学年社团活动安排

序号	课程名称	指导教师	适用年级	活动地点	活动时间
1	合唱	李晓红 姜淮	三至五年级	音乐教室2	周四下午 3：30—5：00
2	合唱	段鲁雁	二至三年级	音乐教室1	周四下午 3：30—5：00
3	舞蹈	王丽萍 袁理娜	二至五年级	舞蹈教室	周四下午 3：30—5：00
4	快板	王翔宇	二至四年级	音乐教室3	周四下午 3：30—4：30
5	古筝社团	胡嘉	三至五年级	器乐排练室	周四下午 3：30—4：50
6	架子鼓	陈策	一至五年级	架子鼓教室	周一下午 3：30—4：50
7	变脸	夏俊宝	三至五年级	阶梯教室	周一下午 3：30—4：50
8	趣味太空泥	曲开淼	四至五年级	美术教室1	周四下午 3：30—4：30
9	贝壳画	王哲	四至五年级	贝壳画教室	周四下午 3：30—4：30

续表

序号	课程名称	指导教师	适用年级	活动地点	活动时间
10	国画	李晓	三至五年级	美术教室3	周四下午 3：30—4：30
11	瓶子变变变	姜倩倩	四至五年级	美术教室2	周四下午 3：30—4：30
12	泥塑	刘甜	三至四年级	三楼综合实践活动室	周四下午 3：30—4：30
13	剪纸	苏霞	三至四年级	四楼剪纸教室	周四下午 3：30—4：30
14	沙画	田秀萍	二至四年级	四楼沙画教室	周四下午 3：30—4：30
15	沙瓶画	田红花	四至五年级	四楼沙瓶画教室	周四下午 3：30—4：30
16	书法	王伟健	三至五年级	书法教室	周四下午 3：30—4：30
17	篆刻	王海明	三至五年级	书法教室	周三下午 3：30—4：30
18	趣味田径	朱晓川	三至四年级	田径场	周四下午 3：30—4：30
19	女篮	李杰	三年级	篮球场	周四下午 3：30—4：30
20	体育游戏	牛兴荣	二年级	田径场	周四下午 3：30—4：30
21	跳绳	王黎敏	三年级	体育馆	周四下午 3：30—4：30
22	啦啦操	崔花	四年级	舞蹈教室	周二下午 3：30—4：30
23	足球	马晓鹏	二至四年级	操场	周一周二周四周五下午3：30—5：00
24	手球	邱兆孟	四至五年级	体育馆	待定

续表

序号	课程名称	指导教师	适用年级	活动地点	活动时间
25	国际跳棋	赵骞	二至四年级	三楼美术教室3	周五下午 3：30—4：30
26	五子棋	赵骞	二至四年级	三楼美术教室3	周一下午 3：30—4：30
27	象棋	余鹏	一、二年级	美术教室2	周五中午 12：20—13：20
28	象棋	余鹏	三至五年级	美术教室2	周三中午 12：20—13：20
29	武术	杨文华	二至五年级	体育馆	周一下午 3：30—4：30
30	环保酵素与手工皂的制作	张晓咪	五年级	二楼科学实验室	周四下午 3：30—4：30
31	无人机	曲先涛	四至五年级	四楼微机室	周四下午 3：30—4：10
32	编程Mind+	曲先涛	四至五年级	四楼微机室	周四下午 4：10—5：00
33	3D打印（智慧互联）	孙文文	四至五年级	人工智能教室	周四下午 3：30—4：10
34	智慧冬奥（机械臂）	孙文文	四至五年级	人工智能教室	周四下午 4：10—5：00
35	雕刻机	姜杰	四至五年级	三楼微机室	周四下午 3：30—4：10
36	开源硬件	姜杰	四至五年级	三楼东微机室	周四下午 4：10—5：00
37	Makeblock	于治国	四至五年级	三楼创客教室	周四下午 3：30—4：30
38	核电救援	于治国	四至五年级	四楼VR教室	周二下午 3：30—4：30

2. 沙子口小学2021—2022学年走班课课程设置

课程名称	授课教师	课程简介	开设年级	活动地点	活动时间
纸盘画	蓝美杰	《纸盘画》内容的选取与学生的生活体验息息相关，强调知识和技能在艺术生活中的作用，感受艺术在现实生活中的独特价值，通过板型的设计和绘制，体验艺术创作的成功与喜悦	二年级	2.1教室	周四下午 3：30—4：30
成语故事	张樱	帮助学生拓展课内外的成语，从而提高口语表达能力及书面写话能力	二年级	2.2教室	周四下午 3：30—4：30
快乐读书吧	张妮妮	以语文教材中的"快乐读书吧"所推荐的图书为依托，引导学生阅读童话故事	二年级	2.3教室	周四下午 3：30—4：30
东方小故事	王正寨	老师给学生讲成语故事，是一种综合性的教育实践，也可以说是以故事为形式的教学活动。故事不仅包含着丰富的知识，而且有相对规范的语言形式，使学生易于接受。同时，故事作为一种文学形式，充满了童趣，学生容易接受又有浓厚的兴趣。它是教育学生、传授知识、发展语言的重要形式	二年级	2.4教室	周四下午 3：30—4：30
走遍中国	王红	我们的祖国幅员辽阔，山川壮美，文化灿烂，历史悠久，可供游览的名胜古迹数不胜数。通过人文说地理，通过地理说人文，通过课程让孩子了解地理知识、民俗风情、历史人文等方面的知识，增强孩子学习地理的兴趣，培养孩子宽广的胸怀，激发他们对祖国的热爱	二年级	2.5教室	周四下午 3：30—4：30

续表

课程名称	授课教师	课程简介	开设年级	活动地点	活动时间
名人课堂	姜娜	世界上有许多名人，他们以独特的魅力、崇高而伟大的人格、独特而平凡的经历、灿烂而辉煌的成就，给世界留下了宝贵的财富。引导孩子们走近名人，使他们在名人故事中既学习了知识，又学习了人生之道	二年级	2.6教室	周四下午3：30—4：30
国学诵读	王姗姗	根据学生的年龄特点，在学校指导方案的基础上，通过经典诵读活动，弘扬祖国优秀传统文化，培养学生的优秀文化、文化道德素质，引导他们从小就开始博览群书，日积月累地增长语言文化知识来提高自身的综合素质和人文素养；使学生传承中华民族精神和文化，发扬中华传统美德，潜移默化地形成优良的道德思想，并逐渐完善自己的人格；促进学生可持续发展，培养学生健康成人	三年级	3.1教室	周四下午3：30—4：30
典籍里的中国	张立君	中华文明源远流长，作为当代中国的小学生必须坚定文化自信，承担起弘扬中华民族优秀传统文化的重任。中华传统文化深邃圆融，内容广博，中华优秀文化典籍中的名篇更是享誉中外，流传千古。了解典籍，可以从中学习中国智慧、中国精神和中国价值	三年级	3.3教室	周四下午3：30—4：30

续表

课程名称	授课教师	课程简介	开设年级	活动地点	活动时间
手工纸花	贾倩	折纸不仅是一门艺术，更是一种锻炼方法，可以锻炼学生的手、眼、脑等综合协调能力。比如学习折纸，需要用眼睛看折纸的过程，边看边想过程，记住过程。折叠的时候需要自己动手，遇到问题的时候需要仔细思考别人是怎么折叠的。这样可以帮助学生打开思维，活跃思维，从而达到手、眼、脑三位一体的全面协调。折纸也是一项集体活动。在学习的过程中，我们可以交流思想，加深感情	三年级	3.5教室	周四下午3：30—4：30
创意钻石画	王魏娜	本课是以钻石画创作为主体的课程。钻石画具有观赏性、娱乐性、收藏性和很好的教育意义。如果深度挖掘钻石的核心精神，你会发现，它其实是一种大众艺术文化，引导每个学生通过钻石画体验艺术和感受艺术，缓解压力，陶冶身心；通过制作钻石画释放心灵，让艺术点亮每个学生的生活并为生活增添一道彩虹	三年级	3.6教室	周四下午3：30—4：30
经典永流传	孙梦颖	我国古代诗歌是传统文化的精华，是中华民族宝贵的精神财富，也是世界文化遗产中的一颗璀璨明珠。它历史悠久，精彩纷呈，传承和发展我国古代诗歌是小学教育教学义不容辞的责任	四年级	4.2教室	周四下午3：30—4：30

课程名称	授课教师	课程简介	开设年级	活动地点	活动时间
小小数学家	陈霞霞	感受数学的人文情怀，体验数学奇才的真实生活，让学生从内心深处感受到数学完整的一面，丰富学生课堂外的数学知识，从而培养他们的发散思维	四年级	4.3教室	周四下午3：30—4：30
数学游戏—纸魔方	徐辛茹	纸质魔方课程旨在通过操作活动培养孩子的观察力和注意力。孩子在折纸过程中学会思考，加强手部协调。每一步都按顺序完成，有序的思考可以养成良好的习惯	四年级	4.6教室	周四下午3：30—4：30
「纸」同道合	孙文杰	折纸活动是指利用普通纸张，经过折叠、裁剪、绘画等活动完成一定物体造型的一种艺术活动。它不仅能锻炼儿童手部肌肉，还能促进儿童大脑的发育；内容丰富，有浓厚的兴趣，是几千年来劳动人民创造并流传下来的。它体现了劳动人民的勤劳和智慧，具有独特的风格和鲜明的个性。这种活动符合孩子好奇、好动的心理特点	五年级	5.1教室	周四下午3：30—4：30
趣味数学	刘国萍	趣味数学旨在通过一系列数学活动，引导学生思考、推理和论证，从而培养他们的数学逻辑思维能力	五年级	5.2教室	周四下午3：30—4：30
英语趣模仿	吴洪丽	英语趣模仿旨在通过与学生一起赏析英文电影经典片段，引导学生感受中外文化异同，提高学生学习英语的兴趣等	五年级	5.4教室	周四下午3：30—4：30

第四节　渔文化兴校与"渔趣课堂"

一、"渔趣课堂"基本理念

课堂教学是学校教学的基本形式，是提高教育教学质量的主阵地。

针对小学生的学习特点和认知规律，课堂教学组织得力，学生会快乐、兴奋、豁达，师生互动就会顺畅、高效，教学目标便能顺利实现；相反，如果学生精神不振、情绪低落，师生之间的互动很难进行，教学目标就难以实现。目前，我们开展素质教育，需要非常轻松的课堂，让学生自主学习、积极习得，让核心素养有效落地。

中共中央、国务院印发的《双减意见》，表面看起来是"减作业""减校外培训负担"，实际是在引导教学工作的深层次变化。"双减"背景下的课堂教学，教学结构将进一步优化，教师需要安排一定时间开展随堂监测反馈，让课堂更有效，从而使学生的学业质量标准达到要求。课堂要注重项目式、启发式、互动式、探究式教学，引导学生自主思考、自主提问、自主探究。教师在课堂教学中，要启迪激励、因材施教、陶冶情操，努力把"渔趣课堂"打造成有特色的理想课堂。

"渔趣课堂"追求的是一种愉快的高效课堂。

"趣"，作为动词，最早见于《说文》："趣，疾也。"其本义为"疾速"，引申义为"急令追击，驱逼前行，强力催促"；通"促"：催促、督促，如"趣其稼事"（《周礼·县正》）、"趣民收敛"（《礼记·月令》）；通"趋"：趋向、奔向，如"左右趣之"（《诗·大雅·棫朴》）"来朝趣马"（《诗·大雅·棫》）；另有"向往""赶上""取舍""小步快走"等义。"趣"，作为名词，义为"旨趣"，如"趣舍不同"（《庄子·齐物论》）；义为"兴趣"，如"园日涉以成趣"（晋·陶渊明《归去来兮辞》）；另有"旨趣""趣识""志趣"等义。

"渔趣课堂"中的"趣"，既有"促进"的含义，引导学生"奔向"学习目标；又可以理解为"趣味"的意思，让学生培养自主成长志趣，体味课堂的乐趣，从而激发学习的兴趣。

"渔趣课堂"很好地传承了中国渔文化"启迪、激励、熏陶、沉浸"的教化方式。"渔趣课堂"通过设计有趣的教学活动，让学生体会学习的有趣过程，感受学习的兴趣；在课堂教学中创设情境，激发学生主动学习的欲望和问题意识；通过自主合作学习，锻炼自主学习的能力，培养自主学习的习惯，最终达到"学会—会学—乐学"的目的。

二、"渔趣课堂"具体实施

（一）践行"授鱼""导渔""润欲"，打造"渔趣课堂"教学模式

1."渔趣课堂"，更新理念

培养学生的学科核心素养是新课程背景下实施课堂教学的根本目的。它主要包括正确价值观、必备品格和关键能力。为了适应这一要求，必须更新课堂教学理念，重构作为课堂教学过程要素——学生和教材之间的关系（图3-4-1）。

"渔趣课堂"需要教师处理好教材作为社会文化载体和学生生活世界的紧密关系，要形成教师、学生和教材的良好互动，激发学生的学习兴趣和强烈的学习欲望，引导学生进行有效的自主学习和合作学习，获得更高的自我效能感，努力培养和发展学科核心素养。在课堂教学过程中，教师应该善于捕捉课堂中的有利于培养和发展学生学科核心素养的各种信息，调节学生的心理状态，因材施教，以教学案例保持课堂教学的活力和师生的活力。

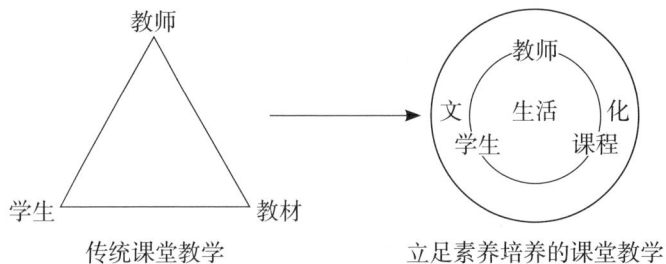

传统课堂教学   立足素养培养的课堂教学

图3-4-1　教学过程构成要素关系变化示意图

"授之以鱼""导之以渔""润之以欲"促进"渔趣课堂"达成教学的三维目标："授之以鱼"代表引导学生掌握"知识与技能"，"导之以渔"代表引导学生体验"过程与方法"，"润之以欲"代表引导学生培养"情感态度与价值观"。

2."渔趣课堂"，构建模式

"渔趣课堂"的"三段"主要包括课前预习—课内探究—课后延伸三个步骤。

（1）课前预习。教师指导学生自主合作学习，走进课本，发现问题，提出问题，做好笔记，从而走进生活，获得成功。

（2）课内探究。在教师的指导下，学生通过展示预习成果、同伴互动、合作交流、探究讲解等方式解决问题，生成新问题。学生在真实的课堂上习得知识与技能、方法和思想，体验真实情感，培养能力，从而提升价值观和态度。学生在教师的指导下进行研究，可以更好地让学生提出问题，从而自主解决问题。

（3）课后延伸。学生对所获得的知识与技能、方法和思想进行训练、探索和拓展，认识问题更深入，并在此过程中发现和提出新的问题。教师运用各种方法检测学生的学习成果并给予不同评价；通过对效果的分析，对自己的教育教学思想、行为进行反思，明确提高课堂教学有效性的改进措施。

"渔趣课堂"的"四环节"是指：自主求知，利用前置作业自主学习新知识；合作探知，小组合作学习、交流分享；艺讲授渔，教师艺术精讲，点拨学习方法；趣练获渔，组织趣味拓展练习，提升学生学习能力。

3."渔趣课堂"，理顺流程

在践行"渔趣课堂"模式的过程中，学校根据每个学科的不同特点，进一步梳理课堂教学流程，力求实现高效课堂。

数学学科借鉴青岛市教科院数学教研员刘仍轩老师情境串教学法，"渔趣课堂"提倡以两条线贯穿课堂教学：一条是情境线，一条是探索线。情境线是让学生在连贯的情境中发现连续问题，并不断习得新知，这是一种课堂教学的外在形式。而探索线则是课堂教学的实质。解决问题的过程遵循以下基本流程：

创设情境，呈现信息 ┐
　　　　　　　　　├ 自主求知 ——→ 引出提出、解决问题的动机
梳理信息，提出问题 ┘
　　　　　　　　　　　　　↓
自主探索，合作交流　　合作探知
　　　　　　　　　　　　　　——→ 数学知识与方法的探索
引导建构，解决问题　　艺讲授渔
　　　　　　　　　　　　　↓
回归情境，拓展应用　　趣练获渔 ——→ 巩固、应用和拓展联系

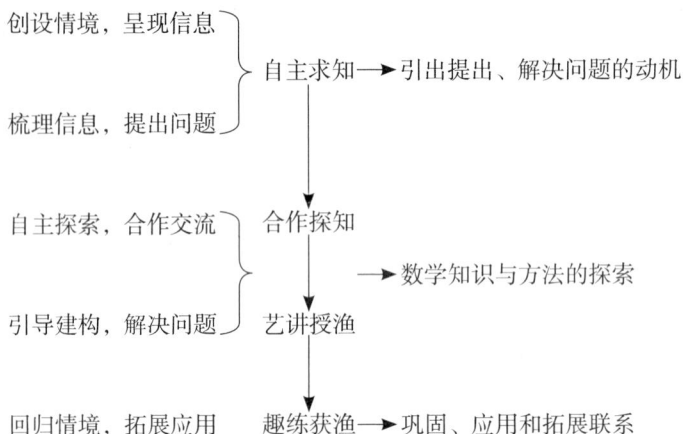

　　"自主求知"是创设情境、提出问题环节。课堂上，由教师创设一种情境，学生自主发现信息，然后根据发现的信息提出有价值的问题。多数的问题会由学生自主提出，当然老师也可以参与，但是提的要求要有针对性，让学生有了更强的发现问题和提出问题的意识。

　　"合作探知"是自主探索、合作交流环节。当学生提出有价值的数学问题后，由学生探究解决，一般采用小组合作的形式，互查、互教、互问、互练、互促。而此时老师就要担任巡视员和指导员的角色，收集他们的汇报材料。

　　小组合作后的汇报、展示，形式多样，先组织全班同学认真倾听，然后在交流过程中注重生生对话、评价、质疑、分享。这期间，教师要合理使用生成的资源，针对重难点设计有效追问，引导小组合作学习有效推进。

　　"艺讲授渔"是引导建构、解决问题环节。这个环节由师生共同完成。最后一定要有老师的简短描述，要结合交流的材料来指导建设，完善到位。同时要注重数学文化的渗透，使数学方法和策略得到推广。

　　"趣练获渔"是回归情境、拓展应用环节。设计这个练习环节要注重典型、适量和层次；一般先让学生自己试着完成，提前完成的同学可以同学之间互相交流。优先考虑课本中的题目，注意完成题目后的交流和点评，挖掘题目的育人与文化功能。

案例1：《义务教育教科书·数学》（青岛版）六年制五年级上册第六单元《生活中的多边形——多边形的面积》信息窗1（王雪红）

一、自主求知

谈话：工人们正在为学校的楼梯安装玻璃护栏。请你仔细观察玻璃的形状。

预设：平行四边形。

谈话：你发现了哪些数学信息？（学生可能会说出平行四边形玻璃的底是1.2米、高是0.7米）。

提问：根据这些数学信息，你能提出什么数学问题？大多数学生都能自主提出"怎么求这块玻璃的面积"这个数学问题。

追问：要计算这块玻璃的面积，你得先要解决什么问题？（指导学生明白如果想要得到玻璃的面积，首先应算出平行四边形的面积）

揭示课题：平行四边形的面积。

二、合作探知

（一）小组合作，交流方法

谈话：想想我们之前研究过哪些图形的面积？我们都是用什么方法研究的？

追问：平行四边形的面积该怎样计算呢？采用小组合作的方式，探讨平行四边形面积的计算方法。

（二）组间交流，共议方法

学生组内交流，教师搜集素材，全班交流。

方法一：数格子的方法。

预设：先数整格的，面积是22平方厘米，再数半格的，共12个，面积是6平方厘米，最后得出共28平方厘米。

追问：你怎么能想到这种方法？

预设：长方形的面积我们都会求，就是之前学过的数方格法。同样，我们也可以用这个方法来计算平行四边形的面积。

小结：所以说，不仅求长方形的面积可以用数格子的方法，平行四边形的面积也可以用数格子的方法来计算。

方法二：猜测的方法。

预设：邻边相乘，$7 \times 5 = 35$（平方厘米）

质疑：对于这种方法，大家认为如何？引导学生明白用数格子的方法来验证邻边相乘来计算平行四边形面积的方法是错误的。

方法三：转化的方法。

预设：将平行四边形转换为正方形，计算出长方形的面积为 $7 \times 4 = 28$（平方厘米）。

追问：你怎么会想到用这种方法？

预设：我们已经知道如何计算长方形的面积，但是我们不能计算平行四边形的面积，所以我想把平行四边形转换成长方形，通过计算长方形的面积来求解平行四边形的面积。

（三）小组合作，验证方法

追问：这种方法真是奇妙。是不是每一个平行四边形都可以转化成长方形？平行四边形的面积就是底乘高么？小组合作，操作验证。

预设1：学生找到平行四边形的一个顶点并沿高剪下，剪出一个三角形，通过这个三角形的移动就会组成一个长方形。你会发现，拼成的长方形和之前的平行四边形的面积是一样的。长方形的长边与平行四边形的底边完全相等，平行四边形的高也和长方形的宽完全相等。从而得出，平行四边形的面积可以用底乘高来表示。

预设2：学生在平行四边形底边找一个点沿高度方向剪下，剪下的图形则是一个直角梯形，把它向右移，则会拼成一个长方形。拼成的长方形和之前的平行四边形的面积是一样的。长方形的长边与平行四边形的底边完全相等，平行四边形的高也和长方形的宽完全相等。从而得出，平行四边形的面积可以用底乘高来表示。

追问：这两种方法有什么相似之处？沿着高剪，永远都会组成一个长方形。

小结：平行四边形的确可以转变为长方形。所以平行四边形的面积等于长方形的面积：底乘高。

谈话：如果用面积 S 表示，平行四边形的底和高分别用 a 和 h 表示，平行四边形的面积公式怎样用字母表示？预设：$S=ah$。

（四）回顾梳理，建构方法

谈话：回想一下，我们今天是如何计算平行四边形的面积的？

小结：我们先根据安装玻璃的现实情况提出一个问题，随即又把这个生活问题转化成数学问题。接下来，我们在小组内探索计算平行四边形面积的方法，同学们的方法不尽相同，有的同学用底乘高的方法，有的同学用数格子的方法。最后的结果证明，平行四边形可以变换为长方形，平行四边形的面积可以用底乘高来表示。转化是我们研究数学知识常用的方法。

三、艺讲授渔

提问：那么你会求这块玻璃的面积了吗？

学生独立完成，全班交流。

预设：$1.2×0.7=0.84$（平方米）

答：玻璃的面积是0.84平方米。

四、趣练获渔

（一）基本练习

谈话：同学们利用学具把手中的平行四边形拉成各种形状。这些形状的平行四边形的面积，你们会求么？

学生计算，全班交流。

追问：在你们随意拉的时候平行四边形两边的长会变吗？你要知道，平行四边形的面积是底乘高，而不是相邻边的积。

（二）变式练习

谈话：根据这些数据，你会求哪个平行四边形的面积？一组对应的底和高才可以求解平行四边形的面积。

（三）联系生活练习

谈话：通过本节课，同学们都学会了计算平行四边形面积的方法，利用刚才所学的方法我们可以解答什么数学问题？学生可能回答"可以求平行四边形的墙砖面积"或者"可以求得要做平行四边形板报需要的卡纸面积"。

五、总结反思

谈话：通过这节课的学习，你都有哪些收获？

教师总结：本节课，大家学会了把平行四边形转换成长方形，顺势求得平行四边形面积，这是一种转换方法。在接下来的数学学习中，希望你们可以很好地用这种方法去解答更多问题。

[评析]本节课，教师基于学生的认知基础和学习经验，利用平行四边形和长方形之间存在的关系推演出平行四边形的面积计算公式，很好地践行了"渔趣课堂"，特别是"合作探知"环节，教师引领学生经历"猜测—验证—得出结论"的过程，在这个过程中，学生大胆猜想，各抒己见，动手验证建构模型。学生通过小组合作，团队意识增强，归纳概括的口头表达能力提高，动手操作能力提升，空间观念、转化思想得以培养。另外，"趣练获渔"环节，教师精心选择习题，引导学生充分领会了"从生活中来，到生活中去"的教学理念，提高了学生运用平行四边形面积算法解决实际问题的能力，并体验到了学数学、用数学的乐趣。

英语学科通过近几年来的探索与实践，初步探讨出小学英语四环节"渔趣课堂"教学流程，即自主求知，感知新知；合作探知，解决新知；艺讲授渔，模仿操练；趣练获渔，实践运用。

"自主求知，感知新知"环节，学生课前自主研究，运用配套光盘、点读机、英汉字典等工具，自主学习生词、句型。

"合作探知，解决新知"环节，教师以直观的方式展示新知识，学生从中理解活动内容，知道自己要干什么、如何做，在脑海里形成表征。

"艺讲授渔，模仿操练"环节，教师采用小组合作的学习方式，引导学生成为"小老师"，对上一环节没有掌握的单词、句型进行探讨解决，教师成为"顾问"，主要处理重难点内容。在现有知识的基础上，循序渐进，有目的地引导学生模仿团队内的练习，通过不断交替使用双向练习（In pairs）、小组式练习（In groups）、横向式、纵向式、大组练习、角色扮演等方式，增加新鲜感、好奇心，激发学生的学习兴趣。在此期间，教师起着组织和监控的作用。学生把知识应用的"触发"与所学相融合，转化为条件知识。

"趣练获渔，实践运用"环节，教师创设情境，让学生在完成模仿练习后进行替换练习、转换练习和综合运用。

案例2:《义务教育教科书·英语》（PEP版）六年制三年级上册第九单元《Unit1 I'm going to do the long jump》（乔秀彩）

课题	M9U1 I'm going to do the long jump	课时	共 1 课时 第 1 课时
教学目标	1. 通过观察图片，借助语境理解并正确使用核心词汇及核心句型，全体学生能够听、说、认读以下单词和词组：long jump, high jump, run a race, star, Sports Day。 2. 通过阅读文本内容和情境的创设，全体学生能够听、说、认读并理解运用句型I'm going to do long jump. Amy is going to do high jump. I'm going to run a race。 3. 通过图片和情景的创设，学生可以主动实践所学内容，为将要做的事情制订计划，积极运用英语进行表达和交流。 4. 借助多媒体，增强理解力和观察力。在多种口语练习中，提高学生的相关能力		
重点难点	三年级学生第一次接触be going to句型，理解并能归纳出该句型的用法，并且熟练运用，这有一定难度，所以这也是本模块的学习重点		
课前准备	预习单，教学卡片，PPT		
教学过程			二次备课

Step 1 Warm up

1. Greetings: Good morning boys and girls.

2. Enjoy a song.

Ss sing a song and do actions.

Question: What do you here in the song?

3. Check homework.

say and do the actions.

Ride a bike, go skiing, run, play ping-pong, play basketball, play football, go swimming, jump far, run fast.

Step 2 Presentation

1. listen point and say

Today we meet a new friend. He's Alien. Can you ask Alien some questions?

教学过程	二次备课
2. New: What are going to do here? ——I'm going to make new friends. Teach: make new friends. 3. Study the dialog of Part 2. 1）Lead in: Alien is going to make new friends. First he come to Da Ming and Sam's school. 2）Task 1: Watch and choose: What are they talking about? Holiday B.sports day 3）Task 2 Watch and tick. New: run a race —I'm going to run a race. 　　do the high jump —Amy is going to do the high jump. 　　do the long jump —I'm going to do the high jump. 4）Task 3 Watch and match. 5）Say the sentences: Come on, Da Ming. You are our star. Step 3 Listen, point and find "going to". How many sentences do you find out? Ss: four. Let's read the sentences. Step 4 Listen and repeat the text. Pay attention to pronunciation. Step 5 Practise Role play in groups. Practise the dialog in groups. Then show in groups. Step 6 Consolidation Make the poster in groups. Now Alian come to our school. It's going to be sports day in our school next spring. What are you going to do on sports day? Please make the poster and tell Alien. Step 7 Enjoy the picture book. Step 8 Summary T: Class, what did you learn in this lesson? Ss can use Chinese to express the key points.	

续表

教学过程	二次备课
Step 9 Homework 必做：1. Listen and repeat the text. 2. Act the dialogue with your friends. 选做：1. Write a weekend plan to Alien.	

板书设计	M9U1	I'm going to do the long jump.
		Amy is going to do the high jump.
	Sports day	I'm going to do the long jump.
		I'm going to run a race.

　　[**评析**]本节英语课，教师在设计教学活动中会充分运用动画、图片、微视频和多媒体课件等直观教具辅助教学，教学过程中穿插使用TPR、CLT、情景、任务等教学法，鼓励学生当小老师、自己观察归纳be going to语法结构，自编小歌谣、合作表演等，充分发挥学生的主体作用，调动学生的各种感官参与学习，让学生在动态活动中巩固强化所学习的知识，提高他们学习英语的兴趣，大大增强求知欲，在师生的交流互动中达成目标。

　　语文学科经过这几年的实践确立的教学流程为：充分预习，自主求知；检查预习，整体感知；交流收获，质疑问难；精读课文，小组合作；拓展延伸，自主求知。语文教学秉承"渔趣课堂，共同学习"的理念，将自主学习与小组合作学习有机结合，将主导与主体巧妙配合，"以鱼授渔"，采用个别学习与合作学习的有机整合。合作学习让课堂张弛有度、静动相宜，让学生在自主探索的过程中提升能力与素养。所谓个别学习，就是在课堂上让学生有独立思考的空间，独立阅读的时间，能够平静地领悟、评论和感受。

　　（二）创新课堂评价，让"渔趣课堂"具有生命力

　　1.学生参与评价，化被动为主动

　　在目前的课堂教学中，每个班级的学生人数多达几十人，教师在有限的上课时间内很难对每个学生都进行评价，所以要让学生作为评价的主体，提高课堂学习积极性，新课程标准也是这样要求的。

（1）一课一反思。

根据小学的学科特点、学科核心素养要求及"渔趣课堂"模式，在中、高年级设计了"个人评价表"和"小组评价表"，引导学生在每节课的课后进行反思。

课前下发"个人评价表"和"小组评价表"，要求学生从"会想：用心思考老师或同学提出的问题""会说：积极表达自己的观点，包括课堂发言和小组交流发言""会问：能提出学科问题或表达自己的困惑""会用：可以用学到的知识解决实际问题""合作：可以配合团队成员完成学习任务"五个方面积极参与课堂学习，进行总结。这样做，对于学生的学习具有一定的导向作用。另外，课后学生在自评过程中也会反思自己整堂课的表现；在小组内部相互评价的过程中，学生都会注意其他组员对自己的评价，这样更有助于了解自己的课堂表现。同时，在完成"小组评价表"后选择"会想星""会说星""会问星""会用星""合作星"的过程中，学生会自觉与其人进行对比，从而更了解自己，进而好好反思。

（2）一周一总结。

每周五中午自习的前10分钟为"每周一总结"时间，首先进行小组讨论，根据本周小组成员们的表现，选出本周的"会想星""会说星""会问星""会用星""合作星"。在"个人评价表"的下方教师设置了"本周我想对自己说"栏目。评选之后，学生更清楚地了解了当周的课堂表现情况，再根据当周"个人评价表"中每节课的评价情况，总结本周所学内容，回顾本周课堂的表现情况，最后用3～5句话在该栏目中对当周进行一个简短的总结，主要从"本周所学内容""本周课堂表现情况"和"优势、不足或激励的话语"三个方面进行总结。

本环节先互评再自评，引导学生回顾总结，自主分析当周学习情况，帮助学生及时了解当周学习过程中的优势与不足，根据自己的情况及时做出调整，迎接后续学习。

（3）一月一升华。

学校每个月都会进行"每月一升华"等活动，择机利用中午时间引导学生进行一整月的回顾。在这一过程中，教师引导学生根据课堂表现、课本和作业中的错题，回顾总结当月学习中没有掌握扎实的知识和方法；引导学生翻看一整月的"个人评价表"和"小组评价表"，回顾总结当月在课堂中应该继续努力的地方。

教育心理学家皮亚杰说过："所有真理需要学生自己获取，或者让他们重新发现，最起码让他们重建，而不是简单机械的传授。"因为低年级学生自主学习、自我反思的能力还不够，所以本环节主要在中、高年级实施，给学生充足的时间进行回顾、反思、总结，找到当月学习中的优势与不足，以达到质的升华。

这期间，所有学生都掌握评价主动权，除了要进行自我评价，还必须评价其他同学；同时自己也要受到他人的监督评价，学习的积极性显著提高。在学生问卷中，85.23%的学生表示倾向于"个人评价表"，84.90%的学生表示倾向于"小组评价表"；约有88.54%的学生表示课堂中利用"个人评价表"和"小组评价表"对自己的学习有一定的激励和导向作用。

2. 教师的课堂评价，具备正向激励性

学生非常希望在课堂中被老师表扬，所以，教师要积极想办法，努力发现每个人身上的闪光点，根据不同的课堂表现，给予他们一定的、正向激励评价，发挥课堂机制，利用班级榜样，营造良好的教学氛围，从而提高他们的学习兴趣。

对此，学校举行校级"课堂正向激励性评价语"征集活动，并且汇集成册，在集备专题活动中集体学习。

这次活动，丰富了教师的课堂评价语言，不再简单地用"你真棒""真的很好"等评价全班。通过学生问卷，有75.48%的学生能感受到教师的评价语有所丰富。

在教师问卷中，98.87%的数学教师表示课堂中学生们喜欢教师用正向激励评价语评价学生，对学生有一定的激励作用。

3. 创新作业评价，提升学生学科核心素养

中共中央、国务院于2020年10月印发了《深化新时代教育评价改革总

体方案》，教育部多次召开会议强调贯彻落实这一方案，要求各类教育机构和各级各类学校下决心攻克"五唯"顽瘴痼疾。对于中小学来说，有"唯分论""唯升学论"这类错误的理念。2021年上半年，教育部对"五项管理"落实情况进行了密集检查，然后是"双减"，核心是作业问题。

数学组教师通过"在小学数学教学中建立多元评价机制"课题的研究，发现作业的内容是多元的，评价的形式也是多元的，通过多元的作业和评价形式在很大程度上激发学生强烈的求知欲，促进思维创新和个性发展。所以，数学组创新了作业形式，如特色作业、常规作业、口头作业、整理作业等，对不同作业进行不同评价，全面提升学生的数学素养。

（1）常规作业增加多元评价。

以前老师批改作业只是打对勾或叉。有的老师也给学生的作业打不同等级，不过大同小异，没有实质改观。以前批改作业的老传统，无论优等生还是学困生，都按一个评价标准进行评价，最终导致：优等生认为很容易达到要求，所以感觉标准偏低，这大大降低了他们的求知欲；而对于学困生来说又很难达到要求，因为在他们严重要求太高。无论他们付出多少努力，都得不到应有评价。随着时间的推移，他们会失去信心，从而丧失学习兴趣。在新理念的指导下，数学组创新作业评价方式，运用多元评价，评价过程中学生是评价主体，倡导自我评价，并积极互相评价，在评价中认真思考自己的问题；也积极调动家长参与，采取教师评价、学生评价和家长评价相结合方式，以达到引导和激励的效果，促进学生的全面发展。

学生在校时间，教师在课堂上引导到位、点拨到位、训练到位、提高到位，不仅让学生吃饱、吃好，还让潜在学生找到一种跳跃感；不要为了自己的利益，做有损教师师德的事情，也不要给课外培训机构以可乘之机。

特别注意的是，必须有学生完成书面作业的总时间量控制——按照"双减""五项管理"要求，确保一、二年级不留书面作业，三至六年级书面作业时间平均每天不超1小时。

（2）区别评价主体，实行多元评价。

①教师评价书面作业方法。

教师可以通过批改作业了解学生近期的学习情况和态度，从而积极调控。教师认真的工作态度和良好的性格都会在作业批改中使学生受到潜移默化影响；如果一个老师经常创新作业评价方式，让学生快速纠错，扎实巩固之前所学，激发学习兴趣，教学的效果不言自喻。因此，对于学生的作业老师要高度重视，运用多样评价方法和评价语言，诱发反思，加强师生交流，促进素质提升。

②创新学生参评作业。

组长评价。把全班分成小组，最好的分配是让中等生担任组长，主要负责本组作业。长此以往，中等生可以欣赏到优等生作业从而借鉴学习，在批改差生作业的同时，还可以帮助他们巩固知识。成绩不好的同学会主动问组长为什么做错了。小组之间进行交流更有利于掌握知识。不仅如此，学生通过批改作业可以更好地体验教师工作的辛苦，做到换位思考，利于促进师生关系。需要注意的是，对于批改作业教师不是完全放手，学生检查后，教师负责检查纠错部分，总结作业出现的问题，再统一点评讲解。

同桌评价。像一些有难度的问题，可以放手先让他们自己思考，接着进行同桌交流，最后教师分别对两人都进行点评。这期间，所有人都可以评价他人和被他人评价。这样一来，评价者可以发现他人的优点，并向他人学习；同时，也能发现别人的不足，并以此为借鉴。学生只要成为评价的主体，就会变成学习的主人。

自我评价。新课程标准明确指出，帮助学生更好树立信心，认识自己是自我评价的主要目的。所以，多种自评方式可以帮助学生认识自己，自主学习。自我评价体系中，学生的作业评价是自我评价的重要部分。自我评价就是学生在学习中进行自我反思，作业的难易程度不仅可以让学生认识掌握知识的不足，还可以方便第一时间将知识盲区告诉自己的老师。不同学生有不同的自我评价：有的学生喜欢用五角星对自己的作业进行测评；有的学生则用脸的面部表情表示作业的难易程度；还有一些同学会在不理解的问题旁边打了问号，明显看出这是不理解的地方，需要老师讲解。

③优化家长作业参评。

不是只有教师才可以进行作业评价，也可以让家长也参与。家长参评不仅能更好地了解自己孩子的学习情况，还能促进师、生、家长之间的交流。

此外，新课程改革后，实践活动增多。为了让实践活动更好地落地，一些活动需要在家完成。像这类实践作业也需要家长参评，教师得到家长的评价反馈，可以更好地对学生进行指导（表3-4-1）。

表3-4-1 数学作业五评表格

评价主体	按时完成	书写认真	布局合理	思路清晰	解答正确	总数
教师评价	☆ ☆ ☆	☆ ☆ ☆	☆ ☆ ☆	☆ ☆ ☆	☆ ☆ ☆	
自我评价	☆ ☆ ☆	☆ ☆ ☆	☆ ☆ ☆	☆ ☆ ☆	☆ ☆ ☆	
家长评价	☆ ☆ ☆	☆ ☆ ☆	☆ ☆ ☆	☆ ☆ ☆	☆ ☆ ☆	
小组互评	☆ ☆ ☆	☆ ☆ ☆	☆ ☆ ☆	☆ ☆ ☆	☆ ☆ ☆	

（3）口语作业是一种课外任务，它有一定目的性和方向性。

设定的口头作业可以是让孩子说概念、说运算顺序、说解题思路、说我的发现等。低年级教师建立口头作业微信群"童声说数学"，教师可以用微信表情、文字、语音做评价，学生兴趣很高，很愿意表达并且表达得越来越完整；中、高年级教师则采用口头作业本的形式呈现，教师根据学生说的内容进行评价，评价标准见表3-4-2。

表3-4-2 "快乐说数学"口头作业评价表

评价标准	自我评价	同桌互评	家长评价
表达能力	☆ ☆ ☆	☆ ☆ ☆	☆ ☆ ☆
理解能力	☆ ☆ ☆	☆ ☆ ☆	☆ ☆ ☆
教师总评			

说明：表达完整清晰的涂三星，表达基本完整的涂两星，表达不清楚的涂一星；理解准确举例多的涂三星，理解较准确且能举出生活中例子的涂两星，理解不够准确且举例少的涂一星。教师总评用描述性语言。

口头作业的设置，既夯实了学生的数学基础知识，又增加了学生对数学算理的理解，提高了学生的口头表达能力，还培养了他们的推理能力等数学素养。

（4）整理性作业出自每个单元末尾的"我学会了吗""语文园地""wrap it up"。这种作业更适合中、高年级学生。内容是对本课知识的重新整理，旨在让学生有整体意识，对单元有整体建构。所以，学生在复习单元知识后可以用自己喜欢的形式进行整理。布置整理性作业时，教师需要注意知识的横向与纵向联系。基础好的学生，可以对每个知识点举一反三，写出完整过程的解题过程和易错点。

（5）实操的作业设置改变了原有的作业观，注重学生数学的全面发展，提高学生的学科核心素养。例如，基于数学学科课题的研究，动手工作主要来源于图形几何的内容。在小学数学中，几何知识仅分为平面图形和立体图形。实践出真知。引导学生经常做教具，可以帮助学生理解抽象图形的特征、位置和公式。这样做，可以在课堂上锻炼学生的双手，他们还会向其他同学展示自己的创作，共享成功的喜悦。教师的实际工作主要来自数量和计量的内容。小学中的量和计量包括长度单位、时间单位、重量单位、面积和体积单位。有些计量单位很抽象，而且一些计量单位的进率并不完全相同，致使学生对量的概念难以理解。所以，通过口头说教或大量练习让学生理解是行不通的。又如，语文学科引导学生制作语文手抄报，既可以对课内学习内容进行总结与摘抄，也可以对课外知识进行归纳与探索；美术学科手工作业，可以增强课程的趣味性，培养学生的创造力、想象力，从而激发他们的学习兴趣。因此，教师必须根据实际创造一切条件，采取有效的办法，引导学生通过实践来加强认识。在学习这类知识时，要做到人人参与、强化训练、增加感情。这样的作业，可以让学生体会学习与生活的紧密联系。

在近几年的"渔趣课堂"实践过程中，沙子口小学整理并形成了"渔趣课堂"教学评价表（表3-4-3）。

表3-4-3 "渔趣课堂"教学评价表。

评价指标	评价要素	评价标准	权重	得分
学生学习情况（55分）	自主求知（10分）	预习深入，可以问一些有价值的问题	5	
		及时、独立完成"自主小研究"，能运用所学方法，自主获取知识。	5	
	合作探知（20分）	合作状态：有组织，讨论热烈，合作帮助到位，按时完成小组布置的学习任务	5	
		展示状态：大胆自信，表达简洁，问题回答得正确	5	
		交往状态：尊重同学和老师，清楚表达自己的观点，耐心听取他人的意见，坦诚提问和讨论，客观公正评价	5	
		合作时间占课堂的40%~50%	5	
	艺讲授渔（10分）	有目的地积极参与教学活动，找出解答问题的办法、途径等	5	
		知识、技能、智力、创造力各有所得	5	
	趣练获渔（15分）	知识掌握：课堂知识掌握得快，趣味练习准确率高，知识目标达成好	4	
		方法运用：怎样解决问题，习得好的学习策略，养成良好的学习习惯	4	
		能力形成：学生发现问题、解决问题、综合运用等方面的能力得到极大提升	4	
		情感发展：学生快乐学习，在学习中产生积极的想法和情绪	3	
教师教学情况（40分）	自主求知（10分）	"自主小研究"设计实用，体现教学要求；设计问题有层次，满足不同学生的需求，评价客观	10	
	合作探知（10分）	创造小组合作的氛围，提供足够的探究思考的空间	5	
		指导小组合作，适度调控学生的参与，体现学生半扶半放	5	

续表

评价指标	评价要素	评价标准	权重	得分
	艺讲授渔（10分）	方法多样，艺讲精讲，现代化手段应用充分	5	
		创新思维，指导方法，解析到位，时间不宜超过10分钟	5	
	趣练获渔（10分）	引导学生完成趣味性练习和总结当堂学习所得，且学习效果良好	5	
		评价及时恰当，注重鼓励和指引，促进学生全面发展	5	
教学效果（5分）	在"四环节"学习中，学生的三维目标顺利达成，获得成功的乐趣，激发学习的欲望，在"自主"中学习，在"合作"中探索，在"探究"中创新。		5	
总体评价		分数合计	100	

另外，沙子口小学作为崂山区课堂教学"云平台"使用样本校，还借力课堂云平台，完善"渔趣课堂"评价机制。

小组合作的评价要把学习过程的评价和学习结果的评价结合起来，更倾向于过程评价；合作小组评价与团队单个成员评价有机结合，更倾向于小组评价。组内的自评、组间互评和教师的评价，大大强化了评价的激励、监督和引导功能。学校还利用"课堂教学云平台"的功能，对学生进行分组分层，根据学生的课堂表现进行评价。

每节课评价方法如下：第一轮评价由小组的评分者对小组成员的态度、素质和独特的想法进行评价；第二轮评价，由其他小组根据各组代表述职情况和小组成员表现进行互评；第三轮评价则在老师的指导下评价，对表现好、分工明确、具有创新的团队和个人给予加分和表扬；最后，每月进行一次总结，颁发"最优团体合作奖""最优团体创新奖""最优成员奖"，对优秀团体和个人进行表彰，为合作学习注入新的活力。

三、"渔趣课堂"成果展现

实施"渔趣课堂"工程以来，沙子口小学的课堂教学面貌一新，学生思维更活跃，课堂更有生命力。在小组合作中，老师担任组织者、引导者，而不再是权威者，通过创设"组组有事做，人人想展示"的民主和谐的课堂气氛，提高学生参与的积极性，鼓励贫困学生大胆参与，让学生充分体会到合作学习的乐趣。在打造"渔趣课堂"的过程中，教师的教研活动也是采用抱团成长的模式，从日集备、日反馈，教研组主题集备、教研组单元集备、展示课的打磨等都是采用团队合作的形式开展，成效显著。

近几年，学校在课堂教学方面取得了优异的成绩，在青岛市优质课比赛中王雪红、刘春峰获得一等奖，王晓霞、董晓华、王爱美、韩旭萍获得二等奖。王晓霞、王梅红、乔秀彩、曲先涛执教青岛市公开课。王雪红执教课例在山东省教育科学院组织的"数说中国"课例比赛中获得一等奖，王梅红、王雪红、王晓霞、刘佳、韩旭萍、王爱美等老师进行市级经验交流，宋岩、王伦波两位老师先后举行青岛市名师开放课。王雪红被评为青岛市教学能手，曲岩、王梅红、宋莉娜、王晓霞四位老师被评为崂山区教学能手，宋岩、刘春峰荣获崂山区学科带头人和崂山拔尖人才的荣誉称号，刘春峰被评为青岛市学科带头人，刘洪涛被评为青岛拔尖人才。山东省科学课题《创客教育中通过兴趣牵引，提升学生动手能力的研究》、青岛市"十三五"重点课题《基于渔文化理念下学校课程体系建设的研究》和青岛市教育科学"十三五"教师专项课题均已顺利结题。

四、"渔趣课堂"未来发展

中共中央、国务院印发的《双减意见》，要求减轻过重的课业负担和校外培训负担，建设高质量的课堂教学，切实提高学校教育教学水平。2022年国家颁布的新课程标准，基于核心素养培养目标，从注重学科逻辑到更多关注生活逻辑，为各科教学改革指引了新的方向。今后，针对"渔趣课堂"，学校将在以下几方面进行深入研究。

（一）进一步转变教师的教学观念

引领教师认真学习《双减意见》以及教育部2022年颁布的新课程标准，领会其精神实质和各项要求，构建适应新时代发展要求的教育教学观，在教学过程中认真落实素质教育的各项要求，努力培养学生的学科核心素养。

（二）推进"渔趣课堂"教学模式研究

学校在全面推进"渔趣课堂"教学模式研究的基础上，重点开展"渔趣课堂"模式下的小组合作教学方式的研究，构建师生学习共同体，引导学生学会质疑、分析、评价、创造，强化他们的思维训练和能力培养，通过构建高效课堂，高效实现教学目标，确保减负提质的成效。

（三）优化各学科"渔趣课堂"教学流程

各学科加强对"渔趣课堂"教学流程各个环节的理论研究和实践探索，使"渔趣课堂"教学流程层次更加清晰，逻辑更加严密，针对性、可操作性、实效性得以进一步提升。

（四）推进"渔趣课堂"的分层教学

"渔趣课堂"要保证以学生为中心、以学为主导、以习为核心、以思为主旨，构建师生互动、生生互帮的良好教学生态，为分层教学提供保障，让分层教学落实在"渔趣课堂"的每一个环节，让每个学生都能够在原有基础上有所提升。

（五）打造信息化的"渔趣课堂"

随着时代的发展，信息化的课堂必定是今后的发展趋势。学校将iPad平板、交互式白板、互联网共享资源等信息化手段引入"渔趣课堂"，通过信息化手段推进"渔趣课堂"各环节的实效性，真正地实现"学生为主，教师为导"的课堂新局面。

（六）依托教学云平台实施作业改革

1.合理控制作业时间

班主任要统筹控制作业总量和完成时间，协调各班级的作业数量和时间，提前审核，统筹发布，规范作业布置的要求。各学科老师可以利用课堂云平台，对学生不同的薄弱点进行靶向作业。

2. 实行时间双向管理

教师要认真分析学生的完成作业时间，要求学生在作业计划单填写每份作业的计划起始时间；随后，教师将其与真正完成的起始时间进行对比，便于对症下药。

3. 分层布置，精准评价

各学科教师可以根据本班学生的学习情况分成三四个层次，在布置作业时就可以分别布置，分层体现。进行一定的分阶段后，教师会依据不同学生的意向和学习情况重新划分层次，而且进行流动。在不断流动的过程中，学生勇敢接受，奋起直追，久而久之，学生的学习兴趣会大大增强。

4. 完善结果运用

利用高科技信息技术可以更好收集教师教学过程中和学生学习过程中的数据。以大数据分析为基础，在达到准确性的基础上控制书面作业总量，提高作业结果的应用性，从而达到识别、判断和改进的效果。

5. 充实题库

各学科教师可以根据自己班的实际，整理创编题库并保存到云平台的校本题库中，也可以进行变式、创新、分层上传到校本题库，形成第一手的宝贵资源，力求每一道题发挥其应有的价值，让"双减"有效落地。

第五节　渔文化兴校与"渔阳学子"

一、"渔阳学子"的基本理念

党的十八大以来，习近平总书记围绕"培养社会主义建设者和接班人"作出一系列重要论述，深刻回答了"培养什么人、怎样培养人、为谁培养人"这一根本性问题，这也为学校的育人目标提出了更高的要求。教育的最终目标是把学生培养成为一个有智慧、有涵养、有能力、有健康（"四有"）的社会公民。

"渔阳学子"一词中的"阳"，最早见于《说文》，指"高、明也"，字义与山有关。"阳"字本为山南水北朝向日光的地方；一说本义是指高处见到光明的地方，或高处阳光照得到的地方；后引申为"日光，日头"；又引申为"有光的，光亮的，明显的，外露的，可见的，凸出的"；后又引申为"公开地，明显地"等意思。

阳光是万物之本，生命之泉。阳光是多彩的，阳光又是温暖的。沙子口小学注重以中国渔文化的人文精神来培养阳光少年——"渔阳学子"。那么，"渔阳学子"应该以什么样的姿态来走出小学，走向更高的起点？

为此，沙子口小学在实施"渔阳学子"工程的过程中提出了"自我管理""个性张扬""全面发展"的"阳光成长"要求。"自我管理"的核心是"有担当，会生活"；"个性张扬"的核心是"有个性，会合作"；"全面发展"的核心是"有理想，会学习"，这"三有三会"构成了对学生的具体要求。

（一）自我管理

1. 有担当

在"渔阳学子"的成长过程中，有担当是自主成长最重要也是最根本的素养。有了正确的价值观，人生才会有正确的方向，才能形成正确的情感态度、价值取向和行为方式，将来担当起为实现中华民族伟大复兴的使命和责任。

2. 会生活

"渔阳学子"要有良好的生活情趣、生活态度、生活习惯，有一技之长。他们身心健康、热爱运动、珍爱生命，有健全的人格，具有一定的社会活动能力，并能在生活中学会管理，适应自身的发展、社会的发展、时代的发展。

（二）个性张扬

1. 有个性

"渔阳学子"应该是具备独立个性的人，他们身心健康，能够独立解决问题，敢于迎接挑战；有良好的行为习惯，有较强的主观能动性和创造力，是教育活动的主体和自我发展的主体。

2. 会合作

"渔阳学子"在学习生活中，能主动和周围的同学互相配合，共同把事情做好。他们具有亲和力，能倾听，在团队中具有相互理解、彼此信赖、互相支持的合作意识，具有合作精神和合作能力。

（三）全面发展

1. 有理想

"渔阳学子"应具有坚定的理想信念，志存高远，有博大的家国情怀和国际视野。他们相信自己，有自己的主见，有很强的抗挫能力，能勇敢面对失败与磨难。他们热爱生活，尊重他人；他们从容执着，有明确的追求目标。

2. 会学习

学而思之，思而学之。"渔阳学子"不仅要会学，而且要乐学、善学，具有较高的学习能力。其主要表现为能自主选择目标和内容，自主支配学习时间，科学地调控学习策略和思维方法；善于思考，勤于反思，能主动探究、解决问题，享受探究过程；能在德、智、体、美、劳等方面积极、主动、自觉、创造性地学习；能够始终保持对知识的渴求、全面学习的态度，做到终身学习。

二、"渔阳学子"具体实践

（一）"渔阳学子"的培养途径

1. 筑基

通过实施"渔润德育"工程，传承中国渔文化精神，通过丰富多彩、主题鲜明、具有仪式感的传统节日等一系列德育活动，培养德、智、体、美、劳全面发展的"渔阳学子"，为学生的未来发展筑基。

2. 铸魂

实施"渔红党建""渔雅教师""渔韵校园""渔和管理"工程，从思想引领、教师培养、校园文化、学校管理等方面入手，通过春风化雨的熏陶，静待花开的濡染，润物无声的引导、勠力同心的激励，为学生的发展铸魂。

3. 赋能

实施"渔海课程""渔趣课堂"工程，将"授鱼""导渔""润欲"三位一体的教育融入课程和课堂。教师要运用"熏陶、濡染、启迪、激励"的渔文化教化方式，引导学生在"渔场"中积极主动地"受鱼""受渔"，增强才智，提高能力。

4. 致远

根据"立德树人"教育根本任务的要求，弘扬中国渔文化的人文精神，引导学生从小树立远大的理想、拥有追求卓越的品质，具备家国情怀和世界眼光。

（二）"渔阳学子"评价标准

全面贯彻党的十九大和全国教育大会精神，全面提高学生的素质，培养德、智、体、美、劳全面发展的社会主义建设者和接班人。结合当前"双减"政策的推进，进一步丰富素质教育内涵，创建和完善以学生素质提升为导向的德育体系、课程体系、实践体系和评价体系，以形成促进学生健康发展、全面成长的教育体制、机制和良好的教育氛围。

为全面、多元、客观、真实地评价学生，学校结合中国渔文化理念以及青岛市"十个一"项目的推进，完善了学生评价的标准和要求，重点突出"三变"。

1. 评价内容从"单一考核"变"多元考核"

改变应试教育趋势，完善综合评价体系，坚决遏制学生以考试成绩贴标签的不良行为。从以往试卷评价的唯一评价方式，逐渐转变为对综合素质评价的多元评价方式。一至二年级取消纸笔测试后，学校制订了《崂山区沙子口小学一年级适应期综合能力素养评价方案》，以能力大闯关的形式，从文化素质、身体素质、心理素质、个性特长、习惯养成、社会公德、社交能力等七个方面，用多把尺子整体评价学生综合素质，促进学生的全面健康发展。

同时，通过制定"1+N"评价体系来全方面对学生进行评价。其中，"1"指的是国家课程常规考试，占70%；"N"指的是学校"十个一"项目行动计划内容中的特色考试，占30%。

2. 评价方式从"结果评价"变"过程评价"

以结果为导向的教育评价突出了"甄别"和"选拔"的功能，其本质意义在于判断教育目标的实现程度，具有很强的目的性和效用性；而基于过程的教育评价，侧重于受教育者的参与状态、方法和情感等。传统的教育评价，是以结果为唯一依据的静态评价，过度强化了结果在整个评价体系中的地位；过程评价则从动态的视角对评价对象的发展全过程进行观察和追踪，对结果评价无法监测到的内容进行必要补充。事实证明，将受教育者接受教育的过程以及过程中的行为表现纳入评价体系，是一种更全面、更客观、更合理的评价方式，体现了以学生为中心的教育观。

在"渔阳学子"过程性评价中，学校重在评价学生的"过程表现"。因此，学校采取各种方式对学生学习活动过程进行观察和监测。通过多形式的动态观察，为学生建立成长档案，描绘成长足迹；同时，运用延迟判断和二次评价等方法，帮助学生认识自我、完善自我、建立自信，不断健全教育跟踪机制，开通学生发展的绿色通道，以做到尊重差异、因材施教。

3. 评价主体从"唯一主体"变"多位一体"

传统的评价体系中，教师是"唯一主体"，是对学生实施评价的"绝对权威"，学生的主体地位便难以彰显；对学生而言，教师的"一言堂"难免有失偏颇，长此以往，会阻碍学生的长远发展。

而在"双减"视野下的评价主体，应是一个多元化的群体。为此，我们将评价的群体由班主任、科任教师延伸至同伴及其家长等。后期还将邀请社会专业机构参与其中，发挥学校的主导作用，携手多方力量，结成"评价联盟"，对学生进行真实的、有针对性和激励性的全方位、立体式评价。

以当前的语文学科中的小作文评价为例，教师设置了"学生自评""同伴互评""家长美评""老师点评"等模块。自评与互评的目的在于让学生学会欣赏、学会包容，以实现评价的诊断和育人功能的最大化。

在渔文化背景下，结合当前"双减"政策的进一步推进，学校在学生的整体素养评价上更全面，制订了《青岛市崂山区沙子口小学"渔阳学子"评价方案》，每个学期末针对学生特长发展设定了14项评价的称号，让每个孩子都能找到自己的闪光点。

案例1：

《青岛市崂山区沙子口小学"渔阳学子"评价方案》

为进一步体现学校的办学理念和培养目标，建立科学的教育评价体系，使评价体现激励作用和引导作用，更接近强调学生个性发展、注重过程、多元评价的理念，为每一个学生创造平等的成长、成才和展示才华的机会，引导学生准确、充分地认识自己，以德为先，促进学生自我管理，引导学生全面发展，实现我校教育教学工作的实效，特制订本方案。

一、"渔阳之星"评选细则

（一）思想品德高尚

1.乐于助人，团结同学，关心同学，与人友好相处。

2.有较强的集体荣誉感，自觉维护集体荣誉。

3.尊老爱幼，关心老师，善于和长辈沟通，听从长辈和老师的教导。

4.遵守社会公德，懂得在公共场所礼让他人。

5.爱惜粮食，积极参加光盘行动；珍惜学习、生活用品。

（二）学习品质优秀

1. 熟记学生守则，并努力践行。

2. 养成良好的学习习惯，认真学习，掌握各门功课的基础知识和基本技能。

3. 坐、立、行、读书、写字姿势正确，仪态端庄。

4. 学习成绩优秀，各学科全面发展，成绩达A级。

（三）身体素质强健

1. 积极参加各项集体活动，注重团结合作和沟通交流。

2. 做好课间操和眼操，保证良好的视力，熟练掌握一项体育技能，体育总评成绩良好以上。

3. 积极参加各项体育活动，在各类比赛中获奖。

（四）艺术修养高雅

1. 有健康向上、为之坚持学习的兴趣爱好。

2. 通过学习和努力，掌握一门艺术特长。

3. 参加各类艺术活动，在各级比赛中获奖。

（五）劳动技能高超

1. 做力所能及的家务，并习以为常。

2. 自觉维护个人卫生和校园内的卫生环境。

3. 积极参加校务劳动和家务劳动。

二、"渔阳小助手"评选细则

1. 参评者必须是中队委员或班级干部。

2. 爱护团队，热爱班级工作，责任心强，具有一定的声望和较强的工作组织能力，积极配合班主任做好课堂管理工作，在工作中表现出色，以身作则，在各项活动中发挥主导作用。

3. 自觉遵守和执行《中小学生守则》和《小学生日常行为规范》，以及各项校规校纪，尊敬师长，团结同学，健康向上。

4. 有明确的学习目标并为之努力，有良好的学习习惯和科学的学习方法，在综合素质提高的基础上，学会坚强，勤于思考，善于创新，有较强的实践动手能力，能认真做各科的作业，学习成绩所有科目均在B级以上。

三、单项称号评选细则

1. 渔阳小使者（礼仪）：见到老师、长辈等，主动问好，与同学友好相处，待人接物有礼貌，受到同学的好评。

2. 渔阳小先锋（劳动）：知道劳动最光荣；有较强的劳动精神和不怕辛苦的劳动品格；在家积极帮父母分担家务；在校积极参加校务劳动；穿戴整洁、书桌整洁；按照劳动分级要求，完成质量高。

3. 渔阳小专家（科技）：参与科技类小比赛、科学小发明；认识生活中常见的科学现象；敢于提出自己的疑惑；试着进行小创作；在校级以上比赛获奖。

4. 渔阳小明星（才艺）：积极参加艺术活动；能够完成并展示美术作品；能用优美的声音和饱满的情绪演唱一首歌曲；具有一门艺术特长；在比赛中成绩突出。

5. 渔阳小健将（体育）：按时按质做好课间操和眼保健操；熟练掌握一项体育技能；参与体育活动和比赛，成绩突出。

6. 渔阳小卫士（节约）：节约粮食，光盘行动；知道并掌握垃圾分类的要求及做法；具有良好的卫生习惯。

7. 渔阳小作家（读书、习作）：热爱读书和写作，每天坚持读书半小时，坚持天天写日记，与同学分享读书收获。

8. 渔阳小主持（演讲、古诗）：进行演讲展示；诵读相关古诗词；语言文字表达能力强。

9. 渔阳小雷锋（志愿服务）：知道乐于助人；懂得为集体做好事；积极参与志愿活动。

10. 渔阳小行者（实践）：经常参加各类实践活动和相关的研究性学习。

11. 渔阳小学者（学习优秀）：学习成绩优异、乐于帮助同学克服学习上的困难；在比赛中获得奖项。

12. 渔阳小超星（学习进步）：学习努力刻苦，成绩进步巨大。

四、评定办法

1. 班级初评：

（1）"渔阳之星"比例不超过学生总数的20%，条件相同者，班队干部优先。

（2）"渔阳小助手"，每中队2人。

（3）单项称号的人数一般为每项目3人。11和12项每项5人。

（4）符合条件的人数少于应评选人数的，先空缺。

班主任根据"渔阳之星""渔阳小助手"和单项称号评选细则，民主投票选出人选，上报政教处。

2.任课教师参评：

由班主任组织任课教师对班级上报的"渔阳之星"、"渔阳小助手"和单项称号初定人员进行评定。评定标准要根据学生学习态度、遵规守纪等方面。凡50%及以上的任课教师认为不符合条件的，就淘汰其称号的评定资格。

3.学校审定：

学校根据各班级上报的评定材料进行审核，并签署是否评定为相关称号的意见，向班主任通报评定结果。在重大单项比赛中有突出成绩的，学校直接授予学生单项称号，不占用班级名额。

4.发生校园欺凌的学生不能参评学校荣誉称号。

五、奖励

1.政教处公布"渔阳之星"、"渔阳小助手"和单项称号名单，并在校园公开栏上张榜公布。

2.为"渔阳之星"、"渔阳小助手"和单项称号获得者颁发证书。

青岛市"十个一"项目的实施，让学生在提升学科素养的同时，也打开了一扇五彩斑斓的大门。为全面贯彻落实《青岛市促进中小学全面发展"十个一"项目行动计划》评价办法，丰富学生评价体系，全面提高学校学生综合素质，学校也制定了如下评价方法，它在"十个一"项目的基础上，结合学校特点，又进行了项目拓展。

案例2：

青岛市崂山区沙子口小学

落实《青岛市促进中小学全面发展"十个一"项目行动计划》评价办法

为保障青岛市"十个一"项目的落实效果，根据学校"十个一"实施方案，本着"有项目就有评价"的原则，将"十个一"项目评价与学生综合素质评价、学生体质健康测试、学生艺术素质评价、学生星级评价等评价体系有机结合，结合学校实际，制定如下"十个一"项目评价办法。

一、指导思想

依据《青岛市促进中小学全面发展"十个一"项目行动计划》和《崂山区关于"十个一"项目推进工作的通知》的要求，为达成让每一位学生立足基础、培养兴趣、开发潜能、养成习惯、受益终身的目标，学校将"十个一"活动纳入学生过程管理和综合评价，以项目为单位，以日常评价和学生的成长记录为基础，以考级、比赛、展示、评选等形式为平台，力求全面、科学、规范地评价学生。这种方式既关注学生项目的普及，又注重学生特长和潜能的开发，还能发挥评价的作用，促进学生的全面发展，从而建立科学的评价体系。通过考核，学生可以不断地认识自己，发现自己，提升自己，实现全面发展，为终身发展打下坚实的基础。

二、基本原则

（一）发展性原则

评价要促进学生的全面发展，关注学生发展的过程，提高学生的综合素质，培养人格健全、身体健康、才艺广泛、热爱劳动和社会责任感强、勇于创新的合格人才。

（二）过程性原则

评价要关注学生的成长过程，将课堂考核和成长数据与学校魔法棒考核体系、综合素质考核、体质健康测试、艺术素质考核相结合。建立学生成长记录档案，每月评选各项目之星，实现评价方式多样化。

（三）激励性原则

评价要最大限度地调动学生的积极性，肯定每个人的表现，表扬优秀，以身作则，让考核成为学生学习"十个一"并不断发展的动力。

（四）科学性原则

评价要根据学生的个性差异及特长发展，建立科学的项目评价办法，

三、项目评价办法

（一）学会一项体育技能

评价内容：跳绳、手球、武术、游泳、五子棋、篮球

评价要求：

1.学生掌握跳绳基本动作技巧，在会跳的基础上，逐步提高速度与难度。

2.掌握手球运动的基本技术理论，学会手球的传接球、防守站位等基础知识技能。

3.全面深入了解武术文化，了解武术的基本知识及学练武术的意义和价值，掌握武术的基本动作手法，并学完一套完整的武术操。

4.积极参与游泳活动，了解有关游泳方面的相关知识以及锻炼的意义和价值，初步掌握游泳的基本动作。

5.学生基本掌握五子棋的基本知识和基本的游戏方法，能对五子棋产生浓厚的兴趣，逐步提高五子棋水平，具备一定的独立解决问题的能力。

6.学会篮球的基本技术技能，如传接球、原地运球、行进间运球等，并能通过活动培养自己顽强拼搏、团结协作的品质。

评价方式包括学生自评和教师评价。

学生自评：学生自主评价自身体育技能。

教师评价：

1.学生日常课堂出勤情况、学习态度等。

2.每学期期末对学生进行体育技能等级考评。

3.根据国家体质健康测试标准评价。

活动评价：

在学校组织的各种体育竞赛中，对学生整体的综合能力评价，评选出体育技能小明星。

（责任部门：体卫艺 体育组）

（二）学会一项艺术技能

一项音乐技能

年级	评价内容	评价标准	评价方式
一至二年级	1. 小乐器口风琴陶笛的吹奏； 2. 参与简单的演奏活动； 3. 吹奏歌曲《摇篮曲》《玛丽有只小羊羔》《欢乐颂》《小蜜蜂》	1. 熟练吹奏乐曲； 2. 为歌曲进行简单的伴奏	1. 学生对自己演奏的结果进行自评； 2. 分组演奏，学生在组内观摩点评； 3. 通过参加各级艺术节比赛对学生的展示进行评价； 4. 期末教师对学生综合评价
三至四年级	1. 三年级乐器口琴吹奏，四年级竖笛吹奏； 2. 参与简单歌曲、乐曲的表现； 3. 吹奏《蒙古小乐曲》《划船歌》《粉刷匠》《龙的传人》	1. 熟练演奏所学乐曲； 2. 乐于参与各种演奏活动； 3. 为歌曲进行简单伴奏	
五至六年级	1. 竖笛吹奏，主动参与演奏活动； 2. 利用课堂乐器为歌曲或乐曲进行简单的伴奏； 3. 吹奏《龙的传人》《蒙古小夜曲》《晚风》《神话》《故乡原风景》	1. 熟练掌握所学乐曲； 2. 能够参与各种演奏活动； 3. 利用所学乐器为所学歌曲进行简单伴奏； 4. 与他人合作演奏	

一项美术技能

年级	评价内容	评价标准	评价方式
一至二年级	1. 创意儿童画的基本知识； 2. 创作创意儿童画作品	1. 具有一定的想象力，能反应儿童所见所想； 2. 较好地表现作品的美感，有明确的主题和情节； 3. 作品有个性，表现出一定的创造力	1. 学生对自己绘画内容进行自评； 2. 分组评价，学生在观看交流中互相点评； 3. 通过参加各级艺术节比赛对学生的展示进行评价；
三至四年级	1. 创意综合画的基本知识； 2. 用捏、剪、贴等不同方法创作； 3. 学生的动手能力	1. 完整清晰思路，有创意的想法； 2. 能充分运用材料的特性，造型生动形象，作品具有完整性； 3. 作品具有美观性和一定的拓展创造性	

续表

年级	评价内容	评价标准	评价方式
五至六年级	1.黑白线描画的基本知识； 2.黑白线描画作品	1.较好的表现物体的形态特征，位置关系； 2.能够运用点、线、面及线条疏密展现画面的黑白关系； 3.作品表现出一定的创新创造力	4.期末教师对学生综合评价

（责任部门：体卫艺　音乐组　美术组）

（三）精读一本好书

评价内容：

根据《沙子口小学读书目录》相关书目，低年级学生每月精读两本绘本或故事书，中、高年级学生每月精读一本有助于成长的纸质书。通过老师推荐或学生自选书目。

评价要求（标准）：

一年级阅读考核标准：

1.在教师的指导下形成阅读意识，逐步培养读书兴趣。

2.规划固定的读书时间，并坚持阅读。

3.能根据图书理解意义，并能用自己的语言概述。

4.能阅读浅显易懂的寓言故事，并有自己的想法。

5.养成积累名言名句的习惯，总阅读量不少于2万字。

二年级阅读考核标准：

1.培养良好的阅读兴趣，喜欢阅读；初步养成"不动笔墨不读书"的阅读习惯。

2.学会运用各种工具阅读的方法，能够理解主要内容。

3.能够展开想象诵读儿歌、童谣和浅显的古诗。初步获得情感体验，感受语言优美，背诵优秀诗文30篇（段），总阅读量不少于3万字。

三年级阅读考核标准：

1.有读书的兴趣和意识，在老师的指导下安排读书时间，收藏读书资料，参与读书活动。

2. 能与同学、老师、家长交流读书感受。

3. 能进行简单的阅读摘录，摘抄好词句。

4. 能有目的地收集资料，会利用网络查阅所需资料。总阅读量达15万字以上。

四年级阅读考核标准：

1. 能感受阅读的乐趣，科学地安排阅读时间，习惯与同学交流读书感悟，每天坚持阅读30分钟以上。

2. 能自主选择自己喜欢的数目，会摘录读书笔记会批注。

3. 能根据语文知识需要自主选择书目，能理解读物的主要内容，体会文章表达的思想感情，并参与专题讨论。

4. 在阅读中积累优美词语、精彩句段，总阅读量不少于25万字。

五年级阅读考核标准：

1. 能合理规划课外阅读时间，并自觉阅读。有收藏图书资料、参与读书活动的习惯。

2. 能做到自主阅读不受干扰，每天读书40分钟以上，并表达读书感悟。

3. 会摘录、剪报，学会写感想型读书笔记。

4. 能根据上下文揣摩文章的主要思想，领悟文章的表达方法，能质疑并展开讨论。

5. 会速读，可达每分钟200字以上，会浏览，能根据要求选择有关读物和收集有关信息。

6. 能借助图书馆、网络等渠道进行专题性阅读。阅读中外名著，阅读总量达50万字以上。

六年级阅读考核标准：

1. 具有浓厚的阅读兴趣，能自主制定规划，善于交流所思所想，并在交流中提出自己的看法，作出自己的判断。

2. 会精读，会做好摘录读书笔记和批注，学写评价型的读书笔记。

3. 根据学习需要自主选择合适的童话、寓言、小说和浅显的文言文，注重情感体验，形成良好的语感。

4. 提高速读水平，可达到每分钟300字以上。学会浏览，自主选择资料进行探究性学习，进行资料收集和网络查找，并参与专题讨论。

5. 通过阅读中外名著，学会鉴赏文学作品，形成个人兴趣爱好，丰富自己的精神世界，阅读总量不少于50万字。

评价方式：

一、二年级评价方法：

1. 家长评价。

提倡亲子共读，有利于家长根据评价方法对子女的阅读结果评价。

2. 班主任评价。

班主任根据评价方法对学生的阅读情况进行星级评定。评选出班级"读书之星"。

三至六年级评价方法：

以班级为评价组织，成立读书领导小组。将学生自主评价、家长评价、领导小组评价和班主任评价相结合。

1. 学生自评。

学期末，学生对自己阅读的书目、数量进行统计，与计划做出比较并自我评价。

2. 家长评价。

家长根据学生的读书计划完成情况进行评价。

3. 小组评价

各评价小组先自查成员读书统计表，再交叉审核评价。查看是否有家长签署的意见，抽查读过的一本书的重要情节、读书感悟、星级评定情况。

4. 班主任评价。

班主任根据计划查看学生阅读完成情况，并结合过程评价记录，做出最后的总评价。

符合"读书之星"的同学要满足以下条件：积极参加班级、学校的各项读书活动、手抄报比赛、讲故事等活动。

（责任部门：教导处）

（四）记一篇周记或小练笔

评价内容：每周一记

评价要求（标准）：

1. 周记语句通顺流利、书写规范、无错别字，正确使用标点符号。

2. 周记内容选择恰当，有一定的现实意义或者能体现学生丰富的想象力。

3. 周记的全篇结构安排合理、具有整体性、并且对于文章中的每一个部分都能表述清楚、安排恰当，同时能够突出周记的主题内容。

4. 周记中涉及事情的发生、发展、经过、结果，以及人物的语言、动作、神态等描写具有一定的真实性。

5. 文章篇幅要求二年级在150字左右，字数不能低于规定的90%。三、四年级学生均在300字左右，字数不能低于规定的90%。五、六年级学生均在400字左右，字数不能低于规定的90%。

6. 书面要求整洁、字迹清晰、无涂改液痕迹。

7. 周记内容必须是本人所作的原创，严禁抄袭。

评价方式：

1. 班级每周一评"周记之星"，每次5人。

2. 级部每月一评级部"周记之星"，每次每班5人。

（责任部门：教导处）

（五）参加一次劳动

评价内容：

根据《劳动手册》中的校务劳动、家务劳动、志愿公益劳动进行评价。

评价要求：

1. 劳动评价以综合实践课程学习过程进行评价。

2. 评价结果采用等级制体现：A（优秀）、B（良好）、C（合格）

评价方式：

评价通过不同年级的《劳动手册》综合评价完成。

评价方式有：

① 自我评价；② 相互评价；③ 小组评价；④ 班级评价；⑤ 教师、家长以及其他人员的评价。

评价方法有：

① 作品展示；② 作品评定；③ 撰写心得体会；④ 相互交流；⑤ 专题活

动；⑥日常观察；⑦学期考核。

劳动评价要注重成果评价与过程评价相结合，不仅要关注学生的技术学习和技术功能的结果，还要关注学生在学习过程中的发展和变化；不仅重视学生的知识和技能、习得与创新，还要关注学生在学习活动中态度与情感的进步与发展。

（责任部门：政教处 大队部）

（六）学会一支歌

年级	评价内容	评价标准	评价方式
一、二年级	1. 必唱歌曲：《动物说话》《洗手绢》《唢呐配喇叭》《小拜年》； 2. 选唱歌曲：《江南》《咏鹅》《春晓》《悯农》	1. 能够有感情地背唱歌曲； 2. 能声情并茂，独唱或参与齐唱； 3. 能采用合适的方式表达歌曲的情感	1. 学生自评； 2. 小组内互评； 3. 通过参加各级艺术节比赛学生的展示进行评价； 4. 教师过程性评价和期末总评相结合； 5. 组织班级合唱比赛，对班级进行整体性评价
三、四年级	1. 必唱歌曲：《妈妈的心》《桔梗谣》《童心是小鸟》《龙里格龙》； 2. 选唱歌曲：《出塞》《清明》《村居》《山居秋暝》	1. 能够有感情的背唱歌曲，能唱准简谱； 2. 能用正确的方法养成良好的唱歌习惯； 3. 能对指挥动作做出恰当地反映	
五、六年级	1. 必唱歌曲：《雨花石》《雏鹰之歌》《校园小戏迷》《阿里山的姑娘》； 2. 选唱歌曲：《元日》《竹石》《己亥杂诗》《春夜喜雨》	1. 能够声情并茂地背唱歌曲，能唱准简谱； 2. 能够理解歌曲所表达的音乐情绪与意境； 3. 能对指挥的起止、表情等做出正确的反应	

（责任部门：教导处 音乐组）

（七）诵读一首诗

评价内容。

精选经典诗词180首；国学篇目《三字经》《弟子规》《笠翁对韵》《古今贤文》《论语》《诗经》《孟子》等。

评价要求。

诗词篇：

1. 能自觉朗读、背诵对应年级段的古诗词，达到一定的数量。

2. 体会古诗词的韵律、节奏，感受古诗的意境之美。

3. 学会用不同的形式表达对古诗词的理解和运用，如写、画、唱、演等。

国学篇：

1. 通读《三字经》《笠翁对韵》《弟子规》《古今贤文》，知晓其内容，能背上大部分。

2. 知晓《诗经》《孟子》《论语》的部分内容，并能背诵名段名句。

3. 通过诵读开发学生的记忆潜能，丰富文学积累，培养学生的语言、思维能力。

4. 通过诵读净化学生心灵，助其修身养性，培养发扬中华传统美德的意识。

评价方式。

学生自评：从背诵诗词的数量、诵读水平、理解能力和欣赏能力的各方面自我评价。

教师评价：根据学生的学习态度、理解能力、目标达成度进行评价。教师可以用魔法棒、成绩册等方式对每位学生的表现简单记录，注重过程性评价，将描述性语言和等级评价结合起来，给学生全面的评价。

活动评价：在班级中开展古诗文诵读比赛、古诗小达人考级活动，表演活动，以形式多样的竞赛活动多元化进行评价。

（责任部门：教导处）

（八）进行一次演讲

评价内容：

主题演讲

评价要求：

1. 演讲材料：讲稿结构严谨，构思巧妙，语言流畅，感情真挚，引人入胜。

2. 语言表达：吐字清晰，普通话标准，声音洪亮圆润。演讲表达准确、流畅、自然，有一定的语言表达技巧。

3. 形体语言：形体端正、健康向上，精神饱满，能结合面部表情、肢体动作等表达对演讲内容的理解。

4. 会场效果：内容实事求是，能体现社会现状，进而对倾听者产生较强的吸引力、感染力和号召力。

评价方式：

1. 根据演讲内容及现场表现和效果进行综合评价。

2. 对于课前两分钟的演讲，教师多给予指导和鼓励，提高学生的积极性，最后做出指导性评价。

3. 开展演讲比赛，表彰优秀。

4. 结合学校星级评选，每月评选演讲之星。

（责任部门：教导处 大队部）

（九）参加一次研学

评价内容：

学生参与研学时的态度和行为表现、在研学中获得的体验（研学记录或研学手册的填写）、在研学中的实践能力、协作能力的发展（交流、展示情况）

评价要求：

过程性评价关键评估点：

能做到守时，没有无故缺勤和迟到等现象；态度认真，准备充分，积极参与课程活动，有成果收获；能自觉服从工作人员和老师的管理，听从指挥，维护大局；公共场所能注重个人礼仪，规范文明用语，保护环境；严于律己，宽以待人，形象良好。

终结性评价关键评估点：

能按时完成研学手册的规范填写；能按时完成研究项目，能收集到丰富的学习资料；能在研学中发现新问题，确保研学手册中拓展延伸部分的完成；能积极参与小组活动，形成自己的学习记录；分享和汇报新颖、有创意；小组讨论及分享时语言表达清晰，有自己独特的见解，同学和老师反馈较好。

评价方式：

评价采用等级制，即A（优秀）、B（良好）、C（合格），采取自评、学生互评、家长评和教师评相结合，过程性评价和终结性评价结合的方式，A级成为班级的"研学之星"，不少于班级人数的10%。

（责任部门：政教处、大队部）

（十）参与一次志愿服务

评价内容：

1. 社区服务活动方面：社区服务活动计划指定、服务活动的实施和效果，学生活动能力提升。

2. 社会公益活动等社团活动方面：学生自我管理能力、社会公益活动的制定与组织能力。

评价要求：

1. 言行举止大方得体。

2. 宣传教育方式是否合理。

3. 志愿者自身素质要求。

4. 服务范围是否符合小学生能力范围之内。

评价采用等级制，即A（优秀）、B（良好）、C（合格）

评价方式：

1. 学生互相评价。

2. 组内直接评价。

3. 班级集体评价。

4. 每月评选"志愿服务星"。

5. 志愿服务照片、感悟等材料装入学生成长档案。

6. 学期末纳入学生综合素养评价。

（责任部门：政教处、大队部）

（十一）写一手好字

评价内容：

教材写字表中的生字。

评价要求：

级别	具体要求
一级	书写简单的偏旁部首，以及上下、左右、独体三大类结构。笔画较随意，力度感不强，结构基本符合汉字规律，无错别字
二级	书写简单的偏旁部首，以及上下、左右、独体三大类结构。笔画较随意，力度感不强，结构基本符合汉字规律，无错别字
三级	描临摹简单的偏旁部首和上下，左右，独体三大类结构。笔画基本有体现起笔，逆锋，顿笔，收笔过程，有提按、轻重变化，结构基本符合结字规律
四级	描临摹较简单的偏旁部首和上下，左右，独体三大类结构。笔画基本有体现起笔，逆锋，顿笔，收笔过程，有提按、轻重变化，结构基本符合结字规律
五级	书写简单的偏旁部首，以及上下、左右、独体三大类结构。笔画基本有体现起笔，逆锋，顿笔，收笔过程，有提按、轻重变化，结构基本符合结字规律
六级	书写简单的偏旁部首，以及上下、左右、独体三大类结构。笔画基本有体现起笔，逆锋，顿笔，收笔过程，有提按、轻重变化，结构基本符合结字规律
七级	笔画基本有体现起笔、逆锋、顿笔、收笔过程，有提按、轻重变化、结构基本符合结字规律。章法布局合理规划，落款与作品要求符合
八级	笔画基本有体现起笔，逆锋，顿笔，收笔全过程，有提按，轻重变化，结构基本符合结字规律。章法布局合理规划，落款与作品要求符合
九级	笔画基本有体现起笔，逆锋，顿笔，收笔全过程，有提按，轻重变化，结构基本遵循左紧右松，内紧外松的造字规律。章法布局较讲究，落款等与作品要求相符合

评价方式：

1. 隔周一次书写展示，将成果在班级展示板展示，并对阶段书写情况进行展评，书写较好和书写有进步的同学会得到小奖状。

2. 每月举行书写大赛，评选书法之星。

3. 每学年学校一次书写考级，评选书法小明星。学校按照硬笔书法等级测试细则的要求，根据学生作品的质量进行评定，将结果填入考核表中。如：一年级（一级优秀、一级良好、一级合格、一级不合格）、二年级（二级优秀、二级良好、二级合格、二级不合格），其余年级以此类推。

（责任部门：教导处）

（十二）学会一项安全自护技能

评价内容：

消防逃生、地震逃生、预防踩踏、应急逃生、防校园暴力、预防溺水等安全自护技能，知识答题与技能演示相结合等。

评价要求：

根据学生的不同年级评价，评价采用等级制即A（优秀）、B（良好）、C（合格）。

评价方式：

采取日常考察和过关检测相结合，自评、组评、师评主渠道是安全教育课和安全逃生演练。选择合适的安全项目学期末对每个学生进行评价，评价内容包括指导学生进行自评和组评、师评、家长评、期末考查、总评等。

（责任部门：政教处、大队部）

（十三）掌握一项科技技能

评价内容：

根据学校年度工作计划按时开展学校科技节、科普宣传周、科技竞赛周、科普夏令营、科普小制作、科普绘画、科学小论文等科技活动，普及航海、航空模型制作，3D打印与图形编程的应用，培养学生掌握一项的科技技能。

评价要求：

1.确立科学道德观念，包括责任感、价值观、团结合作等。

2.学习科学知识技能。通过多渠道学习，培养基本的学科知识技能。

3.掌握科学方法，提高学习能力。引导学生学习科学的方法，掌握适用于自己的学习方法，来提高学习能力。

4.培养科学态度、科学精神。在日常课程中培养学生发现问题、提出问题、解决问题、应用实践的能力。

评价方式：

1.每个月评选一名"小小科学家"。

2.开展班级"科技小明星"展示活动。

3.每个月进行一次"露一手"，全校展示活动。

4.评选年度"科技小能手"。

年度"科技小能手"必须掌握三项科技技能，并且参加区市级科技比赛获奖，所有展示活动必须是区科技节二等奖以上获得者。

（责任部门：政教处、大队部）

四、评价的组织实施

（一）建立组织机构

成立校级评价工作领导小组，制订评价工作方案，指导各部门的评价工作，并监控评价过程。

（二）建立宣传平台

加大宣传力度，形成"周宣传、月总结"机制，即：学校每周要在微信公众号上展示至少一条项目推进信息，将活动图片及音视频内容进行展示。

三、"渔阳学子"成果展现

在渔文化的熏陶与浸润下，沙子口小学为培养具有文化底蕴、国际视野、拥抱未来的高素质学生而孜孜不倦，静待花开。

近5年先后有将近100名学生获得青岛市、崂山区"优秀三好学生"、"优秀少先队员"、"新时代好少年"、"二星雏鹰奖章"和"一星雏鹰奖章"等荣誉称号。

不论在哪个学习岗位和工作岗位，沙子口小学的"渔阳学子"都呈现了不一样的风采，成为学校的骄傲、家长的自豪。

（一）小学阶段为学生的综合素养筑基

通过小学六年的学习，学生拥有了更多成长和展示的空间，他们在沙小的每个舞台都熠熠闪光。

2019年7月学校在青岛大剧院举行崂山区沙子口小学"践行十个一"成果汇报演出，孩子们第一次走上国家级舞台演出，展示了自己的艺术风采；在2021年的青岛市和崂山区艺术节比赛中，学校合唱、器乐、舞蹈、朗诵四个班级节目均获得崂山区一等奖前三名的好成绩，其中，朗诵和舞蹈还获得了青岛市一等奖；同年5月份，学校美术老师带领学生设计的"小渔村"装置展参加了山东省基础教育美育研讨会的展示，6月份又参加了在济南市举办的山东省"向海而生"蓝色海洋教育活动启动仪式，展示了孩子们的美术素养，得到与会专家和领导的一致好评。

学校手球队多次参加青岛市比赛，在2020年青岛市中小学生手球锦标赛中拿下女子乙组冠军、男子乙组季军，在2021年青岛市第五届城市运动会中，女子手球队获5枚金牌，男子手球队获2枚金牌。

2019年有3位学生参加了第四届全国智力运动会，这也是沙子口小学学生第一次参加国家级体育比赛。2020年，在青岛市中小学生智运会中，学校五子棋队获得A组团体和B组团体两个项目冠军，C组团体第一名和普通团体第二名。在2021年青岛市崂山区中小学智运会中，学校取得了综合团体第一名的好成绩。

在2020年青岛市中小学生阳光体育联赛跳绳比赛中，学校获得团体总分第五名、规定赛二等奖、体育道德风尚奖。在2021年崂山区首届中小学生跳绳比赛中，学校获得小学乙组第一名。

在2021年青岛市第五届城市运动会中，学校空手道队获3金4银1铜。2021年青岛市武术比赛中，学校武术队的武术操（旭日东升）获二等奖。

在青岛市崂山区"区长杯"中小学生田径运动会中，2019年获得团体总分第三名；2020年获得团体总分第二名的好成绩；2021年学校获得女子组团体总分第一名、男女团体总分第二名。

在山东省、青岛市、崂山区组织的各级诵读比赛、征文比赛中，学校先后有80多人次获奖，学校凭借"渔悦"校园阅读品牌，被评为青岛市书香校园。

（二）初高阶段为学生的综合素养助力

走出沙子口小学校门，一批批优秀的学子被青岛第二中学和青岛第五十八中学等青岛市重点高中录取，走入高等学府学习。进入更高学段的"渔阳学子"们，他们身上都表现出优秀的道德品质、优良的学习和生活习惯、科学有效的学习方法、卓越的组织和表达能力等，这些都得益于小学阶段的奠基与培养。

四、"渔阳学子"未来发展

坚定"渔文化兴校，高素质育人"的办学理念，继续立足"渔阳学子"育人目标，完善评价体系，精准推进学校"十+N"项目，落实"十大节日"，加强顶层设计，各分管部门继续协同推进"十个一"项目"进课程，融入课堂教学改革；进家庭，融入日常生活；进社区，融入社会实践活动；进评价，融入学生成长全过程"。

（一）打造独具特色的学校节日，丰富评价的活动

在进一步完善体育节、艺术节、读书节、法治节、数学节等节日的同时，结合学校地域特色，打造特色鲜明的主题节日，例如渔乐爱心义卖节、渔贝科技节、渔娃海洋节等。这些特色节日的融入，不仅是对传统"十大节日"的补充和延伸，更丰富了原有的评价内容，让学生的选择面更加宽广，更加注重学生的融合发展。

（二）形成切实可行的项目任务清单，理顺评价的过程

为有效推动"十个一"项目的全面展开，学校设定必修项和选修项，每个项目都要有任务清单。同时结合学校特点发展创新项，形成"必修项+选修项＋创新项"相融合的推进模式，推动"一班一品、一班多品"特色发展。在评价过程中，各班级可自行设计独具特色的评价手册，评价过程可根据时间推进分为"日评""周评""月评"和"期末评"，将评价贯穿在整个学习过程中。

（三）健全丰富学校育人课程体系，形成评价的模式

开齐开足开好国家课程，综合体能、艺术才能、阅读、诗歌、演讲、歌唱、日记、周记等融入体育、音美、语文、英语、道德与法治等学科，对地方和学校课程进行课程提炼，并整合劳动实践、研学、志愿服务等；充分发挥课堂教育主渠道作用，积极研究、总结和推进课堂教育教学改革新案例、新模式，推进"十个一"工程的有效落地。

为此，学校要形成了"四个一"评价模式，主要包括：

. 学生素养成长手册：根据上级部门统一下发的《小学生素养成长手册》用以记录和评价学生在日常课堂学习和品德素养方面的情况。

2. 档案袋评价：每个学生建立成长档案袋，用以承载学生成长过程中的纸质的手稿、荣誉证书等。

3. "十个一"手册评价：通过学生自主参与和选择的"十+N"项目内容的记录，完成学生综合素养、实践活动、志愿服务和艺术才能等方面的评价。

4. 发展性评价：通过对各种实际任务的达成情况，由本人、同学、家长、老师、社会等渠道，以"自评""互评""点评"等形式完成发展性评价。

（四）形成学校项目资源库，汇总评价的内容

通过征集项目、整合社会资源、专家论证，从不同学习时期、核心素养、学科课程、实习阵地、地域等角度，打造"十个一"项目，形成学校体育技能库、才艺库、图书库、诗词曲库、研学基地库、志愿服务库、劳动教育库等，供学校、教师和学生选择使用，打造学生日记、周记和演讲作品库，这也将成为学生未来评估的依据。这些依据也将成为对学生进行综合评价的标准化内容，让评价有所依据，让评价内容丰富充实。

（五）科学整合学校项目，形成评价的系统

根据《关于制订青岛市中小学生"十个一"项目行动计划评价手册的指导意见》，建立学校"十个一"项目综合评价信息化体系，将"十个一"项目融入学生综合评价体系。

学校将借助校园公众号，设立"渔阳学子成长之帆"栏目，用以家长查询学生在基础知识、基本技能和"十+N"项目参与和提升过程中的评价结果，通过公开、公平、公正的记录学生成长评价的结果，以便家长更好地监督、参与，从而不断完善评价体系。

（六）家校社协同发展，延伸评价的范围

制定《家长陪伴学生成长指南》和《学生家庭作业指南》；通过"创新项"的不断延伸，进一步拓宽评价范围；通过制定分年级的劳动实践清单，加强学生家务劳动和社会劳动实践；通过开展"志愿服务节"和"亲子实践活动月"的形式，进行学生志愿服务与社区发展相结合的研究与实践；通过与周边科研机构和高校"手拉手"活动的开展，加强学生研学活动；通过利用美丽乡村建设、国防教育基地、博物馆等综合实践基地，从而将评价的广度和深度进一步延伸。

（七）营造宣传氛围和教育生态，扩大评价的影响

充分发挥各级各类媒体和学校公众号的作用，通过《渔阳舞台，渔润成长》专题项目推介报告、个人成长历程报告、数据分析成长报告、家长大课堂、家长面对面、家长开放日等方式，深入做好"十+N"项目在每个班级、每个家庭的影响。借助少先队开展的"雏鹰争章"、每学期末的"渔阳学子"评优活动以及每月都进行的主题"十+N" 项目展示活动，推动项目评估优化和可持续高质量发展。

第六节 渔文化兴校与"渔雅教师"

一、"渔雅教师"基本理念

教师是教育之根基，也是推动教育发展、做好教育的关键。古往今来，教师在社会中拥有举足轻重的地位，承担着教育的职能。

伏羲氏是中国文献记载中最早的智者之一，传说他具有像太阳和月亮一样神圣的美德，被称为太昊，是民间故事中的华夏民族始祖。《伏羲氏结网捕鱼》这个故事，家喻户晓。相传，他受蜘蛛网的启发，发明绳网，并教人用网打鱼，让古人掌握了一种技能，极大地改善了部落的生存状况，提高了他们的生活品质。这些是古代人们最原始的生存方式，也是我国的原始文明。

伏羲传授给古代人们的这种生存技能与本领，解决了他们的长久之饥。他一心为他人创造福祉，身上蕴含着独特的精神文化价值。李燕杰在所著的《伏羲人祖礼赞》中提道："伏羲氏作为人祖，是神话？是传说？还是历史？如果是神话，这种神话，显示了中华民族卓越的智慧。如果是传说，这种传说，留下口头相传中最美好的篇章。如果是历史，这段历史，更记录了我们先祖的光辉业绩。从神话、传说、历史中，我们深深感到伏羲氏是人文之祖，智慧之灵，教化之圣，铸魂之师。"

教师是一所学校的灵魂，建构教师的专业素养体系，组建一支高质量的教师队伍，是学校的立校之本。

《中国教育改革和发展纲要》明确指出：振兴民族的希望在教育，振兴教育的希望在教师。建设一支具有良好的政治业务素质、结构合理、相对稳定的教师队伍，是教育改革和发展的根本大计。《小学教师专业标准（试行）》中以"学生为本、师德为先、能力为重、终身学习"为基本理念，是我国为培养有高尚职业道德、掌握系统专业知识技能的小学教师制定的基本准则和基本专业要求。《中共中央、国务院关于全面深化新时代教师队伍建

设改革的意见》指出："百年大计，教育为本；教育大计，教师为本。造就
党和人民满意的高素质专业化创新型教师队伍。到2035年，教师综合素质、
专业化水平和创新能力大幅提升，培养造就数以百万计的骨干教师、数以
十万计的卓越教师、数以万计的教育家型教师。"

"雅者，古正也"出自《白虎通·礼乐》一文，从中可以看出"雅"字
有"标准的、正规的"之意。"雅"的本义是"文雅、美好"，引申成"高
尚、正直"。

2014年，习近平总书记在考察北京师范大学时发表重要讲话，勉励广大
教师做"有理想信念、有道德情操、有扎实学识、有仁爱之心"的"四有"
好老师。做"四有"好老师是习近平总书记对新时代教师的亲切勉励和殷切
期望。真正的教师是符合战略高度、为学生引路和受学生敬佩的，希望每个
孩子都能遇到好老师。

沙子口小学根据"四有"好老师的标准，按照"渔文化兴校，高素质育
人"的办学理念，要求教师做一名"渔雅教师"，即做一名高雅、博雅、精
雅、新雅的好教师。

高雅：做一名高尚雅致的高雅教师。教师要理想信念强，道德情操好。
理想信念是一个人乃至一个国家的精神支柱，是实现中国梦的思想基础，体
现了思想育人的导向。做好老师，就要有崇高的理想信念，心中要有国家和
民族，要明确意识到肩负的国家使命和社会责任，积极做中国特色社会主义
和中国梦的传播者，让一代又一代学子成为实现我们民族梦想的主力军。做
一名好教师，还应该品德高尚，这是教书育人的前提条件，体现了道德育人
的导向。教师要时刻铭记教书育人的使命，热爱自己的事业，率先垂范，甘
当人梯，以人格魅力引导学生心灵，帮助学生把握好人生方向，扣好人生第
一粒扣子；要有"捧着一颗心来，不带半根草去"的奉献精神，自觉坚守精
神家园、坚守人格底线，以自己的模范行为影响和带动学生。

博雅：做一名博爱细致的博雅教师。教师要仁爱之情浓，服务意识强。
这是教师的职业所需，体现了和谐育人的导向。爱是教育的灵魂，没有爱就
没有教育。教师的爱，既包括爱岗位、爱学生，也包括爱一切美好的事物。
教师要具有服务意识，成为学生的服务者，平等对待每一个学生，尊重学生

的个性，理解学生的情感，包容学生的缺点和不足，善于发现每一个学生的长处和闪光点，让所有学生都成长为有用之才。

精雅：做一名精致雅正的精雅教师。学识功底深、教学水平高是对教师的基本要求，体现了知识育人的导向。扎实的知识功底、过硬的教学能力、勤勉的教学态度、科学的教学方法，这些是教师的基本素质，如果知识储备不足、视野不够，教学中必然捉襟见肘，更谈不上游刃有余。所以，教师要甘当小学生，要面向世界、面向未来，多角度学习，不断丰富自己的思想，提高自己的认知能力，这样才能得到学生和社会的认可。

新雅：做一名新颖雅致的新雅教师。教育理念新、创新精神强是对教师更高层次的要求，体现了个性育人的导向。创新是一个民族进步的灵魂。发展独立思考和判断的一般能力，应该始终放在首位。如果一个人掌握了一定的科学基础理论，并且学会了独立思考和工作，他必定会找到属于他自己的探索之路。一个人创新的过程，就是运用所掌握的知识和技能进行独立思考，发现问题和解决问题的过程。教师要不断更新现代教育的理念，在教学中抓好切入点积极探索，突破舒适圈勇于创新。引导学生敢于求新求异，燃起学生对美好世界的向往之火，积极主动地参与学习。

二、"渔雅教师"具体实践

百年大计，教育为本。教师是教育发展的首要资源，担负着时代重任，这意味着广大教育工作者要发展兼具中国特色和世界标准的现代教育，为培养社会主义事业建设者和接班人发光发热。

沙子口小学结合"渔雅教师"的要求，进行了有效的探讨和实践。

（一）"渔雅教师"的人格培养

2014年5月4日，习近平总书记在北京大学师生座谈会上指出："教师承担着最庄严、最神圣的使命。梅贻琦先生说：'所谓大学者，非谓有大楼之谓也，有大师之谓也。'我体会，这样的大师，既是学问之师，又是品行之师。教师要时刻铭记教书育人的使命，甘当人梯，甘当铺路石，以人格魅力引导学生心灵，以学术造诣开启学生的智慧之门。"

教师要想把学生教育好，必须要有高尚的品质和积极的态度，只有良好的师德师风才是教师的根本。沙子口小学通过多策并用推进师德师风建设，建立一支拥有高尚师德的教师团队。

1. 加强师德师风的学习及培训

为落实"立德树人"的根本任务，学校始终坚持党对师德建设工作的全面领导，认真组织全体教师学习领会相关的教育法规文件及具体要求，并要求老师们及时整理学习心得；积极参与到学习强国平台学习中，引导教师自觉运用习近平新时代中国特色社会主义思想强化思想建设，提升自我理论水平和政治素养。

2. 开展师德师风建设教育月活动

学校通过倡议书、签订承诺书、老教师经验介绍、评选"最美教师"等活动，在全体教师中树立先进模范典型，强化师德教育并借助媒介，切实加强师德师风建设的宣传引导。

3. 建章立制，构建长效机制

学校先后出台了《师德学习培训制度》《师德建设承诺制度》《师德民主评议制度》《师德责任追究制度》等，健全完善制度体系，保证了师德师风建设的实效性。

这一系列举措，使得教师不仅用自己崇高的道德操行感染、教导了学生，也成就了高尚的自我。

案例1：

用心播种，以爱育人

曲岩老师是山东省优秀班主任，从事班主任工作21年，她用真诚的爱心去滋润每一个孩子的心灵。不管什么样的班级，只要到她手里，一定会发生奇迹般的变化，集体凝聚力特别强。每次接新班，她总是先跟前面的班主任深入了解学生情况，然后量身制订班级计划，再隆重向学生宣布她的班级计划，主题只有一个：老师下决心把这个班级带好，相信每个同学都能做好。

有一年，她接手一个差班，刚接班时，学生毫无集体荣誉感，上课捣乱、下课打闹、不写作业，卫生脏乱都是常态。经过全面摸排发现，班里大部分学生没有目标，对学习亦是自暴自弃。但她坚信，即使再差的班级里也有好学生。因此，她把组织班内的学优生商量团结学困生、建设班集体工作的方法。恰逢学校秋季田径运动会，她当即决定以此为转换点争优争先，让全班同学重燃希望。前期，她和体育老师积极配合，严训运动员，即使是微小的进步也及时表扬，充分调动运动员的斗志。学校运动会结束后，她班取得团体总分第二的好成绩，对学生来说，这无疑是极大的鼓励和认可。一次，学生在课间操集合时受到了体育老师的表扬，看着学生兴奋的样子，回教室后，曲岩老师趁热打铁又夸奖一番，从此，学生的活动集合队列变得更加整齐划一。多年来，在师生的共同努力下，她所带的班级多次争得流动红旗，先后被评为崂山区"先进班集体"，受到了学校领导、家长和师生们的一致好评。

曲岩老师经常用榜样的力量来潜移默化地改变学生，发挥正面典型的榜样示范作用引导学生朝着正确的方向努力。比如，在课堂遵守纪律、课间秩序、路队、读写姿势、值日、热心助人等方面，她都和学生一起发掘并树立班里的榜样。孩子们之间的良性竞争心理使他们自觉的以高标准要求自己。不管是谁，如果进步明显，都可以进入榜样之列，这就使学生有了赶超的动力，从而养成各个方面的好习惯。榜样还有镜子作用，帮助学生清楚认知并纠正自己的不足之处，如曲岩老师要求学生平日多留心其他优秀班级在升旗仪式、体育大课间活动、课间休息和放学等场合的表现，这样的直观教育，能让学生快速地规范自己的行为。

在教育活动中，曲岩老师借助多姿多彩的实践活动充分发挥学生的主体地位，一种角色、一份职责，都能让学生掌握一项本领、懂得一种道理，最终达到使所带班级逐步成为团结一致、和善友爱、奋发向上的优秀班集体。

案例2：

守望初心 最美绽放

刘春峰老师是青岛市学科带头人、教学能手，是一位教龄24年的老教师。作为一名数学教师，她充分认识到自己是课堂教学的实践者，在日常教学工作中从点滴入手，扎扎实实做好常规工作，精心钻研教材、研究教法，以先进的教学理念指导自己的课堂教学，积极探索高效、智慧的课堂教学模式，大力推进课堂教学改革，提高自己把握教材、驾驭课堂的能力，努力形成有独具特色的个人教学风格。

教学中，她始终坚持教为主导，学为主体，遵循知识本身的结构规律，结合学情不断更新教法。通过类比迁移，把知识点串成线再连成面，最后扩成网，帮助学生形成完整的认知结构，更好地培养和提高学生的思维品质。她鼓励学生敢于质疑，多多表达自己的想法。多年来的教学实践使她不断吸收新的教育理念、创新教学模式，教学相长，真正做到了亦师亦友。

同时，她还积极参与省、市级课题研究，并且将课题研究的思想融会贯通，渗透到教育教学中，落实在课堂上。平日里，她注重积累、记录教学案例等，在总结中不断升华，为成为专业化教师奠定坚实基础。她参与的省级课题《促进小学生数学素养形成的教学策略的研究》及山东省教研室重点课题《青岛版教材的使用与学生数学素养提升的研究》课题都顺利结题。2012年她撰写的论文在核心刊物《小学数学教育》发表，2015年撰写的论文再次在《小学数学教育》发表，还有一篇教学论文在《山东教育》上发表，多篇论文获得省、市一、二等奖。她还先后两次参与青岛市《配套练习册》《新课堂同步学习与探究》的编写。

大胆的创新使她在各项教学比赛中先后获奖：全国数学建模优质课比赛一等奖、青岛市优质课比赛一等奖、"一师一优课"被评为山东省优课、连续两年被评为青岛市"一师一优课"优课、崂山区骨干教师优质课比赛一等奖、崂山区优质课一等奖，并先后展示了青岛市数学公开课、城乡交流课、名师开放课、崂山区公开课等10多节区市级公开展示课，均获好评。她还先后在青岛市首届"翻转课堂"微视频比赛中获一、二等奖，在"青岛版小学数学优秀教学资源征集"活动中获得山东省一等奖。

（二）"渔雅教师"的专业发展

教师专业化是教育者专业成长的过程，是现代化教育发展的必然要求。一个好的教师能让学生一生幸福，一生受益。教师的专业化成长，体现了教师管理、师生关系的变革和转型，更是一所学校多维文化交融的关键。

打铁需要自身硬，国家和社会对教师的要求越来越高，这就需要每一名教师都要成为好老师，乃至成长为骨干教师、名师，其中教师的专业成长是必不可少的，沙子口小学一直在进行积极而有效的探索。

1. 抓好教师的阅读

教师教书，先要读书。在阅读中沉思，在沉思中实践，做好读书求学的引领者。吴非老师曾说过一个耐人寻味的比喻："优秀教师应该是一盏不灭的灯，而那'开关'就在他自己的手里，他的'亮度'在于他个人的修炼。"我们只有不断充电，让肚里有货，才可以在这漫漫长路中不断亮着，耀眼着，照亮更多学生前行的路。

教师需要均衡地阅读各类书籍。哲学类书目提高我们的思辨能力，文学类书目陶冶我们的情操，教育类书目增加我们的底气，专业类书目使我们更有才气。

学校定期购买大量教师专业发展需求的图书，每学期推荐1～2本图书让全体教师共读，包括《给教师的建议》《教学勇气》《正面管教》《教育中的心理效应》《教学工作漫谈》等教育名著。读书开阔了教师的视野，提升了教师的思想境界，助力了教师的成长。只有持续的学习才能使教师保持最"新鲜"的专业知识，才能说得上是一个真正的终身学习的教师！热爱阅读不仅仅是一种优秀的习惯，也是修炼自我的重要渠道。

学校自2019年12月7日以来，积极开展"燃梦行动，阅读打卡"活动，每位老师积极参与其中，坚持每天读书打卡，并通过微信写下自己的读书感悟。读书活动已进行了700多天，两年多的坚持，老师们平均打卡486.38天，平均读书26.43本，其中有9名老师打卡满勤，老师们的"燃梦行动"还在继续，他们在良好阅读习惯中营造书香满校园的阅读氛围。相信，丰富的阅读活动必将支撑着学校教师启迪智慧，实现自我。

2. 提升教师的培训

教师培训是贴近教师的工作实际，切实解决教师的需求，最终促进教师专业成长的强有力措施，它的覆盖面广泛，涵盖了职业道德、专业意识、综合素养、教育管理、科学研究、专业知识、专业技能等各个方面。近几年，随着教师培训活动如火如荼的进行，它所面临的最大问题逐渐显露——教师个体发展的内在动力急剧下降。

实践证明，内需比外需重要。教师培训一直浮于表面，并未成为教师们的内在需求，更多时候，教师培训是教师们非情愿乃至排斥的活动。所以，学校要改变培训的方式。培训过程中，解决教师日常教育教学中的实际问题和困惑，并且教给教师日后举一反三的方法，最终通过不同的培训重塑教师的认知观、教育观。坚持给教师创造良好的发展空间、时间、支持，形成良好用人导向和科学评价机制，为每位教师搭建一个展示最好自我的舞台。

学校加强教师培养工作，完善并落实教师发展三年规划。将全校教师划分为新教师、青年教师、老教师、骨干教师、名师五个梯队，按规划实施分层培养，为各层次的教师搭建成长平台，促进教师专业化发展，加强通识培训。

学校利用每周一下午的业务培训时间，组织全体教师进行教育理论、专业知识、名校和名师经验的学习，提升教师的理论水平。开展"互联网+"教师专业发展与信息技术应用能力2.0课程学习相结合的培训，通过网络学习，拓展知识面，提升业务能力、班级管理水平、安全应急处理能力和现代化教学水平。

学校开展"寻优对标"活动，加强与上海市金山区第二实验小学、青岛立新小学的"寻优对标"对标，从学科教学、教师素养提升、课题研讨等方面加强交流，定期开展活动，教育资源共享，推动了学校教学工作、教师素养的提升。

学校实施"名师工程"，建立曲岩语文工作室、刘春峰数学工作室，做好专业引领，推动年轻教师专业成长。

学校重视名师和骨干教师的培养，借助崂山区网络教研平台资源，组织线上学习观摩名师课堂、讲座，提供条件让老师们走出去学习培训等；让名师带徒弟，在指导徒弟进步的过程中，自己也随之升华，压重担让骨干教师承担校级示范课，向青年教师传授驾驭课堂的技巧、教授知识的方法以及课堂需要注意的问题，很好地提升了整体教学效果。

学校深入实施"青蓝工程"。师徒职责分明，有落实，有过程，有考核。提升骨干教师教学实践能力和指导带教能力，使新教师在成长路上有关注、有动力、有方向，助推新教师顺利起步，快速发展。

学校开展"四个一"夯基活动，即每周练一篇钢笔字、每周画一页简笔画、每周记一次读书笔记、每周写一次粉笔字，每周三进行展示，强化教师基本功和业务水平的提升。

3. 优化教师的反思

教师的反思是针对自己教育教学活动过程和结果的思考，是教师提高工作效率、自我专业发展的核心，是从"低效教学"到"高效教学"的跨越。

据此，学校教师每月定期在教研组大集备活动中交流本月最有价值、最典型的一篇教学案例反思，案例反思中必须体现教师或学生讨论和思考的具体的教育教学事例，即"优秀反思案例=精彩教学故事+教育理论依据+中肯的点评"。

通过教学反思，教师会对自己教育教学的各个环节进行深刻剖析，进而以此为契机开展教学研究，形成了自己独到的见解和教学特色。

4. 营造合作文化

我们经常看到大雁排成"人"字形飞行，经研究，这样的团队飞行模式比大雁单飞节省约71%的体力。因为在长途飞行中，"人"字形中充当领头的大雁鼓动翅膀，会产生微弱的上升气流，后面的雁群就利用这股气流的冲力，减少空气阻力，能在高空中滑翔，这种飞行模式为每只大雁最大限度地节省了体力，并因此减少休息时间，提升了飞行速度。教师队伍的发展犹如雁群飞行，这也启示我们：要充分利用"合作"的力量。

学校教师合作的形式多种多样，主要采取了以下路径：集体备课、听课——评课、师徒结对、青蓝工程等，同时结合时下正在兴起的新方式：同课异构、课例研究、教师论坛、教师工作坊、名师工作室等，在过程中通过团队评价、建立教师合作组织，促进合作与交流，快速提升教师能力。

（三）"渔雅教师"的业务成长

优质教师队伍为学校的发展注入不竭动力。校长不仅仅是一所学校的管理者，更是教师专业发展的领导者和服务者，要对每个教师的特点、优势、劣势都了如指掌，并结合他们的发展状况予以指导。

首先，校长要对学校的教师发展工作有一个清晰认知和规划，通过学校教师专业发展摸底，详细了解本校教师当前自我规划，掌握教师培训方向，科学开展培训工作。为此，在全校教师会上，校长将教师的发展构想进行了讲述，让他们对自身的发展有目标、有规划、有行动。

第二，以"基本功"来带动教师专业发展。娴熟的基本功是作为一名教师的基础，学校坚持让教师练习粉笔字、钢笔字，练习简笔画，学习教育信息化手段，长期的练习，造就了学校教师过硬的基本功。

第三，作为教育的引领者，帮助教师树立问题意识，找到影响自身发展的核心问题，有的放矢地进行补救、改观，最终成就最好的自己。

第四，邀请高校专家、一线教育专家做报告，进行专业引领。从教育核心理念、科研课题、校本培训、学科专业等角度提供系统化、科学性指导，为教师答疑解惑。聆听专家的讲座，让教师茅塞顿开，使得教师在教育教学、班级管理等方面有法可依，有章可循。

第五，客观评价教师。教师专业发展的一个重要维度是教学水平，学校会制定一系列评价标准，力求客观评价教师的专业能力。比如师徒结对同上一堂课、骨干教师课堂教学比赛、青年教师优质课比赛、教学案例设计比赛等等，以此来调动教师教学的积极性。

第六，比赛活动促成效。学校积极创造条件，开展多种活动，推动教师发展步伐。为了加快青年教师培养进程，实现青年教师的专业成长，学校每学年都会举办新教师模拟课堂比赛、青年教师优质课评选活动、基本功大比武活动。尤其是"青蓝工程"的实施，通过师徒帮扶结对共同成长，是学校的传统，目的是借此充分发挥"师傅"教师的示范与传、帮、带作用，帮助"徒弟"青年教师不断提高各项能力，激励青年教师"一年快速成长、两年挑起大梁、三年成为骨干"。此外，骨干教师的"精彩课"展示活动，党员"立杆课"活动，教研组的同课异构等，已经是学校的常态化工作，这些活动极大地推动了教师的专业化发展之路。

（四）"渔雅教师"的幸福追求

幸福是人生的主题，是每个人的毕生所愿，怎样让教师得到认可、尊重，实现自身的价值，感受到职业幸福感，学校一直在不断探索。

学校利用"三八妇女节""五一劳动节""教师节"等各种节日，组织评选"最美教研组""最美教师""最美班主任"，树立身边的榜样；平日开展类型多样的文体活动，如跳大绳、投篮比赛、定点射门比赛、拓展活动、元旦联欢会等，奖励获胜集体，增强了教师的团队协作和竞争意识；通过师德演讲比赛、好书分享会、"燃梦行动"颁奖典礼等多种渠道对教师进行专业引领。让每一位教师感受到学生的尊重、家长的认可、教学的胜任感及自身的成就感，让教师时刻品味着职业幸福。

以教师发展为前提，以学生成长为源头，我们的学校才会成为让家长、让孩子、让社会满意的好学校。

（五）"渔雅教师"的高效研训

习近平总书记指出，广大教师要牢固树立终身学习理念，加强学习，拓宽视野，更新知识，不断提高业务能力和教育教学质量，努力成为业务精湛、学生喜爱的高素质教师。

北京小学的李明新校长指出："有了面向未来的教育诉求，教育才有理想和希望，学生才能发展和完善。"

随着信息化时代的来临，信息技术和教学融合俨然成为教育现代化的趋势。现代高端信息技术在课堂教学中的广泛应用，快速实现了教育教学的信息化、网络化和策略化。2021年9月30日，青岛市"双减"举措成功入选教育部落实学校"双减"的典型案例，青岛市崂山区《依托信息技术，优化作业管理案例》成功入选，学校成为课堂云平台的样本学校，在信息技术2.0背景下，教师依托云平台实现了课堂的"渔趣渔乐"，正在积极探索信息化教学之路。所以说，人工智能时代，教育需要面向"未来"，形成终身学习观念，是每一位优秀教师必不可少的素养。

1. 保质保量完成研修活动，扎实有效

为了推动本次研修活动，学校对现有信息化概况、教师信息化应用水平现状、特长优势及薄弱环节做充分的剖析，并结合崂山区《关于进一步做好中小学幼儿园教师信息技术应用能力提升工程2.0推进工作的实施意见》召开了管理团队部署会，反复强调此次信息化技术培训的关键作用。随后学校举行信息技术应用能力提升工程2.0全员培训会，以《推进能力提升工程2.0，打造高素质教师队伍》为主题做了培训。会后，各教研组根据会议部署纷纷展开学习，并通过"结对子"建立互帮小组，打造年级学科组内信息化教学"微型创新团队"，重点解决教师信息素养多级分化的问题。此外，教研组还聚焦"微能力点与学科课堂的应用"主题，进行"一课三磨"启动工作。

2. 开展研修工作，稳中求进

根据学校的"两案"，各教研组根据研训主题，开展观课、评课、研课、磨课活动，开展研讨案例等校本研修活动，以课例研讨为载体，提高教师信息化水平。

围绕线上线下所学，各教研组共开展两轮研修活动。首轮集体备课、上课后，整个教研组围绕"执教教师反思、课堂观察交流、集体评课研讨"三个环节展开活动，经教研组深度磨课后进行第二轮观课评课，真正实现了差异性教学、个性化学习，大幅提高了课堂教学的实效性。在两次研修过程中，各教研组按照学校《"渔趣课堂"教学评价标准》检查各位老师提交的教案和课后反思。

与此同时，学校组建了校级管理团队，基于对课堂需求和学科特质的分析，确定有助于学校教学深化实践的20个信息化教学微能力点，指导教研组根据学科特点和学科信息化侧重点选取微能力点。选拔信息素养高、责任心强的教师担任各学科组种子教师，全程参与校级线上研修，架构起纵横联合的推进模式。

学科组组建了项目研修共同体，开展"微能力点在学科课堂的有效实施"主题研讨，解读能力点任务，依据学科核心素养和学科教师信息化水平，制定学科组发展规划，明确不同年龄段教师的研修任务和提升标准。各学科组组织教师，利用节假日完成25课时的远程研修。

年级学科组聚焦"微能力点与学科课堂的应用"主题，进行"一课三磨"。一磨，即种子教师执教示范课，带头分析课例，实现理念引领；二磨，即同课同构，推动微能力点在学科内的转化；三磨，即同课异构，实现微能力点应用的灵活呈现。通过课例打磨，有效解决了技术与课堂融合浅表化问题，建构起具有学科特色的信息化课堂体系。

学校为提高信息化教学水平，还开展了课堂教学云平台应用观摩活动。英语教研组从教学实际出发，从备课、上课、作业布置及个性化讲解纠错等方面，细致地介绍了学校在"双减"政策下如何精准高效地利用海大课堂云平台，真正做到精准教学，形成有效做法并取得的成效。课堂教学云平台的使用深化了信息技术与学科的深度融合，使我们的课堂教学迈上了新台阶，极大地提高了教学质量。

3. 树立终身学习观，做"未来教育"

习近平总书记强调："在信息时代做好老师，自己所知道的必须大大超过要教给学生的范围，不仅要有胜任教学的专业知识，还要有广博的通用知识和宽阔的胸怀视野。好老师还应该是智慧型的老师，具备学习、处世、生活、育人的智慧，既授人以鱼，又授人以渔，能够在各个方面给学生以帮助和指导。"

每一次培训活动，学校教师都会及时记录学习中的点滴所得，并将所学转化、应用到自己的教育教学工作中；教师们会时常撰写教学反思，利用课余时间自行学习最新的教育信息技术和教学理论，使自己的教学富有创造力、富有新颖性。只有通过树立终身学习观，才能让每一位教师都能做"未来教育"，培养"未来人才"。

三、"渔雅教师"成果展现

对于一所学校来说，好的老师才是学校的灵魂和核心。人民教育家陶行知在创办晓庄师范时提出"要有好的学校，先要有好的教师"。一所优秀的学校发展所依赖的一定是一群好的教师，一个奋力进取的优秀教师团队，只有这样，学校的发展才能蒸蒸日上。

近年来，沙子口小学的优秀教师层出不穷：山东省优秀教师刘春香，山东省优秀班主任曲岩，齐鲁名校长刘洪涛，青岛市最美教师汪萍，青岛市学科带头人刘春峰，青岛市教学能手宋岩、王雪红、刘春香、刘春峰，共有60

多人次获评省市区级先进，还有更多默默无闻的好老师。每一位优秀教师，每一位好老师就是一面旗帜，他们付出着、耕耘着、收获着、成长着，他们是以德施教、以德立身的楷模，用自己的言行影响着身边的老师和学生，汪萍老师就是其中的一分子。汪老师54岁，一直工作在教学一线，从事语文教学工作，常年担任班主任，是一位学校放心、家长称赞、学生爱戴的好教师。她在师德教育活动月中的发言稿，感动了每一位教师。

案例3:

守初心　铸师魂

（汪萍老师在师德教育活动月中的发言稿）

30多年的教育生涯，没有轰轰烈烈、惊天动地的故事，只因我们做的是平凡的工作。但是如果能坚持把平凡的事做好就是不平凡。

一、学高为师，身正为范

1991年7月，我怀揣热忱，踏上了义务教育的"三尺讲台"。孩子们的一声声"老师"让我感到了肩负的责任之重，也坚定了我为教育奉献终生的决心。

30多年教学过程中几乎没有因为个人原因请过假，也没给学生耽误过一节课。即使在2019年下半年，肩周炎到了最严重的时候。当时我两只胳膊都疼得无法向上抬起，上课需要板书时必须用左手托着右胳膊肘才能勉强在黑板上写字，穿衣服、系扣子都成了难题，晚上肩膀疼得无法入睡，只能坐起来靠在床头上休息片刻，爱人劝我说："实在扛不住就请几天假吧。"可是我知道小学的孩子最依赖的就是班主任，一个班级一天没有班主任都不行，所以第二天早上我又默默告诉自己再坚持坚持吧，就这样每天早读时我都准时出现在班级里。

二、以爱育爱，培智润德

因为有爱，我学会了用欣赏的眼光肯定学生，不断树立学生的自信心和自尊心，让他们都能享受到成长的喜悦。

有一次音乐课，突然有学生来办公室找我说："汪老师，音乐老师让你赶紧去教室看看，同学们都从音乐教室回来了。"我连忙停下手里的工作，快步走进教室。教室里十分安静，音乐老师站在黑板前一言不发，见我进去，忙解释刚才发生了什么事。原来趁老师转身板书的间隙，牛牛已经从最后排冲到了前排，正准备和明明开战……听到这里，我用略带生气的语气说"牛牛，到办公室门口等我！"只见牛牛怒气冲冲地离开了座位，拉开教室门，然后用力一甩，教室门"咣当"一声关上了，那声音震耳欲聋。这时，我的嗓门也不自觉地提高了几个分贝："牛牛，你回来！你为什么摔门而出，你摔谁呢？"只见牛牛返身回到教室，歇斯底里地回应我"我没摔！是风太大了！"经牛牛这么一提醒，我才注意到当天的风确实有点大。也许牛牛不是有意摔门的，可能是我冤枉了他。为了缓解尴尬的气氛，我压低了声音，像自言自语似地问："是风大吗？"他依然大声吆喝："是……"我看他在这种不冷静的状态下根本无法解决问题。于是，我轻轻地走近他，拉着他的小手说："牛牛，你看看老师在刮风的情况下是怎么关门的。"他不说话了，静静地看着我，我用手拉着门把手，并且有意识地朝反方向推着，门被轻轻地带上，没有发出一点声音。我趁机问他："现在仍然像刚才一样在刮大风，为什么门没响呀？"经过这一番引导，牛牛的火气已消了一大半儿了，我赶紧趁热打铁："牛牛，你能像老师这样把门关上吗？"他点了点头，轻轻地关上了门。

教育教学工作没有剧本，每一天都会状况百出。先解决情绪，再解决问题，这样才能事半功倍，老师的心态决定了教育的效果。

三、恪尽职守，任劳任怨

我今年已经54岁了，仍然担任着班主任及语文教学工作。古语有云："家有隔夜粮，不做孩子王。"当老师的都知道，班主任工作虽无大事，却纷繁复杂，千头万绪，尤其是新冠疫情发生以来，各种相关工作纷至沓来，许多年轻的班主任每天都累得筋疲力尽，叫苦不迭。可我却觉得这是一种修炼。"搬柴运水无非妙道"，把心态摆正了，干什么都心生欢喜，怎么会累呢？

习近平总书记在2019年国事访问期间的一番肺腑之言——"这么大一个国家，责任非常重、工作非常艰巨。我将无我，不负人民。我愿意做到一个

'无我'的状态,为中国的发展奉献自己"感动了无数人。一国领袖,尚能如此,我们还有什么不能放下?

诚如陶行知先生所言,"捧着一颗心来,不带半根草去";我热爱教育、热爱学生,我愿成为一束光照亮孩子们前行的路。

四、读书明理,潜心悟道

一个人要想在工作中张弛有度,感受职业的幸福,除了拥有仁爱天下的大我情怀,还需要智慧的提升。提升智慧最好的、最快捷的办法就是读书。比如儒家的四书五经,道家的《老子》《庄子》,佛家的《六祖坛经》等。这些经典构成了中国文化的土壤和脉络,是中国文化能够自强不息,人才辈出的生命源泉。

我们人生面临着很多问题,中国的这些典籍都有深刻的思考和回答,比如对于人生的方向,儒家告诉我们"仁者,人也",这是指一个人真正的目标,应该是成为仁人,成为有修养、有智慧的真正意义的人,而不是生物意义的人。比如《论语》告诉我们:没有人是完美的,都有各种各样的缺陷,所以需要明白"吾日三省吾身""三人行必有我师焉"的道理。在人际关系方面,孔子告诉我们:和人打交道的时候不能极端自私和狭隘,要懂得"仁者爱人""己所不欲,勿施于人"。

所以,我们还是应该抽出一些时间真正读几本好书,尤其是圣贤书,当你能够穿越时空,能够通过阅读向历史上的智者和英雄请教和交流的时候,你就会感觉读书乃人生一大快事!

大海航行靠舵手,万物生长靠太阳。我们美丽的沙子口小学已经有了领航舵,相信在舵手刘校长的引领下,我们一定会乘长风破万里浪,最终到达风景迷人的理想彼岸!

摘几句名言和大家共勉:

1.择高处立,寻平处住,向宽处行。

2.技在手,能在身,思在脑,从容过生活。

3.格物、致知、诚意、正心、修身、齐家、治国、平天下。

4.让我们的孩子远方有灯、脚下有路、眼前有光。

感谢老师们的耐心倾听,不当之处,敬请批评指正。

汪老师是学校优秀教师的代表，这样的好老师在沙子口小学还有很多，学校正因有这样一批爱岗敬业、甘于奉献的好教师，才成就了学生的全面发展、学校的长远发展及教育的优质发展。

榜样具有强大的驱动力，能够使人奋进。在楷模教师的带动和影响下，学校的每一位教师都以"渔雅教师"的标准要求自己，努力做到"高雅、博雅、精雅、新雅"，牢固树立"以德育人、以智启人、以体强人、以美化人、以劳立人"的目标。

四、"渔雅教师"未来发展

习近平总书记对教育事业、对教师职业十分重视，曾数次强调"教师是传播知识、传播思想、传播真理的工作"。教育之所以能够存在，先决条件就是要有一个具备合理的结构、良好的教育质量的团队。只有有了这些"引路人"，教育活动才能得到有效组织、改善和发展。

为此，在学校整体办学目标和发展愿景的框架下，沙子口小学对"渔雅教师"工程的实施提出了新的发展目标规划和推进措施。

（一）强化师德师风建设

学高为师，身正为范，这是为人师的基本要求，而高尚的师德，则是一名教师称其为"教师"的灵魂。师德高尚的教师，会对学生付出真诚无私的爱，努力做学生的良师益友；人格高尚的教师，会处处以身作则，潜移默化地影响学生。好师德塑造出好教师，好教师培养出好学生，好学生谱写出好未来。要紧紧围绕全面实施素质教育的目标要求，坚定不移地推进师德教育，使师德教育贯穿于教师教育的全过程，指导教师在教育教学实践中提升师德水平，提高综合素质。

1. 完善制度，强化监督

进一步优化学校的师德考核办法，加大师风师德在教师各项考核中所占的比重，在选拔、评估、晋升、职称等重大环节上实行"师德一票否决制"；建立近期整改措施和长效发展机制相结合的体系，实施奖惩机制，做到赏罚严明，对师德高尚者加大表彰力度，对不重视师德修养者做到严肃处理。

2. 活动浸润，加强宣传

组织好每年一次的师德教育活动月，组织教师收看道德模范、先进教育工作者事迹报告会，使全体教师重树教育责任感和使命感，真正做到热爱教育、热爱学生；组织师生开展"我眼中的_____老师"师德征文撰写活动，挖掘教师中的典型事迹，通过学校宣传栏、红色文化长廊、媒体、微信公众号等载体，加强对身边的优秀教师的事迹宣传，营造浓厚的师德教育氛围。

（二）分类施策培训教师队伍

教师培训是推动学校和教师发展的动力，是提高师资队伍水平的必经之路，是学校教科研工作的重要保障。针对学校青年教师比重大、教学经验不足、教育教研能力薄弱的实际情况，分类施策的教师培训是必然选择，以此促进教师队伍精良化发展，为建设一支具有高水平、高素质的教师队伍打下坚实基础。

1. 加大校本研修的力度

积极推进建设校本研修制度，抓好教师的梯队建设，不断总结经验。将以"推动课堂模式改革"为抓手，继续走"专家引领、同伴互助、实践反思、持续改进"之路，把持续学习和积极研究作为教师发展的必经之路，以此促进各梯队教师不断发展；同时，鼓励教师积极参与更高层次的在职教育，全面提高个人专业能力。

2. 提升教师培训的实效

结合学校的发展目标和教师的自我发展需求，实施分梯度培训。除了按照教育行政部门的要求完成常规培训任务外，每年制订学校年度教师培训计划，包括针对新教师开展跟学性质培训，提升教师教学能力；针对专任教师开展专业建设能力培训，提高各专业教育教学水平；针对骨干教师和学科带头人开展提升性培训。另外，根据不同的专业建设需求，针对各学科开展相应的专业教师培训和普及性培训，打破学科专业壁垒，力争在短时期内快速为学校薄弱学科、教师紧缺岗位培养专业人才，为学校培育一批具有深远眼光、教学水平高、业务能力强的教师，也为学校未来好教师队伍建设夯实基础。

（三）大力培养创新型教师

美国心理学家波斯纳提出"成长=经验+反思"。一个教师不对自己教育进行反思、改革、创新、提升，他永远只能停留在一个新手型教师水平上，但新手型教师会逐渐被社会所淘汰，因此，教师潜能的开发和教师个性的发展可以使教师的活力得到竞争和提高。

1. 加强创新型教师团队建设

努力创造各种条件，重视建设创新型教师团队，如"课堂改革研究团队""教学科研团队""信息化教学团队"等，推行可靠有效的团队建设，促进基础教育教师专业发展，不断完善高层次教育人才队伍支持服务体系，尽快培养一批新的骨干教师和名师，为教师探索教学方法改革和创新途径铺路。

2. 支持教师进行课堂教学改革的研究

根据《青岛市"十四五"教育事业发展规划》中提到的"构建以校为本、基于课堂、应用驱动、注重创新的教师信息化素养发展机制"这一要求，学校要结合"渔趣课堂"，依托课题研究，积极鼓励教师对现有课堂教学模式进行创新转型。在善于反思的层次上着力研究、改革促进学生自主学习、合作学习、探究学习、项目式学习等新型教学形式，结合学科特色，总结实践中的规律和发展路径。

3. 提升教师能读会写的综合能力

学校开展教师"燃梦阅读"行动已有两年有余，教师在阅读中丰厚自我，不断成长。但是，一个优秀的教师还要做到自我反思，要能将做过的工作写出来，这样做可以快速提升教师专业化水平。今后要加强教师阅读的引导，写作的培训，鼓励教师写教学反思、教育与生活感悟等，并发表出去，让阅读和写作成为沙小优秀的"渔雅"教师的习惯、时尚、必须。

（四）提升教师课程实施水平

"双减"政策的实施和新的《义务教育课程方案》的颁布，对教师的能力提出了更高的要求。未来教师不应该只是简单传授教材知识的教书匠，而应该成为学习的设计师，构建多样化的丰富课程，从关注教转向关注学，从关注知识的回忆与再现、技能与概念，到培养学生面对问题、解决问题的综合能力，再到关注学生核心素养的培养。

1. 通过培训引导教师树立大课程观

让每个老师能清晰地认识自己所教学科的教育意义，进而超越学科知识，从人的全面发展的角度来看待自己的学科。

2. 倡导思想解放，鼓励教师进行教学改革

解放教师的思想，让教师能够从课程的角度对现有的教材和教学提出自己的看法并进行教学改革。通过校本教研的形式，让每个教研组梳理出本级部各学科适合进行课程整合的点，确定研究方向，制订实施计划，着力进行教材的再加工，再创造。

3. 想方设法，搭建教师展示平台

通过论坛、交流会、展示课等，不断提升教师将国家课程校本化的能力，提升教师专业素养。

4. 进行课程整合探究

要求教师对所教的学科有清晰的认识，能够掌握学科教育的实质和规律，有明确的思路，能灵活运用教材，挖掘教材中有利的课程内容，组织学生进行大单元教学。教师必须具备一定的课程统整能力，进行跨学科的课程内容整合研究，组织学生进行项目式、探究式教学，提高自己的课程实施水平。

（五）教育信息化激发活力

高科技发展迅速的趋势下，以新技术激发教师新活力、发展新动能已迫在眉睫，学校要以问题为导向，以信息化教学为重点，鼓励教师改变传统的教学思想，以适应信息时代的发展，提高教师利用人工智能技术解决问题的能力，大力提升信息化素养和信息化教学能力，从而提高教育品质。

1. 强化教师信息技术培训工作

开展理论与技术应用培训，探索数字教学方式，不断提高教师的整合能力。学校要定期为教师举办各种形式的培训活动，传授新的信息技术，使教师通过网络及时了解各类教育教学改革信息，了解最新的教学研究动态，久而久之，逐渐培养其将信息化与学科教学融合的自觉主动意识。

2. 引导教师优化课程评价体系

配合学科课程资源的"空中课堂"，利用网络上的优质教学资源，继续优化学生网络化课业评价数据系统，建设专业化、智能化教学平台，利用平台记录教师教学活动，为教师自我评估提供客观数据，帮助教师养成积累一手教学资源的习惯，以此促进教师的螺旋式提升，有效提升教育教学实效性。

3. 促进教师的专业发展

发挥信息技术在教师专业发展中的手段优势，坚持走自己的发展道路，有计划、有目的地全面加强教师的素质建设和能力培养，不断为学校培养优秀的"渔雅教师"，为学生提供更优质的教育资源，为教师专业发展提供技术支持。

第七节　渔文化兴校与"渔韵校园"

一、"渔韵校园"基本理念

校园文化源于历史、立足现实，是学校教育的重要组成部分；是学校精神文化、环境文化、行为文化和制度文化的有机统一；是促进学生素质提高和全面发展的必要环节；是形成"全员育人、全过程育人、全方面育人"的德育工作模式的重要载体；是贯彻党的教育方针、实现立德树人根本任务、实施五育并举、推进"三全育人"的根本需要，对未来师生的思想、行为和倾向，起到引导、凝聚和激励的作用。学校在校园文化建设中一定要突出育人，要以人为本，以学生为中心，站在学生的角度上研究校园文化的特点，深入研究校园文化的创造、积淀和传承，充分发挥校园文化的文化育人功能，以文化人，用校园文化来达到潜移默化和耳濡目染的育人作用。

自2019年起，基于学校校园文化建设的思考，沙子口小学开始实施"渔韵校园"工程。这不仅仅是搞几个雕像、贴几幅标语、建几个设施，其更深层的内涵是精神层面的，反映的是学校的风气、氛围、凝聚力、向心力，展现的是学校师生的成就感、归属感、使命感。校园文化建设要以人为本，以学生为中心，旨在促进学生的自主成长、全面发展。

"韵"的本义是和谐悦耳的声音，在古代是诗词格律的基本要素之一；在现代汉语中，常用义为风度、情趣、意味等。"韵"可解释为"有余意之谓韵"，也可与"风""神""气""清"等其他范畴相组合，表达各有侧重的审美感受。在文学史上，"韵"逐渐转变为一个具有独立审美价值的批评范畴，指一种超越艺术技巧层面的审美体验。例如，北宋范温言："夫惟曲尽法度，而妙在法度之外，其韵自远。"方东树云："韵者，态度风致也。如对名花，其可爱处，必在形色之外。"由于"韵"范畴的内涵以含蓄蕴藉、清空邈远为主，符合文人士夫的主流审美，因此，自魏晋开始就被广泛用于书画理论、人物品藻；自唐宋以来在诗词批评中也自成体系。

　　沙子口小学以中国渔文化的人文精神以及"熏陶、濡染、启迪、激励"的教化功能，推动"渔韵校园"的构建，形成以人为本的学校精神文化建设，以"畅游文化海洋"为设计主线的环境文化建设，以常规养成教育为育人功能的行为文化，以评价和激励为功能的制度文化建设；结合学校开展的"渔润德育""渔海课程""渔趣课堂""渔阳学子""渔雅教师""渔韵校园""渔和管理""渔红党建"八大工程，使校园文化呈现出高雅的精神文化、精致的物质文化、优良的行为文化和严谨的制度文化，形成相得益彰的鲜明文化特色。

二、"渔韵校园"具体实践

　　校园文化是学校在教育实践中逐渐形成的，并为学校成员认同的以价值观为核心的群体意识和群体行为规范，是先进的社会文化组成部分，是学校提升办学水平的精神动力。沙子口小学基于沙子口的地域特色，积极打造具有浓厚"熏陶、濡染、启迪、激励"氛围的"渔韵校园"。

（一）提升精神文化建设，为学生成长创设优良环境

校园文化建设的核心是精神文化建设，这是校园文化建设的高级层次。

1. 办学理念

渔文化兴校，高素质育人。

2. 办学目标

办一所理念先进、环境优良、教师敬业、学生喜爱、质量上乘、特色鲜明的现代化学校。

3. 学校精神

聚沙成塔，勇攀高峰。

解读："聚沙成塔"的意思是把沙子堆成宝塔，比喻积少成多。沙小的老师和学生就像一粒粒"沙子"，看起来松散渺小，但是经过不断磨砺，不断积累，最终变成了一颗颗美丽晶莹的"珍珠"，凝聚成了高大坚固的"宝塔"。

"勇攀高峰"的本义是不畏艰险，勇敢地攀登高山的顶峰。这里比喻克服各种困难取得事业、学术上的巨大成就。这是沙子口渔民面对艰难险阻时的真实写照，也象征着沙子口小学的全体师生不怕前路漫漫，不惧风险挑战，在教与学的道路上披荆斩棘，勇往直前，最终登上巍巍顶峰。

4."一训三风"

（1）一训。

校训：尊师　习坎　守道　修身。

尊师：人人尊师，终生学习。知"尊师"方"重道"。以"尊师"作为校训之首，目的是从学校、家庭和社会三个方面全方位打造学校浓郁的人人尊师重教的文化气象和文化品牌。"尊师"更是寄托了学校对"渔阳学子"懂得感恩、心怀大爱的殷切期望。

习坎：本质是通过习行各种"坎"险，克服困难，达到自主成长。这既是中国传统文化在当下教育的应用，也是学校整体对师生综合品质的考量标准。面对未来错综复杂的挑战，我们的"渔阳学子"不畏艰难，勇于向前；面临稍纵即逝的机遇，我们的"渔阳学子"审时度势，能把握机遇，掌控大局。

守道：是对中国传统文化的继承和发展，也是对学校全体师生员工生活、工作和学习的伦理规范，同时也是对师生人格塑造的永恒法则。学校要求全校师生员工守住中国渔文化的人文精神传递的精神追求、道德情操、文化素养和心理品质。

修身：每位"渔雅教师""渔阳学子"都要将陶冶身心、涵养德性、修持身性作为做人的终极目标，由简到繁，由低到高，由小到大，在人生的每个阶段都时时检束自己的身心言行、锻炼自己的意志品质、培养自己健康向上的人格，成为对家庭、对社会、对国家有用的人。

（2）三风——校风，教风，学风。

校风：务实和谐，逐渔善创。

解读：务实是学校应该追求的，和谐也是渔文化中的核心思想。逐渔善创，首先意味着学校教育的最终目的是为了使学生获得终身发展的能力和方法；其次"逐"字具有动态性、活动性，意味着教育教学都是在活动中、过程中进行的，具有主动性、自主性的意味。不仅仅学生获得了终身受益的能力和方法，而且教师也在与学生的互动中形成了师生平等学习、共同"逐渔"的美好情境；再次，善创意味着学校在教育、教学等方面要善于创新和勇于创新，以实现育人目标。

教风：爱生敬业，咏渔善导。

解读：爱生敬业是教师的基本要求。"咏"指"咏赞、咏颂、歌咏、追崇"，与"渔雅教师"的内在一致；"导"与"授之以渔"呼应；"咏渔善导"则指教师坚持追求学生学习方法和能力发展的教学目标，注意引导学生的自主发展。

学风：自主合作，乐渔善思。

解读：自主合作体现了学习的个体性和社会性的统一，关注学生的个体差异和不同的学习需求，充分激发学生的主动意识和进取精神，引导学生在自主活动和互相合作中全面提升自己的学习能力。"乐渔善思"指的是学生愿意主动探究、享受探究过程并善于思考，与"渔趣课堂"和"渔阳学子"的内在一致。

"三风"与学校三栋教学楼"咏渔楼""乐渔楼""逐渔楼"的名称对应，形成体系。

5. 两大领域，八大工程

两大领域：渔融五育、渔促管理。

八大工程：渔润德育、渔海课程、渔趣课堂、渔阳学子、渔雅教师、渔韵校园、渔和管理、渔红党建。

6. 培养目标

经过小学六年的学习生活，使"渔阳学子"有担当、会生活，有个性、会合作，有理想、会学习，成为自我管理、个性张扬、全面发展的阳光少年。

7. 校徽

以"沙"字为主要元素进行创意构思。

（1）标志整体抽象成"沙"字形状，直观体现了地域文化特色。流动图形犹如一条河汇入大海，海水生生不息，体现学子的形态与品格；寄语学子能够具有像河流一样不舍昼夜、勇奔大海的精神，惜时执着，不忘初心。

（2）标志是水，又是鱼，鱼是前途美好和自由的象征，无论是溪流还是风浪翻卷的海水，都要勇往直前，追寻理想。同时，标志中的三条"鱼"代表教育教学中三个目标维度即三重境界：第一重境界（鱼）"知识与技能"；第二重境界（渔）"过程与方法"；第三重境界（欲）"情感、态度、价值观"。从另一角度看，三条鱼三种颜色，绿色代表清新、希望，是生命；蓝色代表智慧、博大，是永恒；橙色代表富足、欢快，是激情。

（3）校徽图案（图3-7-1）象征着学子孜孜不倦的学习精神，传承着中国传统文化，烘托出学校教书育人的使命："书犹药也，善读之可以医愚。"书就像是汪洋里的一座灯塔，为我们指明人生方向，带给我们智慧，滋润我们的心灵。

图3-7-1 校徽

8. 校歌

普及版：

启 航

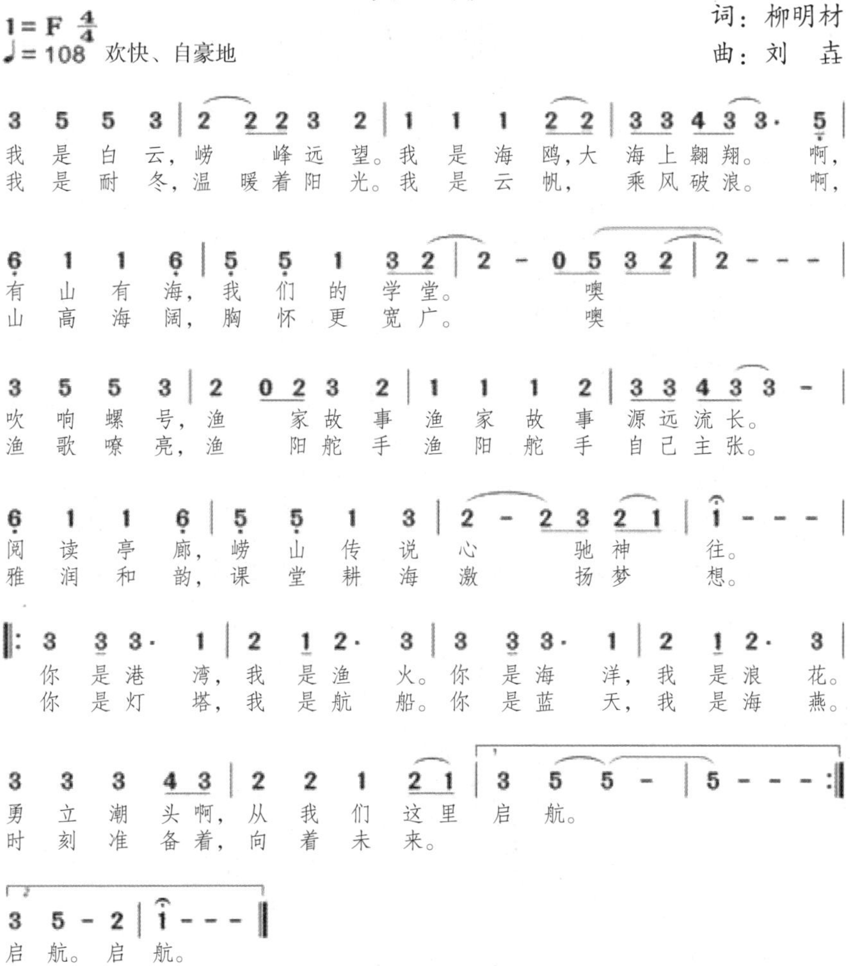

词：柳明材
曲：刘 垚

1=F 4/4

♩=108 欢快、自豪地

```
3  5  5  3 | 2  2 2 2  3  2 | 1  1  1  2 2 | 3 3 4 3 3 · 5 |
我 是 白 云，崂   峰 远 望。我 是 海 鸥，大 海 上 翔 翔。 啊，
我 是 耐 冬，温 暖 着 阳 光。我 是 云 帆，  乘 风 破 浪。 啊，

6· 1  1  6 | 5  5  1  3 2 | 2  -  0 5 3 2 | 2  -  -  - |
有 山 有 海，我 们 的 学 堂。    噢
山 高 海 阔，胸 怀 更 宽 广。    噢

3  5  5  3 | 2  0 2 3  2 | 1  1  1  2 | 3 3 4 3 3  - |
吹 响 螺 号，渔 家 故 事 渔 家 故 事 源 远 流 长。
渔 歌 嘹 亮，渔 阳 舵 手 渔 阳 舵 手 自 己 主 张。

6· 1  1  6 | 5  5  1  3 | 2  -  2 3 2 1 | 1  -  -  - |
阅 读 亭 廊，崂 山 传 说 心 驰 神 往。
雅 润 和 韵，课 堂 耕 海 激 扬 梦 想。

‖: 3  3 3 · 1 | 2  1 2 · 3 | 3  3 3 · 1 | 2  1 2 · 3 |
你 是 港 湾，我 是 渔 火。你 是 海 洋，我 是 浪 花。
你 是 灯 塔，我 是 航 船。你 是 蓝 天，我 是 海 燕。

3  3  3  4 3 | 2  2  1 | 2 1 | 3  5 5  - | 5  -  -  - :‖
勇 立 潮 头 啊，从 我 们 这 里 启 航。
时 刻 准 备 着，向 着 未 来。

3  5  -  2 | 1  -  -  - ‖
启 航。 启 航。
```

图3-7-2 校歌（普及版）

艺术版：

启 航

青岛市崂山区沙子口小学校歌

柳明材 词
王 沛 曲

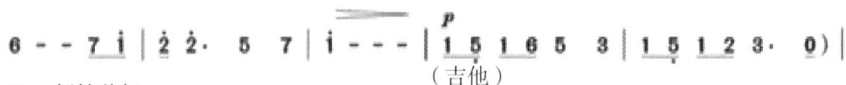

我是白云，崂峰远望。我是海鸥，大海上翱翔。
我是耐冬，温暖着阳光。我是云帆，乘风破浪。

啊 啦……有山有海，我们的学堂。
山高海阔，胸怀更宽广。

吹响 螺号，渔家故事源远流长。
渔歌 嘹亮，渔阳舵手自己主张。

啦啦啦 啦啦啦啦，啦啦 啦啦啦，

阅读 亭廊，崂山传说心驰神往。你是港湾，
雅润 和韵，课堂耕海激扬梦想。你是灯塔，

啦啦啦 啦啦啦啦，

图3-7-3 校歌（艺术版）

校歌《启航》于2020年底制作完成，分普及版和艺术版两个版本，词作者柳明材，普及版曲作者刘垚，艺术版曲作者王沛。

《启航》以学校渔文化理念下的"以鱼授渔，自主成长"的教育为依托，歌词运用象征法，以"渔"与"海"为纲，短句为主，每段八句话，形象易记，运用比喻法构建歌词"人（名）称"，意味着学校"鱼、渔、欲"三重教育境界之内容。

第一段词开篇高屋建瓴，化身白云，登高崂峰取"高瞻远瞩"之势；变作海鸥，翱翔大海抒"自由奔放"之情。本段突出"埠、岛、山、口"等源远流长的渔文化特色，以"渔家故事""崂山传说"为启发点；"阅读亭廊"即"凉亭、长廊阅读"，以点带面，是渔文化以及更广泛文化的涉猎学习熏陶，即"读万卷书，行万里路"，代表广阔的视野，形成大格局的启蒙与雏形。此段赞叹有山有海、山海相依的学堂即家园（学校），最后归结到，祖祖辈辈的渔人风雨兼程，战胜惊涛骇浪，那不屈不挠、勤劳勇敢的信念和脊梁——就是"勇立潮头"，这是渔家子弟传承不息的根本，是歌词上篇的"眼"。

第二段词，重点体现"以鱼授渔"的理念和举措。

（1）选取"耐冬（青岛市花）"，"渔阳学子"是沙子口小学的，也是崂山的，更是大青岛的，他们以"耐冬"的品格做祖国的栋梁和新时代的有用之才。

（2）"乘风破浪之云帆"，即"长风破浪会有时，直挂云帆济沧海"，是一种舵手的自豪和大气魄；"自主成长"是"自信人生二百年，会当击水三千里"的"自我成长"宣言，以及"志远""渔阳学子"的神圣使命及责任担当。

（3）"雅润和乐"，即"雅、润、和、乐"，是"立德树人"的生态学（教育哲学意义）上的学校诸多理念的概括，即"渔雅、渔润、渔红"，"渔和、渔阳、渔海"，等等。"课堂耕海"，即妙趣横生的"渔趣课堂"生发不息，通过"授鱼—导渔—润欲"三维教学目标的达成，师生共同谱写促进学生学科核心素养发展的乐章。

（4）歌曲的尾部高潮为少先队呼喊口号——"时刻准备着""启航，时刻准备着！"未来在召唤！我们的胸怀比山高、比水长、比大海还要广阔。
"渔阳学子"胜利的远航属于我们的党，属于祖国和人民，更属于我们灿烂
的明天。

从山海相依海天一色的海上名山崂山到古老的埠头，从新时代到壮志远
方，所有的出发都向着世界、向着未来，"多维的时空"启航聚焦为"主舵
启航"。"启航，时刻准备着！"表达了"渔阳学子""渔雅教师"的远大
理想和坚强信念。

校歌好比一所学校的精神图腾，是校园文化的重要组成部分。《启航》
校歌体现了沙子口小学的历史传承和"渔文化兴校，高素质育人"的办学理
念，对于学校优良的校风、教风和学风是一种高度概括和凝练，必将起到激
励、鼓舞、抒情的教育作用。

9.吉祥物

吉祥物为子贝和子鱼（图3-7-4）。

图3-7-4　子贝和子鱼

女生：子贝

吉祥物"子贝"的名称融合了沙子口小学校名"子"和海洋元素
"贝"。色调以红色为主，黄色为辅，呈现出鲜艳亮丽的形象，体现了"渔
阳学子"的活泼开朗、热情大方。

"子贝"头上的贝壳的造型与名字相呼应，裙子、头发上的浪花体现了
沙子口小学渔文化的特色。肚兜的设计以传统的形式展现了小学生的天真可
爱，肚兜上的校徽是沙子口小学的象征。

男生：子鱼

吉祥物"子鱼"的名称取自沙子口小学的校名"子"和海洋元素

"鱼"。色调以蓝色为主，黄色为辅，体现了沙子口小学的海洋地域特色，同时蓝色也象征着智慧与广阔。

"子鱼"头上小鱼的造型与名字"子鱼"相呼应，耳朵贝壳造型的设计与裤脚的浪花体现了海洋元素。

吉祥物设计整体可爱大方，富有活力，神采奕奕，让人感觉到小学生的自信、快乐。竖起大拇指的造型展现了"渔阳学子"的自信、热情，好像在说："我为我是沙子口小学的一名'渔阳学子'而自豪！"

（二）打造环境文化建设，熏陶学生思想教育

先进的设施、合理的布局、具有鲜明文化特色的建筑和场所，为师生开展多种多样的寓教于文、寓教于乐的活动提供了重要的教育阵地。沙子口小学以省级文明校园、青岛市五星级阳光校园和校园文化建设示范学校创建为契机，下大力气改善学校的办学条件，渗透"渔文化兴校，高素质育人"的办学理念，促进学校办学水平的整体提升，为校园文化的建设奠定了良好的物质基础。

1. 环境文化设计思路

学校以"畅游文化海洋"为设计主线，整合海洋文化、传统文化和红色文化，依据办学理念，结合学校特色课程，打造学生自主成长的未来校园愿景。"畅游"指学生在校园内可自在游览，比喻学生自主发展。同时也指互联网、大数据、智能化等人工智能科技引入校园。"文化"指知识、书香味，也指学习和学习的方法，即学校"以鱼授渔"的理念。"海洋"指海洋文化、生态环境，也指浩瀚的知识资源和无限的成长空间。

在环境文化的打造方面。学校将整个校园规划为"一港两线，一屿四湾"的空间结构，以文化的海洋为依托，吸纳了海上港口、航线、岛屿、海滩的元素，从入口广场"港口"起航出发，有两条"航线"，一座"岛屿"，四片"湾流"。

一港：

主舵起航——浮雕，指学生进入学校便开启文化之旅，自主发展教育，为自己掌舵，做自己的主人。

两线：

墨海拾贝——室外文化长廊，包括国学文化和历史文化两大主题。墨海，本义是大砚，大墨盆，引申为书法、文学之多；拾贝，本义是海边捡贝壳，引申为获取精华。墨海拾贝室外文化长廊，寓意全校师生快乐畅游古典文化的海洋，吸取精华，提升自我。

山海邀月——室内主题连廊，包括红色文化（一楼）、蓝色海洋文化（二楼）、科学艺术多彩文化（三楼）和民俗海俗传统文化（四楼）四个主题。山海，象征高深的传统文化；邀月象征人生洒脱的意境。山海邀月室内主题连廊，寓意全校师生尽情享受传统文化的熏陶，邀月共赏，流连忘返。

一屿：

学海无涯——图书馆及其前院（未来学习中心主题，室内、室外多元学习区，终生学习）。图书馆是校园文化的核心区域，是传播文化的园地，学校的图书馆藏书8.1万多册。闲暇时，老师、学生走进这座文化的殿堂，穿行在博大精深的唐诗宋词、浩如烟海的历代典籍以及丰富多样的现代书籍中，以智慧为帆，勤奋做桨，遨游在无比浩瀚的知识海洋里，迈向人生发展的更高境界。

四湾：

碧海鱼跃——入口东侧园区（与海洋文化主题相关的设施有渔船、启航石刻、鱼贝拼图小径和鱼跃亭）；

乘风破浪——教学楼间庭院（与科技探索主题相关的是开展实践课程和创客课程并建有破浪亭）；

百川归海——食堂前庭院（与修身成人主题相关的设计有树阵和归海亭等）；

烟波渔耕——种植园区（与渔耕文化主题相关的活动是农渔体验、生态科普，并建有耕读廊）。

学校目前有建有一池（修身池）、两廊（行知长廊、志远长廊）、三亭（鱼跃亭、破浪亭、归海亭）、四路（春生路、夏长路、秋实路、冬蕴路）、八园（润园、海园、趣园、阳园、雅园、韵园、和园、红园）。

2. 环境文化设施

（1）浮雕——主舵起航（图3-7-5）。

"主舵起航"浮雕直径4.8米，厚19.26
厘米，位于学校入口处，寓意学校1926年建
校，进入校园，开启文化之旅。学生来自四
面八方，自主学习，为自己掌舵，做自己的
主人。浮雕描绘了一幅船行海上、主舵扬帆
的画面。浮雕采用山峰为背景，代表崂顶巨
峰，帆船航行，鱼儿跳跃，中心为船舵图

图3-7-5　浮雕——主舵起航

案，表达学生在文化海洋中扬帆起航、自主掌舵、领航未来人生方向的愿
景。边框采用的是中国八大吉祥文案之一的回纹，表达连绵不断、吉利永长
的吉祥寓意，代表了源远流长、九九归一、止于至善的中华民族五千年的文
化精髓，给人以寻古追源、探索未来的感觉。主画面下方的奔腾的浪花，代
表一定的江潮精神；画面上方添加的五朵祥云，代表沙子口小学合校前后五
所学校沙子口小学、段家埠小学、董家埠小学、崂山小学、栲栳岛小学，有
芸芸才子之意。内部，海浪元素的融入，增加了画面动感的视觉效果；祥云
的融入除了寓意较好，同时突出画面的层次感。

（2）一池——修身池（图3-7-6）。

图3-7-6　修身池

　　水池为鱼形，景观内有水纹涟漪的汀步、鱼纹样、贝壳纹样等。利用点、线、面的空间布局，打开该区域原本密实的绿化空间，设计中心水池假山景观。结合水景点打造鱼跃氛围，烘托学校海港地域特点。设计开敞的活动区域，以中心节点鱼跃休闲区发散开来，结合学校鱼和贝课程，打造了集展示与互动于一体的碧海鱼跃空间。

　　"假山叠水"景观设计于中心水池，石头为雏鹰形状造型，寓意雏鹰展翅，结合喷泉，打造鱼跃氛围，烘托学校海港地域特点，又与后面渔船主景相衔接，体现崂山渔文化和道教文化，道法自然，天人合一，人与自然和谐共融。

　　（3）两廊——行知长廊（图3-7-7）和志远长廊（图3-7-8）。

　　行知长廊：行是知之始，知是行之成。

图3-7-7　行知长廊

　　陶行知先生在《行知行》一文中指出"行是知之始，知是行之成"。"行是知之始"指实践是获取认知的必经途径；"知是行之成"指只有实践才能出真知。此联阐述了实践和认知的关系，知行合一，实践是认知的开始，而认知是实践的升华。教育教学中，学校倡导自主合作并存的探究式学习，目的在于引导学生亲身实践、体验后获得新知，并培养学生运用所学知识解决实际问题的能力。正如陆游所言：纸上得来终觉浅，绝知此事要躬行。

　　志远长廊：淡泊以明志，宁静以致远。

图3-7-8　志远长廊

"非淡泊无以明志，非宁静无以致远"出自诸葛亮的《诫子书》。此联反映的是诸葛亮的人生观，他认为一个人须恬淡寡欲，方可有明确的志向，须寂寞清静，才能达到深远的境界。此联语浅而意蕴深刻，充满了道家思想。此联希望学生树立远大的理想，并在实现梦想的征途中目标专一，最终有所成就。

（4）三亭——鱼跃亭（图3-7-9）、破浪亭、归海亭。

鱼跃亭：海阔凭鱼跃，天高任鸟飞。

图3-7-9　鱼跃亭

"海阔凭鱼跃，天高任鸟飞"出自宋朝阮阅《诗话总龟前集》卷三十引《古今诗话》"谓：唐代大历年间，禅僧元览在竹上题诗：'大海从鱼跃，长空任鸟飞。'"此句表达了禅僧的广阔胸襟和活泼的禅机，后演变为"海阔凭鱼跃，天高任鸟飞"，比喻可以自由自在地行动，或无拘无束地施展才能。鱼跃龙门便化龙，意指从一个物种进化成更高级的另一个物种，引喻学生通过学习产生了翻天覆地的变化，并希望所有的孩子都能够功成名就！教育过程中，我们应为学生营造一种自由民主的学习氛围，引导学生在课堂上，敢于创新，海阔天空。如此，为人师者，才能发现并培养出更多具有不同特长的优秀人才。

破浪亭（图3-7-10）：长风破浪会有时，直挂云帆济沧海。

图3-7-10　破浪亭

"长风破浪会有时，直挂云帆济沧海"出自唐代李白的《行路难·其一》，意指尽管道路前方有重重障碍，终有一天会像南朝宋时宗悫所说的那样，"乘长风破万里浪，挂上云帆，横渡沧海，到达理想的彼岸"。正如李白在《将进酒》一诗里所言："天生我材必有用！"这句诗表达了诗人的倔强、自信和对理想的执着追求，展示了诗人力图从苦闷中挣脱出来的强大的精神力量。此联教育学子们：学习的道路曲折坎坷，但只要充满自信，勇于拼搏，敢于挑战，终会到达理想的彼岸！

归海亭（图3-7-11）：海纳百川，有容乃大；壁立千仞，无欲则刚。

图3-7-11　归海亭

"海纳百川，有容乃大；壁立千仞，无欲则刚"，此联为清末政治家林则徐任两广总督时在总督府衙题书的堂联。此联形象生动，寓意深刻。上联表示一个人要像海一样有宽大的胸怀，能够容下天下难容的事，包容世间万象，也比喻人要尝试接触不同的领域，才能促进思想的成长。下联则表明为人处世的坚强信念，文化人只有严谨治学、不断探索，才能成为大师。上、下联的最后一个字——"大"与"刚"，意思是浩然之气最伟大、最刚强，表明作者至大的胸怀和至刚的信念。当我们面对错综复杂的世界和形形色色的各种诱惑时，身为教育者，要培养的是学子海纳百川的胸怀和壁立千仞的刚直。更加弥足珍贵的是，此联告诫孩子做一个一身正气、刚正不阿的人。春风化雨，点滴入土。在教育过程中，我们从小给孩子渗透这样的教育思想，相信我们的学子将来无论身处何方，身处何种境地，都会披荆斩棘，勇往直前。

（5）四路——春生路、夏长路、秋实路、冬蕴路。

《史记·太史公自序》有言："夫春生夏长，秋收冬藏，此天道之大经也。弗顺则无以为天下纲纪。"这句话比喻事情的发展过程，也是农业生产必须遵循的自然规律。"春生夏长，秋收冬藏"，这句话更是对自然世界客观规律的肯定。一年有四季，运动着的大自然表现在春温、夏热、秋凉、冬寒。春天萌生，夏天滋长，秋天收获，冬天储藏。因此，尊重大自然的发展规律，顺应人的成长规律，必有所获。

春生路（图3-7-12）：生，最早见于甲骨文，本义是草木破土萌发，后引申为从无到有，出现。生字的本义就是指出生、生长、生命。春生路比喻莘莘学子在沙小的校园里学会学习，学会合作，学会生活。

图3-7-12　春生路景石

图3-7-13　夏长路景石

夏长路（图3-7-13）：长，在商代甲骨文初次出现。此字本义是指空间或时间的距离大，又引申为深远；又可做动词，解释为生长、滋长等。夏长路，寓意莘莘学子在沙小校园里成长，不断磨砺，不断充实，不断拔节。

秋实路（图3-7-14）：实，本意是指从头到脚都有遮挡。头顶有盖（遮风挡雨的地方），中间有粮食（其实是土地，但古代农民阶级能有土地的，微乎其微），脚下有财富，三点均有，称作实。实是植物结的果的意思。该文字在《小尔雅》和《墨子经上》等文献中均有记载。秋实路，寓意莘莘学子在沙小校园里经过历练，收获知识，收获道理，收获本领。

图3-7-14　秋实路景石

　　冬蕴路（图3-7-15）：蕴，本意是指积聚，蓄藏，也指包藏，包含。该文字在《左传·隐公六年》和《左传·昭公二十五年》等文献中均有记载。冬蕴路，寓意莘莘学子在沙小校园里成长，成人，成才，蓄势待发，将来走向更加广阔的天地，成就更加美好的未来。

图3-7-15　冬蕴路景石

　　（6）八园（图3-7-16）——润园、海园、趣园、阳园、雅园、韵园、和园、红园。

　　利用校园内原有的景石进行石刻，挑选较大体型的放置在每个园区一角，刻写园区（润园、海园、趣园、阳园、雅园、韵园、和园、红园）名称，较小体型的放置道路旁绿化空间和园区绿化空间内，刻写名言警句，让校园充满浓郁的人文气息。

图3-7-16 "润园""海园""趣园""阳园""雅园""韵
园""和园""红园"景石

3.楼内环境，处处贴心

学校的建筑整体上分为咏渔楼、乐渔楼、逐渔楼，中间用四条连廊连接成"王"字形，校门内侧建有大型浮雕，整体造型为"主"，体现了"以鱼授渔，自主成长"的办学理念，寓意学生的自主成长和做学习生活的主人。

（1）主题大厅文化。

进入教学楼的大厅（图3-7-17），左边是精神文化墙，体现在党的教育方针指引下，学校自己的办学体系和"一训三风"。右边是有地域特色文化墙"鱼趣图"，寓意在"渔文化兴校，高素质与人"办学理念下，"渔阳学子"快乐、自主、阳光地学习和成长。"渔雅教师"墙，体现了在习近平总书记提出的"四有"好教师的基础上，老师们团结、奋进的姿态。"渔阳学子"墙，展示学校的育人目标，分别张贴了学生在德、智、体、美、劳方面表现优异的学生，给全校师生树立了学习的榜样。

图3-7-17　大厅及其装饰

（2）室内主题连廊文化。

室内主题连廊共包括四条：一楼红色主题长廊（图3-7-18）、二楼蓝色海洋长廊（图3-7-19）、三楼艺术和科技彩色长廊（图3-7-20）、四楼民俗和海俗文化长廊（图3-7-21），分别展示了不同主题文化和学生风采。

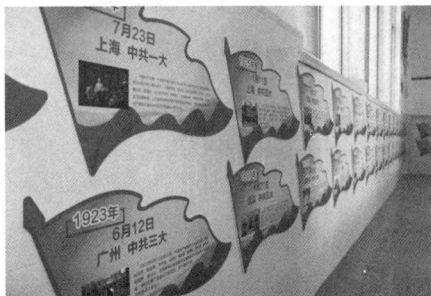

图3-7-18　一楼红色主题连廊

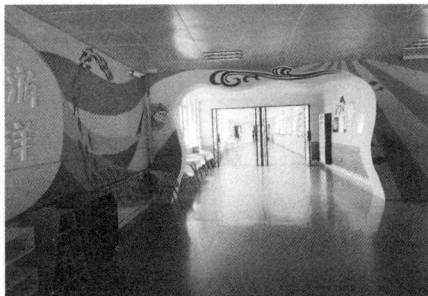

图3-7-19　二楼蓝色海洋长廊

图3-7-20　三楼艺术和科技彩色长廊　　图3-7-21　四楼民俗和海俗文化长廊

（3）阅览室（图3-7-22）文化。

立足海洋文化主题，阅览室的设计以蓝色、白色和原木色作为空间主调，给孩子营造一种野趣、生态、自然的阅读环境。设置入口咨询区、演讲展示区、席地阅读区、阶梯式阅读区、电子阅读区等不同功能区域。这样的空间布局摆脱了传统阅览室藏书和阅读相互独立的设定，通过高、低书柜作隔断，划分出各个功能的阅读区域，给孩子营造愉悦的阅读环境。

图3-7-22　阅览室

（4）楼道主题长廊（图3-7-23）文化。

学校根据三座教学楼的布局，将各楼层统一规划设计，确立"四横"楼道主题长廊。其中，一层以"渔润德育""渔和管理"为主题，设有少先队主题、中华传统美德教育、校园之星、学习习惯等内容；二层以"渔海课程"为主题，分别摆放学生绘画、贝壳画、沙画、泥塑等作品；三层以"渔趣课堂"为主题，设有传统文化、书法、中华美德、礼仪宣传、弟子规、三字经等内容；四层以"渔阳学子""渔红党建""渔雅教师"为主题，设有优秀毕业生、教师风采、党史教育、四德榜、教育名家等内容。

图3-7-23　楼道主题长廊及其装饰

（三）规范行为文化建设，实现育人功能

行为文化是指以学校理念文化为奠基，用来规范学校一切教育教学活动的文化。学校行为文化的建设主要从制度构建、行为规范、班级建设、合作探究、课堂改革几个维度开展。

1. 规范行为文化

学生发展重在养成教育，重在学生的品德形成。学校实施"全面质量观"的人才培养战略，强化学生的做人教育，促进学生习惯养成。结合学校新课改的实施，制订了详细的具体行动方案，用看得见的标准来检验学生品质的提升，打造礼仪示范校园，促进学生健康发展。基础礼仪、学校礼仪、公共礼仪、饮食礼仪、尊师礼仪等课程依次开设。经过教育和熏陶，学生们已逐渐形成了"渔阳学子"特有的气质，这种气质体现了和乐善行的文明素养。

2. 打造班级文化

对于班级文化建设，由各班级主任以学校文化为背景开展各项活动，并结合各班级自己的特色形成各自的班级文化。强化学生动手能力，鼓励学生自主力行，引导学生自主实践，注重劳动亲身体验，加强班级环境的建设。各班教师内外文化墙都由学生根据各自班级文化自主打造。

3. 坚守课堂文化

以教学文化为核心，营造内涵"渔韵校园"，促进学生综合发展，一个重要的内容就是课堂教学。各学科任教教师除教授学科基本知识外，还要渗透学科文化，学生知其然，更要知其所以然。随着新一轮课程改革的推行，教师努力探究符合新课程改革的文化建设教育，竭力改变传统教学手段的道德教育模式。实践证明，在学科教学中把握文化内涵是教师的基础工作之一。在学科教学中，强化文化建设是新的课程改革的要求，是转变育人方式的核心抓手。建设学校学科文化已成为评价课堂教学的重要指标。教学目标的纳入保证了文化建设在教学中的渗透。越来越多的教师自觉有效地将文化渗透在学科教学中。这样，不仅更好地适应新课程改革的需要，也终将促进学生和教师自身的成长。

（四）加强制度文化建设，激励师生成长

制度性校园文化是校园文化的重要组成部分，是校园管理文化的制度化体现，主要包括校园组织管理所遵循的一套规范的制度规定、纪律要求、行为准则，以及约定成俗的规范、习惯、价值观等。校园系统的文化反映了国家对学校发展的要求，这些要求往往通过正式文件明确规定。校园制度的制定和形成以国家要求和规定为依据。校园制度文化是保证学校正常运转的内在机制，是校园文化建设的保障体系。总之，校园制度文化是学校根据国家有关规定及其办学理念自觉制定的。师生必须在校园内遵守并严格执行，如各项校规、纪律要求、教学管理制度、培养目标等，具有很强的规范性、组织性。

校园制度文化在学校发展中发挥着重要作用，主要表现在规范约束作用和激励赋能作用两个方面。首先，校园的制度文化可以有效保障学校教育质

量。校园的制度文化能初步有效遏制师生行为，保障其安全；明确师生的权利和义务领域，可以提高师生在工作和教学中的效率；可以指导学生在一定的系统框架内建立正确的学习图景。其次，校园制度文化能有效激励学生进步。在校园制度文化的引导下，帮助学生明确自己的发展方向，激发积极的学生情绪，发掘学生的创新精神，在与同学"追、赶、比、超"的氛围中实现人生理想。

1. 办学理念指引校园制度文化建设

校园制度文化建设是校园文化建设的重要组成部分，它从办学理念出发，通过制定不同的规章制度来规范学生和教师的行为。学校要制定相应的制度来规范学生和教师的行为，要果断制定和实施有效的制度，要有正确办学理念的指导。学生和教师的行为特征是学校形象的重要体现，是学校管理理念与学校管理实践的有效结合。学校始终坚持制度治理，通过制定科学、严密的制度规范师生行为，营造了务实和谐、逐通善创的校风。制度治校的管理理念是科学管理的保证。坚持学校管理制度，首先，要形成"制度高于一切"的观念，树立制度的威严性；其次，制度的制定和实施必须从学习实际出发，并根据实际变化将之完善，因时制宜改进。最后，在教学实践中实行管理制度，严格按照制度办事，制度无人能绕开。

2. 校园制度文化建设践行办学理念

校园制度文化建设是管理制度建设与人文关怀的统一，两者相辅相成，共同构成了校园的制度文化。校园系统文化建设是在学校管理理念的指导下，也是学校管理理念在学校管理中的实践。校园制度之所以能够成为文化，是因为它有一个文化内核，这个文化内核就是以人为本。一切制度的制定和实施，都是建立在关注和尊重个体生命发展的基础上，必须能够培养学生的情感、激发学生的学习兴趣、启迪学生的思想。制度是可以聚拢人心的。学校在制度文化建设过程中，将"渔文化兴校，高素质育人"的理念融入各项制度章程中，以师生的需求和利益为出发点和建设制度文化的基本落脚点。制度必须是民主后的集中，是严格公平合理的规定和具体的运作规定。制度不是嵌在镜框里挂在墙上的"死规定"，而是刻在师生心中的"正冠镜"。随着师生对校园制度文化的践行，校园制度文化已经成为每一位老师和学生的自觉习惯。

三、"渔韵校园"成果展现

（一）以空间氛围落地立德树人

立德树人，重在春风化雨，由浅入深，将思想道德元素和爱国主义渗透进校园，积极探索文化建设和立德树人的有效途径，从"园—廊—室"三个层面营造立德树人的氛围。园：在校门口、大厅、楼房等吸引人的位置设立教育导向、核心价值观等标语，树立育人导向。廊：以即将建设的红色长廊，将师生的爱国思想积淀下来，六个板块均以习近平总书记讲话为引领，将党的发展史，近现代史红旗墙时刻展现在学生面前，将祖国的坚强与伟大根植师生内心。室：非遗的剪纸、沙画、手工坊、书法室、古乐坊等专用教室的建设和使用，实现师生的民族自豪感和文化自信；团体沙盘室、个体咨询室的打造，舒展学生内心，让每一个学生都有一颗阳光的心。

（二）以空间资源推进五育融合

坚持推进五育融合，结合青岛市"十一个"工程，利用空间资源，丰富空间内涵，以丰富的课程拓展五育，整合五育与空间资源，从"多形式—多课程—多自信"三个维度实现学校空间的"五育"功能。

多形式：有意识地设计、创造学习空间，为学生精心打造适合不同学习风格的场所。例如，阅览室中英语点读区的设计，为英语课阅读能力的培养提供了课程环境；各层连廊设置形状各异的书桌，为学生的阅读提供便利舒适的物质条件。

多课程：学校以培养"全面发展的人"为目标，从德、智、体、美、劳方面，构建"三层五类"（三层：基础课程、拓展课程、综合课程；五类：海之蕴、海之智、海之技、海之体、海之美），将传统文化、生存教育等德育课程融入孩子的成长。

多自信：布置空间内容，在五育发展中增强学生自信。如：每个班课前两分钟的演讲、大厅的钢琴演奏区、400多人的报告厅，容纳千人的大操场，将智育、美育、体育融合，以常规课堂、大课间为抓手，借助每年的"艺术节""读书节""体育节""科技节"等为平台，引导孩子在五育落实的同时，建立自信，走向阳光。

（三）以空间设计丰实学生成长

巧妙利用空间，完善空间细节。通过将孩子们的兴趣、个性和艺术融为一体，将学校空间转化为一种充满活力的文化，形成"多用—多彩—多声"空间的教育氛围。

多用：最大限度发挥空间教育功能，多用途融合。例如：人工智能教室，同时进行人工智能课、无人机、机械臂等社团；美术教室，在进行常规美术课的同时，也是中国画、国画社团的活动场地。

多彩：优化空间设置，多课程出彩。例如，学校的阅览室配合海洋文化主题，设计以蓝色、白色和原木色作为空间主调，区分出各个功能的阅读区域，给孩子营造愉悦的阅读环境。

多声：强化角落用途，多才艺凸显。例如：大厅内楼梯角落的设计，摆放阅读的凳子和学生的贝壳作品，加上钢琴的摆放，打造了学生的休闲场所，让学生阅读绽放在美丽的校园。

学校文化设计本着为师生服务的原则，从学习状态、教学内容和教学逻辑出发，形式跟随功能，空间支撑目标，随时为学生的学习和成长提供丰富的土壤。2020年，学校被评为青岛市校园文化建设示范校和五星级阳光校园。

四、"渔韵校园"未来发展

学校将紧紧围绕"五育并举、立德树人"的发展理念，以加强学生思想道德建设为核心，以打造"渔文化"特色品牌、营造优秀校园文化氛围为抓手，以丰富多彩的主题活动和节庆活动为载体，弘扬中国渔文化的人文精神，提升校园文化品位，丰富师生的精神内涵。

（一）以社会主义核心价值观引领"渔韵校园"建设

习近平总书记在和北京大学师生座谈时说："青年的价值取向决定了未

来整个社会的价值取向，而青年又处在价值观形成和确立的时期，抓好这一时期的价值观养成十分重要。"学校是推进社会主义基本价值观教育的主阵地，要积极发挥育人的作用，为中国特色社会主义事业培养合格的建设者和接班人。校园文化是培育和践行社会主义核心价值观的重要载体。今后学校将把社会主义核心价值观教育与学校的道德与法治课程相融合，让社会主义核心价值观成为"渔韵校园"建设的核心思想。

1. 进一步提高政治站位，坚持社会主义办学方向

校园文化要具有政治的引领作用，引导学生爱党、爱国、爱社会主义制度，树立"四个自信"。要将这些理念具体化、行动化，通过道德与法治课、家长会、班会等多种方式使政治理念、政治口号深入人心，并落实到实践中。

2. 鼓励独创性，发扬主观能动性

在坚持统一要求的前提下，要有自己的特色，通过校园文化引导学生形成现代学生的核心素养，形成创新思维、辩证思维、沟通、劳动等各种能力。

3. 加强内外结合，增强育人的实效性

校园文化不能只局限在校园内，还要充分利用社会资源发挥校外社会实践基地、研学活动、志愿服务等的功能；同时，要结合国内外形势，培育学生的国际视野和世界眼光。"渔阳学子"不仅要了解中国传统文化、不忘本源，还要放眼世界，吸纳外来优秀文化，面向未来。

（二）将中华优秀传统文化融入"渔韵校园"

灿烂的中华传统文化源远流长，博大精深，是中华民族灿烂文明在漫长历史中的积淀。随着时代的不断发展，灿烂的中华传统文化的魅力将更加突出。将包括中国渔文化在内的中华优秀传统文化融入"渔韵校园"的建设，加深学生对中华优秀传统文化的理解，拓展学生对中华传统文化的认识，鼓励学生形成准确的人生观和价值观；为学生的学习与生活提供方法指导、理论引领和精神支持。将中华优秀传统文化融入校园文化建设，对于传承和弘扬中华优秀文化传统，促进学生全面发展，具有划时代的理论和实践价值。

1. 加强校园物质文化建设

物质文化是校园文化建设的基础，也是校园文化的重要载体。物质文化建设在突出校训、校歌、校徽等所蕴含的教育理念的基础上，下一步学校将重点建好校史陈列馆，要充分利用文化墙、橱窗、走廊、墙壁、雕塑、地板、建筑物等一切可用的工具，让学生沉浸在灿烂的中华传统文化氛围中，并了解学校的发展历史，自觉养成优雅文明的行为习惯。物理空间总是有限的，为不断拓展校园文化建设的渠道和空间，学校将在校园展柜中开设学生作品栏目、精品屋、特色展览等，发布学生美术、书法作品和展览，展示学生的发明与创造。通过作品充分展现学生的思想和想象力，为他们提供施展才华、张扬个性、实践创新的平台，丰富校园文化建设的内容。

2. 注意校园精神文化建设的培养

精神文化建设是校园文化建设的精髓，也是学校的精神所在。校园精神文化建设要全面开展校风建设、教风建设、学风建设，体现中华优秀传统文化的精髓，如师德师风、作风、自我修养等。加强学生优秀文化教育，培养有担当、会生活，有个性、会合作，有理想、会学习的"渔阳学子"。从优秀传统文化入手，抓好班级文化建设，形成团结友爱、互帮互助、和谐幸福、健康向上、争做主人的优良班级作风。校园文化建设的最高层次就是准确提炼、概括出一个学校的精神所在，这个过程对全校师生的凝心聚力起到非常大的作用，因此要丰富"聚沙成塔，勇攀高峰"学校精神内涵，在教育教学中不断加强提升，成为师生的精神追求。

3. 规范校园制度文化建设

制度文化是一种规范性的文化，它作为校园文化的内在机制，体现在学校的规章制度、管理体制、组织结构和运行机制中，是维系学校正常秩序必不可少的保障机制。今后在制度文化建设时，学校要结合中华优秀传统文化，注重师生礼仪、文明规范等软制度建设。应注意语言礼仪，在语言和外貌方面，要求师生在学校语言标准化活动中使用普通话，以达到优美的语言环境。师生的呈现要求简洁、大方、优雅。总而言之，师生的一举一动都是校园文明标准的体现，是优秀传统熏陶的体现，只有平时注重礼貌、师生互相尊重、以礼相待，养成了良好的生活习惯和行为习惯，中华优秀传统文化融入校园文化建设才能真正落到实处。

（三）传承地域文化，打造"渔文化"特色基地

沙子口的地域文化源远流长，是当地百姓智慧和心血的结晶，而学校是培养人才的基地，因此，弘扬中国渔文化的人文精神是沙小义不容辞的责任。

1. 充分将地域文化，融入校园文化

沙子口"渔文化"资源丰富，除了有独具特色的渔乡文化，还有民俗文化、历史文化、道家文化等内涵丰富的传统资源，要大力挖掘这些资源，并把它们充分、有效地融入校园文化的建设。今后，学校将加强与当地社区、商业协会等组织的联系，充分挖掘当地丰富的文化资源，并将之吸收到学校的校园文化中，融合发展。

2. 发挥学校的人才优势，提升地方文化品质

学校是当地人才汇集的高地，是智力交汇的场所，引领人才成长的方向是学校发挥文化引领作用的重要内容。今后，学校将不断增强办学的开放性和主动性，面向青岛沙子口的地区需求，整合当地文化资源，对接相关部门建设特色渔文化馆，作为传承渔文化的基地，满足学生和居民多样化的学习需求。

第八节　渔文化兴校与"渔和管理"

一、"渔和管理"基本理念

学校管理，是对学校教育、教学、科研、后勤以及师生员工等各项工作进行计划、组织、协调和控制的活动，是学校对自身的管理。学校管理是由管理者、管理手段和管理对象三个基本因素组成的。学校管理者遵循教育规律通过制定组织机构和规章制度，对学校的人、财、物、事（工作）、信息、时间和空间等进行有序管理，以实现教书育人的目标。

"管理"这个词最早来源于英国人，英文是manage，其词根是拉丁词manus，意思是"手"。手的含义就很丰富，既意味着主动动手做，又隐隐含着权力的意思。中文的"管理"一词，有人认为来源自"管仲之理"，因为《管子》一书中就有现代管理思想的萌芽。现代人则倾向于将管理拆分为"管"与"理"，从而脱离其本意。

"和"的理念源远流长且意义深广。在《辞源》里"和"就有"调""顺""谐""合"等多重释义。"和"根植于中国人的血脉深处，渗透着中国人几千年来待人接物的原则与智慧，体现了中国思想文化的博大精深。两千多年来，传统"和文化"对国家的统一、民族的团结、经济的发展、文明风尚的形成、人才的造就、政德政风的淳化等，起到了重要的促进作用。

近年来，沙子口小学在"渔文化兴校，高素质育人"办学理念的指引下，坚持"以人为本"，力求开放和谐发展，推动学校科学化、精细化、现代化管理，结合沙子口渔乡地域特色和学校的办学背景，确立了"渔和管理"工程，形成了团结、和谐、共享发展的管理文化。

（一）"渔和管理"是适应和谐发展的中国特色社会主义建设的需要

"渔和管理"理念的提出是以习近平新时代中国特色社会主义思想为指导，建立在建设中国特色社会主义和谐社会基础之上的,是顺应社会主义教育发展的必然要求，能够促进学校各方面和谐发展，进而促进学生的全面发展。

（二）"渔和管理"是不断满足人民群众对于学校高质量育人的发展需要

在政府部门的大力支持下，崂山教育进入了高质量发展的快车道。学校经过几代人的努力，几经搬迁，迁入了现址。随着社会的发展，人民群众对学校教育有了更高的期盼。学校经过多年的积淀和发展，教师专业化水平不断提高，学生综合素养得到发展。"渔和管理"理念越来越适应社会发展的需要。

（三）"渔和管理"是现代学校制度建设的需要

学校发展要靠具有团队精神的组织机构和教师。团队精神的形成离不开学校"以人为本"的和谐发展理念。人是学校管理活动中的根本和核心，"和"是学校管理的精神所在。"渔和管理"本质上就是通过和谐发展理念的践行实现对人和事的管理。这种管理理念更能帮助学校实现促进学生全面发展的教育目标。"渔和管理"是现代学校的应有之义，加强"渔和管理"是现代学校制度建设的重要途径和重要内容。

二、"渔和管理"具体实践

立足学校实际，坚持"发展为本强管理，服务为根促发展"原则，践行"渔和管理"理念，推进现代学校制度建设，全面提升学校治理能力和管理水平，推进学校的高质量发展。

（一）健全规范的"渔和管理"制度

"国有国法，家有家规。"任何一项管理如果没有制度的保障就会混乱不堪，学校的管理尤其如此。"渔和管理"重在和谐，因此，制度和规范的制定需要人人参与，集思广益，从而实现自我约束。制度管理是"渔和管理"的呈现形式，是学校各项工作顺利开展从而实现和谐发展的保障。无论外在形式如何变换，都不能脱离"和"这一中心思想。制度要彰显和谐理念，师生员工能够真实地感受到和谐，表里如一才能凝聚全校的力量实现学校的教育目标。

1. 分工明确，团队协作

学校设有工会、办公室、教导处、总务处、政教处等部门，各部门各司其职，团结协作，协同处理学校事务。坚持"职务就是责任"的分工责任制。根据实际情况学校制订了三年发展规划，为今后的可持续发展奠定了基础。每学期根据规划和办学理念，学校制订工作计划，明确各部门职责和管理措施；要求各部门根据各自职责制定严谨、具体、明确的管理制度、工作方案和计划，对校内各级各类工作进行精细化管理。学期初，校长与各分管领导及班主任签订《岗位目标责任书》。各部门严格执行各级教育行政部门规定的各项规章制度，发挥团队力量，确定重点、突破难点，形成了横、纵两轴全覆盖的学校管理制度体系。

2. 民主管理，和谐发展

学校管理要靠人，因此，让师生共同参与到规章制度的制定中，对于调动师生的积极性实现和谐管理至关重要。学校"渔和管理"尊重民主、公正、公开的原则。在学校管理中，管理者的民主意识非常重要，这决定了学校能否成功践行"以人为本"的"渔和管理"理念。让教师参与到学校关键问题的决策中来，制定政策时充分征求教师的意见和建议；设立"校长信箱"和"校长接待日"，征集师生在学校管理中发现的问题等，都是学校发扬民主的体现。只有全体师生共同、有序参与到学校管理中，才能真正实现民主，各项工作才能顺利开展，促进学校和谐发展。

3. 各尽职能，推进改革

现代学校制度要坚持依法办学、自主管理、民主监督、社会参与原则。学校校务委员会制度是现代学校制度中的重要环节，由教育专家、街道、社区、家长、学校等多方代表组成，研讨、决定关系到学生及家长权益以及学校发展的重大事情。同时，校务委员会能够促进学校民主管理和依法治校，推进教育体制改革，体现"渔和管理"的制度化、人本化、科学化。

4. 多方渠道，合作共赢

（1）家校沟通，形成教育合力。

家长委员会作为学校全体家长的代表，在促进学校"渔和管理"中发挥着重要作用，是家庭、学校和社会有机融合的桥梁和纽带。为充分发挥家委会作用，沙子口小学成立学校、级部、班级三级家长委员，积极协调学校教育与家庭教育的关系，为学校制定科学合理的教育体系、改革创新评价体系、营造和谐友好的教育共赢局面发挥了重要作用。学校建立班主任、任课教师定期家访制度，深入学生家庭，全面了解学生成长环境，促进家校合育。学校每学年至少召开2次家长、4次家长委员会授课活动，加强家校沟通，提升家长家庭教育水平。同时，为提高家庭教育质量，学校与社区合作建立家庭教育服务站，定期开展家庭教育讲座，分享家庭教育案例和经验，提供个性化家庭教育指导。

（2）课后托管，解决家长后顾之忧。

为帮助家长解决实际困难，办好人民满意的教育，学校积极响应国家号召，按照"三个自愿，三个满意，三个结合"的原则，扎实有效开展了丰富多彩的课后托管服务工作，获得了上级主管部门和家长的一致好评。

首先，提高认识，做好规划。学校高度重视，成立了以校长为组长，中层分管领导和教研组长为成员的工作小组，并学习借鉴上海、广州等地区先进经验；先后召开部分教师、家长会议征求意见，制订了《沙子口小学课后托管服务工作实施方案》。学校与家长签订《课后托管服务安全协议书》，规范家长和学生的托管行为，明确责任，为安全托管做好保障。学校除孕产教师之外的老师全部参与托管，并签订《课后托管服务承诺书》。根据老师们的任教年级分成六个组，各学科教师合理搭配，便于老师们一对一精准指导。学校制定了《沙子口小学课后托管服务教师工作手册》，参与托管的教师在托管工作中职责清晰、秩序井然。除了落实课后托管服务的规定动作——高质量完成作业之外，还结合"十个一"项目，开展了手球、足球、五子棋、合唱、街舞、古筝、架子鼓、书法、阅读等多个社团活动，聚焦学生健康体质、艺术素养和综合素养的提升。

其次，多方互助，安全保障。班主任老师召开托管学生会议，加强托管安全教育；学校制定了详细的《沙子口小学课后托管服务应急预案》；做好安保人员工作，学校每天安排2人在校门口执勤到所有学生离校；低年级由老师组织、家委会成员协助放学；托管时间，学校每天一名中层领导巡视，了解托管情况，检查老师们点名、交接班、组织放学，并组织有特殊需求的学生到18：00，托管结束后全校检查，所有学生离校后方可离开。

5. 立德树人，不忘初心

为建设良好的师德师风，学校全面落实《中小学教师职业道德规范》各项规定。在每学期开学初，积极开展"师德师风建设教育月"活动。把师德师风作为职称评审、岗位聘用、绩效考核、评优奖励的参考指标，实行师德表现一票否决制，增强教师立德树人的使命感和责任感。

6. 履行义务，完善制度

教职工代表大会是学校教职工行使民主权利、参与学校民主管理的基本形式，在促进学校"渔和管理"实施上起到保障作用。沙子口小学教职工代表大会积极履行职责与义务，在推进学校事务公开公平、提高学校管理的科学性与民主性、促进学校践行"渔和管理"中起到了推动作用。

学校在广泛听取广大教师建议的基础上，围绕教师关注的评优、职称晋升等热点问题，继续完善了《沙子口小学出勤制度》《校务公开制度》《职称评审制度》《教师量化考核办法》《教育教学常规制度》等，随着制度的不断完善和创新，体现了学校独特的、全面精细化的"渔和管理"。

（二）遵循以人为本的"渔和管理"理念

"善治必达情，达情必近人。"理念决定行为，有什么样的办学理念就有什么样的管理行为。教育是一种有目的地培养人的活动，满足人的发展需要是教育的最终目的和归宿。以人为本，是现代学校教育改革的基本价值取向，也是和谐学校管理必须遵循的价值理念。学校管理者要树立以人为本的管理理念，尊重人、理解人、关心人、解放人、发展人，实现人的自主全面发展。"渔和管理"就是以人为本的管理理念，在学校里教师是主导，学生是主体，"渔和管理"就是坚持以师为本、以生为本。学校的一切管理都是为了教师和学生的发展；同时进一步发扬"聚沙成塔，勇攀高峰"的精神，进一步发挥"一训三风"的作用，形成全校团结一致、共谋发展的良好局面，营造充满活力、人人发展进步的良好教育生态。

1. 以人为本，和谐发展，增强凝聚力

学校是大家共同的学校，在工作中通过学习、检查、评比等活动，让教师树立"今天我以沙小为荣，明天沙小以我为荣"的思想。学校为创设民主和谐的管理氛围，让全体师生参与到学校管理决策中，坚持民主参与和民主监督的管理原则，让每一位教师都有机会评议。在学校管理过程中始终坚持民主管理，从不搞"一言堂"，人人是主人，人人有责任，群策群力，聚沙成塔。

以人为本的和谐管理理念的践行，既能帮助教师实现个人发展目标，又能帮助学校依法办学治校，是实现学校和教师个人双赢的有力举措，是提高教师行业幸福感、增强组织凝聚力的良好管理方式。

2. 以人为本，精神激励，提高教师素质

学校的发展，校长是关键，教师是基础。因此，增强教师的终身学习意识，多方面、多层次地对教师开展培训，鼓励教师参加各种教学活动，不放过任何一次学习的机会，对提升教师专业能力和综合素养至关重要。对年轻教师的培养，学校有专人具体负责，制订明确的培养方案，通过架梯子、搭台子、压担子的措施，为他们的成长发展提供条件；搭建平台促进年轻教师尽快成长成才。现代教育需要一支师德高尚、业务精湛的科研型教师队伍，学校通过各种措施激励教师积极主动地提高自身综合素质。

（三）注重情感的"渔和管理"方法

营造和谐的管理环境，促进"渔和管理"理念的实现，还需要依靠情感。情感的力量是巨大的，它可以触动人们的内心世界，最大限度地激发人们的积极性，进而增强学校的向心力和凝聚力。著名教育家苏霍姆林斯基说过："只有能够激发人情感的教育才是真正的教育。管理不是冷冰冰的上传下达，有效的管理离不开情感的支撑。""渔和管理"要实现和谐发展需要管理者以诚待人，与教职工进行有温度的思想交流，用真心换取真心。教职工心理需求得到满足，精神世界得以共情，温馨和谐的工作环境的形成自然水到渠成。

（四）打造善于协作的"渔和管理"团队

学校管理者作为学校制度制定的带头人，要具备良好的专业素养、管理能力、创新思维以及高尚的道德品质。管理者之间、各职能部门之间除分工明确外，更要团结协作。

首先，校长是学校的灵魂，是学校管理工作的组织者、协调者。著名教育家苏霍姆林斯基认为："一所学校的校长不仅是教师的教师，不仅是学校的主要教育者，而且形象地说，也是一个特殊乐队的指挥。这个乐队是用一些极精细的'乐器'——人的心灵来演奏的。"校长的任务就是要听到每个演奏者发出的音响，看到并从心底里感觉出每个教育者在学生心灵里留下了什么。校长要善于"经营"人心：用光明的前景激发人心，用人文的关怀温暖人心，用教管结合净化人心，用坦诚相待交换人心，用高尚的人格臣服人心。在国家实行义务教育经费保障机制的今天，要把工作重心从学校基础设施建设转移到学校教育教学这个中心工作上来。在统领协调下，放手各部门自主管理，科学决策，只有民主管理才能发挥每个人的主人翁作用。作为一校之长，既要海纳百川，又要无欲则刚；自身不仅具有良好的专业素养，也能包容他人的不足；为人谦逊坦诚，与人和谐相处，符合"渔和管理"文化要求；既有改革创新的勇气，也有统领协调的能力；是学校管理层的指挥官，是全体教师的坚强后盾，是学校实现"渔和管理"的第一践行者。

其次，各部门分工明确，各司其职，相互合作，明确共同发展目标，协调处理公共事务，以大局为重。每位管理者要有"一米责任"意识，也就是所到之处、所见之处，只要关系学校利益、关系师生利益都是自己义不容辞的责任，要尽全力解决问题，坚决不能置之不理，更不能推卸责任。学校管理层要以身作则，团结合作，真诚相待，感染全体教职工，营造和谐愉悦、奋发向上的教书育人环境。

（五）建立民主的"渔和管理"运行机制

民主监督作为自下而上的参与性监督，是现代学校管理制度的基本特征，是"渔和管理"必须坚持的原则。学校师生通过民主监督制对学校各项工作提出意见和建议，能够在一定程度上促进学校提高工作效率。因此，学校管理者必须要意识到民主监督的重大意义，并建立合理的民主监督制度，吸引全校师生为学校发展献计献策，从而调动师生的积极性，提高师生自我管理的能力。建立和完善民主监督制度是顺应学校"渔和管理"的要求，是学校快速、高质量发展必须坚持的工作，是调动师生积极性、集思广益完善管理制度的最佳选择。全校师生只有上下一心，才能众志成城，实现学校和谐发展的目标。

三、"渔和管理"成果展现

近年来，沙子口小学"渔和管理"高效、有序、到位，教育教学工作均取得骄人的成绩，实现和顺协调目标，获得家长、学生的认可，赢得了良好的社会声誉。

（一）学校现代化管理体系日臻完善

1. 中长期发展目标规划体系引领航向

学校基于上级发展规划指导文件制订了《学校三年发展规划》。学校确立"渔文化兴校，高素质育人"引领下的"两大领域"和"八大工程"，为各项管理理念转化为可操作的行为提供依据。发展规划目标体系设定多个维度，有校级总目标，也有根据总目标分解的子目标，涉及教师发展、教学管理、学校发展等各方面工作。各部门、全体教职工在目标体系指导下明确分工，各司其职。全体教职工根据学校发展规划从师德、业务、科研、学习等方面建立个人中长期发展规划目标，教师根据个人目标加快专业化成长。

2. 过程监控体系保障目标规划顺利达成

目标经过分解层层下达，学校、各部门、教职工既承担任务，又受到对应管理层级的监控。监控部门经过科学、严谨的管理措施，促进各项目标落到实处，并及时根据目标达成趋势对目标进行调整，以保证各项目标规划顺利达成，做到"有计划、有部署、有落实、有检查、有反馈"。

3. 考核激励体系诱发内驱力

"以人为本"是现代管理体系的核心。学校管理体系也是建立在人本基础上的，先后通过教职工代表大会出台《沙子口小学教师评优评先管理办法》《沙子口小学教师年终绩效量化考核办法》等考核文件。考核体系的建立不仅检测了目标达成程度，给予了各部门、教职工客观公正的评价。同时，通过激励行为促使教职工将目标达成内化为个人成长必不可少的一部分，激发教职工潜能，实现双赢。学校教职工每年各项目标基本达成，教师专业化水平都有较大提升。

（二）社会满意度越来越高

学校始终以高标准、严要求，长期不懈抓师德师风建设、学生安全管理、教育教学质量、学生行为规范等。因此，学校各方面都取得了优异的成效，赢得了家长、社会的一致认可，学校满意度越来越高。师德师风建设是学校规范办学的基本保证，学校全体教职工一直以最高标准以身作则。学生安全是家长满意度的基石，学校始终把学生安全放在重中之重的地位。近年来，在各项活动中，学校安全事故的发生为零。教育教学质量是学校办学的生命线，学校教职工兢兢业业、爱生如子，因材施教，保证每个学生都能获得进步和发展。学校历年教学质量稳居崂山区前列。除了教学，学校更注重育人，培养学生优秀的品质、良好的学习习惯、优雅的生活习惯。在各项社会实践活动以及在日常的学习生活中，学生的良好行为习惯逐渐内化，实践能力不断提高，综合素养日渐优异。

（三）获得数项高质量荣誉

学校先后荣获山东省规范化学校、山东省文明校园、青岛市五星级阳光校园、青岛市校园文化建设示范校、青岛市家庭教育示范学校、青岛市高水平现代化学校等20多项市级以上荣誉称号，年度绩效考核在崂山区连年获得优秀等级。

四、"渔和管理"未来发展

沙子口小学"渔和管理"符合和谐发展的管理理念，不但能促进教师自身的发展，培养优秀的教育人才，而且对学校的全面发展起到推动和促进作用。学校将进一步完善依法办学、自主管理、民主监督、社会参与的现代学校制度,努力探索，求实创新，实现精致管理、和顺协调管理的目标，全面提升学校管理水平，形成系统完备、科学规范、运行有效的现代教育治理体系，实现教育治理能力现代化。

（一）完善民主决策机制，促进和谐发展

校务委员会是学校重大事项的民主议事机构，是学校管理体制的重要组成部分。要深化校务委员会功能，积极拓展民主管理渠道，完善决策机制，畅通联系渠道，推进学校决策的民主化、制度化和规范化，做到人尽其才、物尽其用，实现教育管理的最优化。

（二）完善民主管理和监督机制，促进民主管理

继续发挥工会在学校管理中的作用，完善教职工代表大会民主决策程序，强化工会职能，让工会在学校民主管理中起到中坚作用，有效畅通教职工参与学校管理的渠道；完善校务公开制度，健全重要部门、岗位的权力监督与制约机制；要制定具体实施规则，确保过程和结果公开透明，自觉接受利益相关方监督；积极组织丰富多彩的活动，增强教师职业幸福感。

（三）完善各项管理制度，规范学校管理

建立适应教育现代化发展需要的科学、多样、多元的师生评价制度和教学质量制度。坚持用制度管权管事管人，形成学校科学规范的、内部完善的管理机制、决策机制和监督机制，同时以人为本，采用科学的方法，进行高效管理、柔性管理，保证学校各项工作的有序高效开展，为现代化学校建设提供制度上的保障。

（四）借助家长资源，推动家校沟通

做好学校外围的沟通协调，为学校发展争取各方支持，积极借助家长的力量，对学校的发展规划、教学管理和学生管理工作等提供合理化建议；要组织家长走进校园"驻校办公"、举行"书香家庭"评选、"教子心得"征文评选活动，通过学校微信公众号等媒介进行推送，大家互相学习，共同探讨家庭教育和学校发展。

继续发挥家长学校、家委会、家庭教育服务站的作用，编写家庭教育培训教材，构建分年级的阶梯培训体系，提高家长教育水平和能力，形成学校、家庭教育特色品牌。

（五）高效落实"双减"政策，提升教学实效性

落实"立德树人"教育根本任务，要切实有效减轻学生的过重课业负担，减轻家长的焦虑，提高学生的学习兴趣，促使学生德、智、体、美、劳全面发展，不仅仅给学生的作业"减量"，更需要为课堂教学"提质"，提高教育教学质量。开展各项活动保证"双减"政策有效落地，通过提高课堂教学效率、增强作业的实效性、提升课后托管服务质量、开展"十个一"活动、开展人工智能教育、丰富社团活动、举行"名家进校园"活动等，促进"双减"政策的有效落地。

勇立潮头踏浪行，众人划桨开大船。领导重视、教师发力、学生主动，在众人齐头并进的动力中，沙小这艘大船一定会向着教师持续发展、学生全面发展、学校长远发展的方向行稳致远。

第九节　渔文化兴校与"渔红党建"

一、"渔红党建"基本理念

中共中央办公厅印发的《关于建立中小学校党组织领导的校长负责制的意见（试行）》强调，要发挥中小学校党组织领导作用，中小学校党组织应全面领导学校工作，履行把方向、管大局、作决策、抓班子、带队伍、保落实的领导职责；坚持以习近平新时代中国特色社会主义思想为指导，增强"四个意识"、坚定"四个自信"、做到"两个维护"，贯彻党的基本理论、基本路线、基本方略，坚持为党育人、为国育才，确保党的教育方针和党中央决策部署在中小学校得到切实贯彻落实。

学校必须把政治标准和政治要求贯穿于办学治校和教书育人中，坚持社会主义办学方向，落实立德树人根本任务，团结和带领全校教职工推进学校改革发展，培养德、智、体、美、劳全面发展的社会主义建设者和接班人，就必须加强党的领导。

沙子口小学非常清楚党建工作对办学治校的指导作用，因此非常重视学校党建工作，结合学校地域特点和"渔文化兴校，高素质育人"办学理念实施了"渔红党建"工程。

"渔红党建"中的"红"指中华民族强烈的红色情结。"红"色代表着积极乐观而热情，真诚主动，勇于挑战，善于表达，富有感染力。红色是中华民族的象征色，崇尚红色是中国人民的光荣传统。无论在什么地方，红色总能够给人的视觉带来一种震撼感，它就像熊熊烈火一样，永远给予人们不断前进的无穷力量和和战胜艰难险阻的坚强意志，使人们充满勇气和信心。红色也是革命的颜色。1848年《共产党宣言》发表，马克思主义的拥护者在红色旗帜的领导下进行血色战争。在中国，革命战争时期，红旗在哪里，胜利就在哪里；社会主义建设时期，红旗在哪里飘扬，哪里就生机勃勃、兴旺发达。

"渔红党建"以习近平新时代中国特色社会主义思想为指导，以高质量党建为统领，基于党建的基本理念而制定。结合学校"渔文化兴校，高素质育人"办学理念，建立"1+3+N"党建责任联动机制："1"——党支部，"3"——党员、教师、学生，"N"——"渔润德育""渔海课程""渔阳学子""渔趣课堂""渔雅教师""渔韵校园""渔和管理"工程，促进党建与教育教学的深度融合。通过党建工作，推进学校教育教学工作的健康可持续发展，真正实现素质教育，使每个孩子都能阳光成长，落实立德树人教育的根本任务。

二、"渔红党建"具体实施

为践行"渔红党建"基本理念，沙子口小学以青岛市教育局及崂山区教育体育局的党建工作要求为指导，围绕"全面实施素质教育，办人民满意的教育"这一中心，实施"渔红党建"工程。

（一）开展主题党建日活动，增强党支部凝聚力

1. 以"三会一课"为主要阵地，加强党员学习教育

为使党员紧跟时代步伐，了解国内外大事，增强党员的党性修养，学校党支部每月召开一次"支部委员会""主题党日"活动。每季度至少开展一次"三述"活动，每月开展一次"双报到"活动，每季度至少召开一次党员大会。每季度支部书记或支委班子成员至少讲一次党课，宣讲内容主要围绕习近平新时代中国特色社会主义理论、党的十九大、两会精神等展开；定期组织民主生活会，征求家长和群众对党组织和党员工作的意见和建议，对党员进行民主考核，开展党员批评和自我批评活动，并有效落实整改措施，促进党员思想作风的转变。

2. 开展学习党史、铭记党史系列活动

学校建有党史固定展区、党史活动展牌、党员"喜迎建党一百周年"书法展、班级党史宣传栏等党史宣传文化阵地。学校党支部在微信公众号"渔红党建"板块开辟了学习专栏，定期向全体教职工推送党史学习材料。学校

开展了"燃梦行动"读书打卡活动，阅读党史教育必读书籍，观看了红色电影、微党课大赛直播，走进最美乡村东麦窑社区等活动，在全校范围内普及学习党史活动。

3. 扎实开展师德教育活动

立足党建工作，以"师德教育月"活动为载体，组织开展学习、反思、演讲、座谈等系列活动；开展"最美教师""优秀共产党员"等多种形式的评优活动；进一步营造为人师表、尊师重教的良好氛围。

4. 抓好共青团队工作

通过党建工作加强共青团和少先队的组织建设。围绕建党100周年，开展丰富多彩的"童心向党"爱国主义系列教育活动，以加强少先队阵地建设和班队建设；总结经验，推广优秀的少先队建设活动，在活动中培养学生良好的思想道德，提升学生综合素质。

5. 扎实开展党的庆祝活动

为庆祝建党100周年，学校党支部、少先队及工会组织开展了一系列丰富多彩的庆祝活动，如演讲比赛、征文比赛、考察学习、理论研讨会、"我为群众办实事"等，通过各项庆祝活动激发师生爱国主义和集体主义情感。

通过开展"红色故事我来讲"系列活动、"在党的阳光下茁壮成长"活动、"红领巾学党史"系列活动、"红歌传唱"活动、"红色微电影观看"活动等，推动学校小课堂与社会大课堂"同频共振"。

学校举行第十三届"渔悦书香校园"读书节、第四届"数说中国"数学节、"I love English, I love China!"第三届英语节活动，在活动中引导学生体验了学习的快乐，也对学生有效地渗透了党史教育，厚植了学生的爱国情感。

（二）落实意识形态责任制，提升党员教师思想政治素养

1. 严格落实上级党组织意识形态工作责任制

学校将意识形态工作作为学校工作的重心，教育教学的重要内容，健全防范和抵制宗教向校园渗透的机制；加强学校微信公众号、新媒体平台管理，积极做好教育舆情监测、回应和处置工作。

2. 坚持"两学一做"学习教育常态化、制度化

以灯塔-党建在线"山东e支部"等学习载体，坚持"两学一做"学习教育常态化、制度化。充分利用党员主题党日、党员自学和集中学习等学习平台，学习宣传党的十九大精神、党史、社会主义发展史等，扎实推进理论学习；充分利用学校大型活动、教研活动、业务学习、政治学习、师德活动月等形式对教师进行爱岗敬业、爱生乐教等教育，切实提高服务意识；学校还充分利用了周一升旗仪式国旗下讲话、班会活动、社团活动等机会，对学生进行爱国主义教育。

3. 创建学习型党支部

为促进党员干部提升终身学习的意识，学校党支部开展各种形式的活动：集中学习和分散自学相结合，撰写学习笔记、学习体会，组织征文比赛等活动，完善党支部的学习制度，创建了学习型党支部。

4. 深入开展党建研究工作

党建工作不能浮于表面、流于形式，应更好发挥党支部的战争堡垒作用和党员先锋模范作用，切实有效地推动学校各项任务目标的实现。因此，学校从党员发展、教学成绩提高、学生综合素质提升等方面深入研究党建工作。

（三）全面从严治党，强化作风建设

1. 实施"一岗双责"，完善惩防体系

为完善惩防体系建设，学校坚定实施中层领导和党员实行"一岗双责"制和党的问责机制，认真落实全面从严治党责任清单和党风廉政建设，加强廉政风险防控。

2. 加强党员队伍的廉政教育工作

为打造学校良好的廉政氛围，促进全体教师廉洁从教，学校开展了"廉政文化进校园"活动。廉政文化建设与党员干部培养相结合，推进"渔红党建"品牌建设；廉政文化与教师职业道德建设相结合，提高"渔雅教师"职业素养；廉政文化与学生思想道德建设相结合，培养"渔阳学子"道德品质；廉政文化与学校文化建设相结合，打造风清气正的"渔韵校园"。

3. 开展扫黑除恶专项斗争

为全面贯彻上级有关《扫黑除恶专项斗争》会议精神，学校以党的十九大精神为指导，坚持"安全第一、预防为主、防治结合"的原则，坚决开展扫黑除恶专项斗争，切实保障学校安全稳定。

4. 开展全体党员专题警示教育

为提高全体党员责任意识、廉洁意识，学校通过党支部大会、党课等形式带领党员学习政策、研究案例、观影写感悟等活动，对党员开展专题警示教育。

5. 加强师德师风建设

努力学习各种教育法规，提高师德修养，开展了"从严治教作风整顿"的自查自纠活动，在教师的平日实践活动中展现教师良好的道德情操；积极开展"学党史知党情跟党走"为主题的教师演讲、诵读、书画展等活动，坚定办人民满意的教育的理想信念；努力打造"渔雅老师"，让"爱与责任"贯穿教师的思想，通过教师帮扶活动和党员结对贫困学生活动，让师爱温暖每位学生。

（四）创新思想，建设"渔红党建"品牌

结合学校办学理念和体系，建设"渔红基地"，培育"渔红园丁"，建造"渔红书屋"，开设"渔红课堂"，创建富有特色的"渔红党建"品牌。

1. 建设"渔红基地"，打造校园里的红色文化阵地

学校建成一室、一屋、一路、一厅、三廊的"渔红基地"。一室即党建活动室，一屋即红色书屋，一路即历史年代路，一厅即党史大事记展厅，三廊即红色长廊、廉洁文化长廊、党史长廊。

2. 培育"渔红园丁"，打造校园里的红色传承使者

为树立典型，弘扬正气，学校每月推出一名"渔红园丁"，利用学校公众号和宣传栏进行宣传。此活动掀起教师比学赶超、营造人人争做先进的学习氛围，提升了教师个人的综合素养和党性修养。

3. 建造"渔红书屋"，打造校园里的红色精神家园

学校每年购买多种红色书籍、优秀传统文化书籍，建立了"渔红书屋"，充实学生、教师的阅读资源，建造了符合学校文化特色的阅览室、阅读长廊、读书角等阅读场地，举行读书节，开展"燃梦行动"读书打卡活动、读书交流、讲红色故事等活动。通过开展各项读书活动，充实了师生们的精神世界。

4. 开设"渔红课堂"，打造校园里的红色教育摇篮

在师生中开展"红色教育进课堂"活动，学校充分把握课堂这一传道、授业、解惑的主场所。授课方式主要有学科教学、主题班会、思政课、党员生活会、"红色课堂我来上"主题活动，走进红色基地、国防教育进课堂等，将红色教育渗透在教育教学中。首先，在各学科教学中渗透情感、态度、价值观等爱国主义教育，尤其借助语文和道德与法治两门学科，将十九大精神和党史教育引进课堂，激发学生的爱国情感。其次，音乐老师利用音乐课教学生唱红歌，不仅提高学生的演唱能力，还通过歌曲的演唱、表演、创编等音乐活动，激发学生热爱祖国、热爱人民的情感。第三，充分利用好主题班会课，班主任结合当下时事政治、热门事件，引导学生展开学习、讨论，无形中进行了爱国主义教育。第四，每学期开展"红色课堂我来上"主题活动，由党支部书记或"渔红园丁"为全校学生上一堂红色教育课，厚植爱党、爱国教育。第五，组织学生、党员们走进党史馆、烈士纪念馆等红色基地，深入学习、领悟爱国主义教育。第六，利用主题党日、组织生活会和上党课等活动，使组织学习生活常态化、制度化。通过多种形式的"渔红课堂"活动，老师们坚定了对党的教育事业无比忠诚的信念，学生也在学习中丰富了对党和国家的认识，懂得今天的一切都来之不易，要树立小主人翁意识，做积极向上的好少年。

三、"渔红党建"成果展现

沙子口小学立足"渔文化兴校，高素质育人"的办学理念，以实施"渔红党建"工程为重点，以党史学习教育为抓手，将党建工作与学校各项工作深度融合，取得了一系列丰硕的成果。

（一）党史学习，厚植爱国情感

1. 党史学习与宣传深度融合

学校通过建设一系列党史宣传文化阵地、学习专栏、读书打卡、观看红色电影和微党课大赛直播等活动，在全校营造了浓厚的学习氛围，人人学党史知党史，坚定传承红色基因的信念。

2. 党史与培训教育深度融合

学校组织全体道德与法治学科教师参加了思政教师培训，开展了以"中国共产党的发展历程"为主题的党课。通过学习，教师更加坚定了中国共产党的理想信念。

3. 党史与各学科教学有机融合

学校将党史教育与各学科教学有机融合，开展了党史进课堂一人一课、青年教师优质课比赛、道德与法治学科展示课。依托校本课程《诗词古韵》，课堂上老师们带领学生背诵了爱国主义诗词，激发了学生的爱国主义情怀，提高了自身的专业素养。

4. 党史与校园多彩活动深度融合

为让师生更好地了解党史，学校举行了建党一百周年系列庆祝活动。师生通过各项活动，学习党史、了解过去、展望未来，厚植爱国情感。

5. 党史与德育、少先队工作的深度融合

学校少先队先后开展了演讲比赛、巡讲活动、研学活动、六一儿童节文艺汇演等活动，引领少先队员传承了红色基因，铭记了中国历史，切实做到知史爱党、知史爱国，争做新时代的好少年。

6. 党史与工会工作深度融合

学校开展了教师宣讲、教师诵读、教师书画展等活动，帮助教师树立了坚定的理想信念；通过教师帮扶活动和党员结对贫困学生活动，师爱得以彰显。

（二）党建引领，教育教学成绩显著

学校组织开展了以"学党史 强融合 促发展"为主题的党史与教育教学

工作深度融合活动；指导实施了"学党史优教育"改善环境工程、"学党史助发展"培育教师工程、"学党史助成长"培养学生工程和"学党史树形象"提升师德工程；开辟了"渔红党建"学习专栏板块，建立了党史宣传文化阵地，加强了党史与学科融合研究，开展了一系列为党的一百周年献礼活动，举行了教师宣讲、教师书画展等活动。党史学习与教育教学工作深度融合工作的开展，助推了学校的发展。

（三）爱心帮扶，落实为人民服务的宗旨

积极组织开展"我为群众办实事"工作，15名党员结对帮扶17名特殊家庭孩子，定期沟通帮扶，提升孩子们的学习和生活品质；组织全校师生分别为学校一名患白血病的学生和一名患白血病的家长捐款共计105661.7元，为生病学生和困难家庭送去了温暖；安排两名骨干教师赴甘肃礼县支教，为礼县的教育添砖加瓦；为丰富学生课后托管内容，满足学生的多样化需求，学校先后开设了30多门课程，解决了家长们的后顾之忧。

（四）强化培养，壮大党员队伍

1. 建设作风优良、业务过硬的干部队伍

学校充分发挥了分工合作、集体决策的优良传统，每学年签订各类责任书，切实履行一岗双责，明确职责和作风要求，并自觉接受教育和监督；制定绩效考核制度，以日常考核和实绩考核为重点。

2. 注重培养新生力量，壮大党员队伍

学校历来重视党员队伍和教师队伍的培养，实施双培养工程；组织每月一次的党员"立杆课"和骨干教师"示范课"活动，将骨干教师发展成党员，将党员培养成骨干，使党员队伍更加优化强大。2019年至今，学校将4名同志培养成了预备党员，7名党员教师获得市、区荣誉称号。沙子口小学党支部被评为街道"先进党支部"，刘洪涛同志荣获青岛市教育系统"优秀党务工作者"的荣誉称号。

四、"渔红党建"未来发展

习近平总书记指出："一切向前走，都不能忘记走过的路；走得再远、走到再光辉的未来，也不能忘记走过的过去，不能忘记为什么出发。面向未来，面对挑战，全党同志一定要不忘初心、继续前进。"沙子口小学党支部以习近平新时代中国特色社会主义思想为指导，紧紧围绕办学治校中心工作，充分发挥党支部的战斗堡垒作用，发扬全体党员的先锋模范作用，抓好学校"渔红党建"工作，以此为抓手，凸显个性，争创特色，奋力开创学校党建工作的新局面，引领学校创新发展。

（一）坚定理想信念，为党为国育才

坚持以习近平新时代中国特色社会主义思想为指导，增强"四个意识"、坚定"四个自信"、做到"两个维护"，贯彻党的基本理论、基本路线、基本方略，坚持为党育人、为国育才，确保党的教育方针和党中央决策部署在学校得到切实贯彻落实。

（二）加快培养，全面提升党员教师的能力

强化党员和教师队伍思想教育，不断创新学习形式，既要"请进来"，也要"走出去"，同时，推行主题微党课，推动讲党课扩大到非党员教师，提升组织生活吸引力、感染力；充分利用各种宣传平台，挖掘学习成效亮点，加大成果展示力度，发挥典型示范作用，全面提升教职工的思想素质，努力实现"让党员教师成为模范，让骨干成为党员教师"的目标。

（三）完善考核，实事求是落实党建工作

完善和落实党内各项制度，实行党员干部清单管理，一季度一反馈一总结，将工作完成的质量纳入年终考核；制定目标责任制，将各项工作层层分解落实到个人，确保事事有人干、人人有事干，并根据目标责任制对党员干部进行科学合理的量化考核。

（四）深入一线，发挥党支部战斗堡垒作用

领导班子积极深入一线，每周都要走进教师办公室、走进教室，定期开展谈心谈话，了解教师们的工作情况、困难与问题，及时组织召开相关会议，切实解决他们的问题；创新工作方法，组织开展党员"立杆课""党员示范岗"，充分发挥党员先锋模范作用。

（五）建设民俗长廊，完善红色文化阵地

把学校文化建设作为党建工作的主抓手，在校园文化构建中，以党建文化引导学校文化，以学校文化丰润党建文化，为学校发展提供强大精神支撑。在四楼建设民俗长廊，与四楼党建活动室、红色长廊打通，拓展红色文化阵地，强化文化育人功能。

（六）规范管理，争创崂山区五星级党支部

大力夯实党建工作的规范化建设，一是抓机制，按细则理顺党建工作，把思想、组织统一起来，建立起党支部主导、校长负责、群团参与、家校共建的党建工作机制；二是抓阵地，创建校园开放性党建阵地，提升校园文化主旋律；三是抓特色，创建"党建+"模式，逐步实现党建与教育教学的深度融合，让党建工作由虚到实，落地开花，争创崂山区五星级党支部。

（七）创建品牌，推进"渔红党建"建设

做好"渔红党建"品牌建设推进方案，将"渔红党建"工程与"渔润德育""渔海课程""渔趣课堂""渔阳学子""渔雅教师""渔韵校园""渔和管理"工程有机结合起来，明确目标，分解责任，落实推进措施，建立一套"渔红党建"品牌的管理制度和保障措施，形成规范、科学的工作运行机制。在推进过程中，及时梳理活动思路，捕捉亮点，形成特色，张扬品牌的感召力，整体提高党组织的凝聚力和战斗力。

（八）把住方向，培养合格接班人

在学校组织管理和教书育人的过程中，要坚定正确的政治标准和政治要求，坚持社会主义办学方向，团结带领全校教职工坚定教育的理想信念，培养德、智、体、美、劳全面发展的社会主义建设者和接班人，落实"立德树人"教育根本任务，办好人民满意的教育。

参考文献

［1］吕丞，罗黄儿，张妮.论我国渔文化的知识产权保护［J］.科技视界，2012，2（24）：67-68+137.

［2］宁波.论鱼文化与水产业的基本关系［J］.中国水产，2005，48（8）：77-79.

［3］李勇.太湖渔文化研究价值述略［J］.文教资料，2019，62（17）：70-71+159.

［4］李勇.百年中国渔文化研究特点评述［J］.甘肃社会科学，2009，31（6）：95-98.

［5］张莹，陈洁.中国淡水渔文化问题研究综述［J］.自然与文化遗产研究，2019，4（11）：79-85.

［6］金掌潮，俞家乐，陈星，等.论淡水渔文化的开发及对产业的促进作用［J］.河北渔业，2008，36（10）：56-58.

［7］同春芬，刘悦.渔文化的变迁及其蕴涵的文化价值［J］.泰山学院学报，2014，36（1）：35-40.

［8］楼兰.从《说文解字·鱼部》看中国古代的鱼文化［J］.浙江海洋学院（人文科学版），2012，29，（5）：60-64.

［9］东方闻睿.国语［M］.北京：中国电影出版社，2001.

［10］苑淑娅，马长生.美育教程［M］.郑州：河南大学出版社，1991.

［11］徐凌.中国传统海洋文化哲思［J］.中国民族，2005，49（5）：26-28.

［12］谢仲权.中国渔文化之二——源远流长的中国渔文化［J］.北京水产，1993，18（3）：35-36.

［13］宁波.试论渔文化、鱼文化与休闲渔业［J］.渔业经济研究，2010，27，（2）：25-29.

［14］黄红梅，唐剑岚.探求"鱼渔欲"三位一体的数学教学.教学与管理（中学版），2015，32（4）：39-41.

［15］李进华.教育教学改革与教育创新探索［M］.合肥：安徽大学出版社.2008.

［16］洪东忍.新时期学校全面推进信息化教学的策略［J］.福建教育学院学报，2019，32（7）：93-95.

［17］杜文先，顾永生.课程建设——"和乐文化"的核心载体［J］.教育科学论坛，2015，28（14）：64-67.

［18］胡恒庆."个性化培养目标"与"个性化办学"［J］.职业，2013，20（30）：78-79.

［19］张果.当代青少年民族精神培育研究［M］.重庆：重庆大学出版社.2012.

［20］范树成.德育过程论［D］.长春：东北师范大学，2004.

［21］王杰，樊雪芳.重视隐形课程推进中小学思想政治教育［J］.教学与管理（中学版），2004，21（8）：57-58.

［22］王明伦.沙子口海庙与祭海［N］.半岛都市报，2005-02-21（A13）.

［23］王明伦.崂山的渔民［N］.便民都市报.2009-03-02（A15）.

［24］王明伦.崂山渔民日常生活中的风俗禁忌［N］.便民都市报.2009-12-25（B40）.